빅씽,
디지털 경제로의 대전환

유연하고 민첩하게 디지털 경제에 올라타기

빅씽, 디지털 경제로의 대전환

류한석 지음

KOREA.COM

디지털 대전환 시대,
적응하고 생존하려면…

"변화를 일으키고 리더가 되든가,

변화를 수용하고 생존자가 되든가,

변화를 거부하고 죽음을 맞이하라."

책의 머리말을 좀 강한 문구로 시작해 보았습니다. 위의 말을 한 사람은 미국 소프트웨어 기업 노벨(Novell)에서 CEO와 이사회 의장을 지낸 레이 누르다(Ray Noorda, 1924~2006)입니다. 누르다는 미국 비즈니스 명예의 전당에도 헌액된 유명 경영자였죠. 지금과 같은 격동의 시기에 다시 한번 생각해볼 적절한 말이 아닐까 합니다.

우리에게 훨씬 더 크고 강력한 혼돈의 시기가 다가오고 있습니다. 점점 가속하는 전 지구적인 혼란과 더불어 빠르게 진행되는 디지털 변혁의 시기에 우리는 디지털 기술이 우리 삶을 어떻게 변화시키는지 알아차려야 합니다. 또한 개인과 기업이 어떻게 일하고 상호작용하는지, 그리고 개인, 기업, 국가가 더 번영할 방법이 무엇인지 이해하고 그에 대비할 수 있어야 합니다. 가장 기본적이고도 중요한 건 경제 주체 각자가 통찰력과 실행력을 갖추는 것입니다.

그런데 기술이 빠르게 발전하면서 그 힘은 점점 더 강해지고 그 힘의 범위는 계속 넓어지는 반면에 개인, 기업, 정부와 같은 주체들은 기술을 따라가지 못해 그 격차가 점점 더 벌어지고 있습니다. 이 책은 그러한 격차를 조금이라도 줄이기 위한 노력의 산물입니다. 독자 여러분이 미래를 대비하고 지혜로운 결정을 하는 데 이 책이 작은 도구가 되기를 바랍니다.

디지털 경제(Digital Economy)는 간단히 말해 '디지털 기술을 기반으로 한 경제'를 뜻합니다. 단어를 하나씩 뜯어서 살펴봅시다. 먼저 '디지털(Digital)'의 경우, 대부분의 이들이 디지털의 반대가 아날로그라는 정도로만 알고 있는 경우가 많습니다. 디지털의 사전적 의미는 '신호의 존재 또는 부재를 나타내기 위해 숫자 1 또는 0으로 정보를 기록하거나 저장하는 것'입니다.

숫자 1과 0만 사용하는 방식이 이진법(Binary System)입니다. 디지털에서 이진법을 사용하는 이유는 장치를 작동하고 데이터를 다루는 데 이것이 가장 적합한 방법이기 때문입니다. 이진법으로 정보를 처리하고 저장하는 장치가 바로 컴퓨터입니다.

다음으로 디지털 기술에서의 '기술'은 영어로 테크놀로지(Technology)인데, 테크놀로지는 '기예(技藝, skill with art)'라는 뜻을 가진 그리스어 'techne'에서 유래한 말입니다. 결과적으로 디지털 기술은 컴퓨터를 이용하는 모든 기술을 의미합니다. 디지털 기술은 사실상 컴퓨터 기술이라고 할 수 있습니다.

우리가 사용하는 PC, 스마트폰, 웨어러블 기기, TV, 각종 가전, 자동차, 키오스크, 신호등에 이르기까지 모든 기기에는 컴퓨터가 포함되어 있습니다. 디지털 기술은 인류가 만들어낸 그 어떤 기술보다도 끊임없이 빠르게 변화하고 있습니다. 디지털 기술은 우리 삶의 거의 모든 부분에 영향을 미치고 있기 때문에, 디지털 기술을 이해한다는 것은 어쩌면 우리의 삶을 이해하는 것이라고 볼 수 있습니다. 디지털 기술을 잘 알면 삶이 똑똑해질 수밖에 없는 이유가 여기에 있습니다.

'경제(Economy)'는 '상품과 서비스의 생산 및 소비 측면에서 국가 또는 지역의 부와 자원'을 뜻합니다. 경제라는 단어에는 상품, 서비스, 생산, 소비, 국가, 지역, 부, 자원 등 하나하나가 방대한 의미를 지닌 많은 개념이 포함되어 있습니다.

이처럼 '디지털 기술+경제'라는 주제는 아주 방대하기에 하나의 책에서 모든 기술과 경제 요소들을 하나도 빠짐없이 다룰 수는 없는 노릇입니다. 그럼에도 가능한 한 우리의 실생활과 관련된 주제들에 관하여 중요한 핵심을 소개하고자 노력했습니다.

이 책은 디지털 경제를 살아가는 개인과 조직이 자기 일을 수행하는 새로운 방식을 이해하고 미래에 적응하는 데 도움을 주려는 목적으로 만들어졌습니다. 본문에서 학계나 업계의 전문 용어를 최대한 쉽게 설명하려고 노력했으며, 용어에 대한 이해를 돕고자 영어를 가능한 한 병기했습니다. 집필 시 참고한 웹사이트, 서적, 보고서 등은 참고문헌 및 출처 항목에 대부분 URL로 표기했습니다.

책을 읽으면서 혹시 익히 아는 지식이라고 느낄 경우 해당 부분을 과감히 건너뛰고 읽으면 되겠습니다. 또한 잘 읽히지 않거나 이해되지 않은 부분이 있을 때는 그냥 넘어가도 괜찮습니다. 한번 쓱 읽어보는 것만으로 충분한 내용도 있습니다. 공부한다는 생각보다는 호기심을 갖고서 편하게 쭉 읽어 주시면 좋겠습니다.

당연한 얘기입니다만, 이 책의 내용과 주장을 그대로 받아들일 필요는 없습니다. 오히려 독자 여러분이 지닌 자신만의 관점으로 취사선택하고 부족한 부분은 다른 참고 자료를 찾아 통합해 자신만의 결과로 활용하시길 바랍니다.

자, 그러면 함께 디지털 경제의 다양한 모습을 탐험하러 떠나봅시다.

C O N T E N T S

2장. 디지털 경제를 가능하게 하는 핵심 테크놀로지

3장. 은행도 IT 기업으로 변신하는 디지털 금융 시대

4장. 키오스크는 시작일 뿐, 디지털 경제 시대 생존 위해 알아야 할 변화들

5장. 디지털 경제의 어두운 측면

1장

미래는
디지털이다

"디지털 시대에 나를 흥분시키는 것은 우리가 꿈꾸는 것과
행동하는 것 사이의 격차를 좁혔다는 것이다.
예전에는 노래를 녹음하려면 스튜디오와 프로듀서가 필요했다.
이제는 노트북이 필요하다."

—보노(Bono, 록 밴드 U2의 리드 보컬)

1. 디지털 디스럽션: 파괴와 성공을 가르는 디지털 혁신의 바람

──────────── 한국인이 온라인 공간에서 보내는 시간은 얼마나 될까? 글로벌 사이버 보안기업 노드(Nord)VPN이 사람들의 디지털 습관을 알아보기 위해 여러 국가의 이용자들을 대상으로 조사한 바에 따르면, 한국인은 일생 동안 평균 34년(주당 68시간)을 온라인에서 보내는 것으로 나타났다.[1] 평균 수명을 고려하면 인생의 약 40%를 온라인에서 보내는 것이나 마찬가지다.

한국인은 조사 국가 중에서 세계 2위를 차지했는데, 세계 1위는 일생 동안 41년을 온라인에서 보내는 브라질 사람들이었다. 미국인 (21년), 영국인(22년), 일본인(11년) 등과 비교하면 한국인의 온라인 이용률이 압도적으로 높다는 사실을 알 수 있다.

온라인 쇼핑을 하는 시간만 계산하면 한국인이 주당 4시간 39분으로 세계 1위였다. 유튜브와 같은 동영상을 보는 시간도 주당 12시간 35분으로 세계 1위였다. 반면에 생산적인 작업에 사용하는 시간은 미국인이 주당 8시간 9분을 차지해 세계 1위였고, 한국은 주당 3시간 13분을 사용하는 것으로 나타나 상당한 격차를 보였다.

이 같은 내용을 통해 한국인들이 온라인 공간에서 생산적인 활동보다는 소비적인 활동에 치중하고 있다고 바로 결론을 내려버리는 건 곤란하겠지만, 명백한 사실은 한국인이 디지털 기기에 익숙하고 온라인 공간에서 많은 시간을 보내고 있다는 점이다. 이는 굳이 조사 결과를 인용하지 않아도 우리 자신, 가족, 친구들이 어디에서 시간을 보내는지 살펴보면 충분히 알 수 있다.

디지털 기술은 인류 역사상 그 어떤 기술이나 혁신보다도 빠르게 발전해 세상을 변화시켰으며, 앞서 살펴본 조사에서 알 수 있듯이 이제는 완전히 우리 삶의 일부가 돼 버렸다. 그리고 시간이 흐를수록 점점 더 우리 삶의 많은 부분을 차지해 나가고 있으며 앞으로 더욱 그렇게 될 것이다.

세상의 변화 과정에서 디지털 기술이 어떤 역할을 해왔는지 살펴보면 흥미로운 사실을 발견할 수 있다. 그것은 바로 파괴와 창조가 동시에 일어나곤 한다는 점이다.

디지털 기술과 비즈니스 모델이 특정 업계의 기존 제품 및 서비스 가치에 영향을 미치고 그에 따라 발생하는 변화를 '디지털 디스럽션(Digital Disruption)'이라고 한다. 디스럽션은 파괴, 혼란, 방해 등으로 해석할 수 있는데 그리 좋은 느낌의 단어는 아니다. 그렇다고 디지털 디스럽션이 모두 나쁘기만 한 것도 아니다. 디지털 디스럽션은 이에 맞서려는 기업이나 사람에게는 파괴적인 힘이 될 수 있지만, 이를 수용하려는 기업이나 사람에게는 성공을 위한 기회가 될 수 있다.

혁신적인 디지털 신기술의 출현이 시장, 산업, 문화에 혼란을 가져오고 이는 필연적으로 기업의 존재 가치에 대한 재평가를 요구한다. 만일 어떤 기업이 현재 생산하는 제품으로 회사를 유지하는 데 큰 문제가 없다고 하더라도, 혁신적인 기술이 등장하면 시장 판도가 바뀔 수 있고 해당 제품의 시장 경쟁력이 급격히 저하할 수 있다.

주기적으로 기술에 따른 파괴적인 변화가 발생한다는 건 독자 여러분도 경험을 통해 잘 알고 있을 것이다. 예를 들면, 말과 마차를 자동차가 대체했고(지금은 내연기관 자동차를 전기자동차가 대체하는 중이다), 피처폰을 스마트폰이 대체했고(스마트폰도 언젠가는 무언가로 대체될 것이다), 그리고 전부는 아닐지라도 TV와 영화관을 넷플릭스가 상당 부분 대체한 것처럼 말이다(물론 넷플릭스도 언젠가는 다른 것으로 대체될 것이다).

14년간 시장 1위를 한 기업이 순식간에 몰락한 이유

노키아(Nokia)의 몰락 스토리는 잘 알려진 얘기이긴 하지만, 워낙 드라마틱하고 그만큼 중요한 교훈이 담겨 있는 사례이기에 여기에서 간략히 핵심만 정리해보자. 노키아는 휴대폰을 출시한 최초의 기업은 아니었지만, 대중적으로 큰 인기를 끌면서 제품도 잘 만든 최초의 기업이면서 휴대폰 시장의 지배적 브랜드였다. 또한 노키아는 디지털 디스럽션을 잘 활용해 성공한 기업이자 디지털 디스럽션으로 인해 몰락한 기업이기도 하다.

2007년 노키아는 세계 휴대폰 시장 점유율 37.8%로 1위를 차지하고 있었으며, 2위 모토로라가 14.3%, 3위 삼성전자의 점유율이 13.4%였다.[2] 그 당시 나는 삼성전자에 재직하고 있었는데 사내에서는 노키아에 대해 상대하기 어려운 압도적인 1위 기업이라는 인식이 팽배했다.

그런데 이후 수년간 노키아는 거듭 악수를 두면서 스마트폰 시장에서 올바른 대응에 완전히 실패하게 된다. 2012년 1분기에는 삼성전자에 세계 1위 자리를 넘겨주었고, 겨우 1년 만인 2013년 헐값인 72억 달러에 휴대폰 사업부를 마이크로소프트에 매각하게 된다. 물론 72억 달러가 결코 적은 금액은 아니지만, 이는 노키아 전성기 시가총액의 1/15에 불과한 금액이었다는 사실을 기억할 필요가 있다.

노키아라는 기업에 대해 대부분의 사람이 잘 모르는 흥미로운 사실 하나는, 노키아가 원래 1865년 제지공장으로 출발했고 1960년대까지도 두루마리 화장지를 생산하던 회사였다는 점이다. 그러다 1970년대에 텔레비전 제조업체로 변신했는데 텔레비전 사업은 1996년까지 계속됐다.

그렇다. 노키아는 한때 변신의 귀재였던 기업이다. 노키아는 1982년 자동차 전화를 출시하고, 1984년 휴대폰 사업에 뛰어들었으며, 1988년에는 에릭슨(Ericsson)의 정보시스템 부문을 인수했다. 1992년 유럽형 2G 이동통신 휴대폰 개발에 성공한 후 최초의 GSM 휴대폰을 상용화하면서 큰 성공을 거두어, 휴대폰 세계 1위였던 모토로라를 제치고 1998년 세계 1위 기업이 됐다. 이후 2011년까지 14년 동안 노키아는 세계 휴대폰 시장을 지배했다.

하지만 노키아는 구글과 애플이 각각 안드로이드, iOS라는 스마트폰 운영체제로 스마트폰 시장을 빠르게 장악해 나가는 동안 피처폰에 집중했을 뿐만 아니라 일찍이 보유하고 있던(하지만 꽤 낡았던) 운영체제 심비안(Symbian)의 개선에도 그리 적극적이지 않았다. 결국 노키아는 휴대폰 시장에서 급속도로 점유율을 상실해갔다. 한때 이동통신 기술의 최대 수혜자였던 노키아가 스마트폰 기술이 가져온 디지털 디스럽션으로 인해 몰락했다는 사실이 우리에게 아이러니를 느끼게 한다.

물론 노키아가 망한 것은 아니다. 노키아는 휴대폰 부문을 매각한 후에도 경쟁력이 있는 네트워크 솔루션 분야에서 여전히 사업을 하고 있으며 보유한 특허 기술과 브랜드 관리도 하고 있다. 하지만 예

전과 달리 시장에서의 존재감
은 미미한 상태다.

노키아의 휴대폰 사업을 인
수한 마이크로소프트는 낡
은 윈도우모바일(Windows
Mobile) 운영체제 대신 윈도우
폰(Windows Phone) 운영체제를
새로 개발하고 단말기도 직접
생산하면서 의욕을 보였다. 그
렇지만 결국 윈도우폰 사업에
완전히 실패하면서, 2015년 7
월 노키아 인수 비용 72억 달러

노키아 휴대폰 사업의 마지막을
함께한 심비안 운영체제[4]

전액에다 추가로 구조조정 비용 8억 5,000만 달러를 손실 처리하고
이후 휴대폰 운영체제와 단말기 사업에서 완전히 손을 뗐다.

휴대폰 사업에서 노키아와 마이크로소프트 둘 다 실패해 사업을
철수했지만, 이후의 행보에서는 차이가 있다. 마이크로소프트는 윈
도우와 오피스라는 설치형 소프트웨어 위주의 비즈니스에서 주 사
업을 클라우드로 전환하는 데 성공해, 지금은 클라우드 사업에서 많
은 수익을 내면서 여전히 영향력 있는 IT 기업으로 남아 있다.

이처럼 노키아, 마이크로소프트의 휴대폰 사업 실패와 같은 디지
털 디스럽션 사례는 기술 발전이 빠른 IT 산업의 여러 분야에서 종종
발생하고 있으며 이제는 디지털 기술의 영향이 커진 모든 산업에서

발생하고 있다.

구글은 모토로라(Motorola)의 휴대폰 사업을 인수했다가 결국 중국 레노버(Lenovo)에 매각했고, 한때 글로벌 시장 점유율 20%에 달했던 블랙베리(Blackberry)는 스마트폰 사업에서 철수했다. 필름 카메라의 대부였던 코닥(Kodak)은 디지털 카메라 시장을 소홀히 해 2012년 파산 신청을 했다. 120여 년 역사의 미국 중저가 백화점 JC페니(JCPenney)는 온라인 쇼핑 시장의 성장에 밀려 2020년 파산 신청을 했다가 부동산 투자신탁 회사에 인수돼 청산을 면했다.

모든 산업에서 디지털 기술이 쓰나미를 만들고 있기 때문에 앞으로 디지털 디스럽션의 범위가 계속 확대되면서 그 주기와 강도 또한 더욱 거세질 것으로 예상된다.

선진국 경제 성장의 요인, 창조적 파괴

앞서 말했듯이 디지털 디스럽션은 새로운 디지털 기술과 비즈니스 모델로 인해 발생하는 파괴적인 변화다. 즉 새로운 디지털 제품, 서비스, 비즈니스의 출현이 시장에 혼란을 가져오고 기존 사업에 상당한 변화를 요구하는 재평가의 필요성을 야기함에 따라 '파괴'라는 의미를 내포할 수밖에 없는 것이다. 그리고 여기에서의 파괴는 디지털 기술이 갖는 본연의 성질에 의해 기존의 다른 파괴와는 차원을 달리하는 강력한 힘과 속도를 만들어 낸다.

이 책에서 말하는 디지털 기술은 주로 IT에 초점을 둔다. IT에는 다양한 측면이 있지만, 모든 IT의 비즈니스 목표는 데이터를 활용해 비용을 절감하고 운영을 개선하고 더 많은 수익을 창출하는 것이라고 볼 수 있다. 즉, 새로운 기술은 데이터를 더 잘 활용하고 비용을 더 절감하고 운영을 더 개선하고 더 많은 수익을 창출하는 데 기여해야 하며 그렇지 못한 기술 대부분은 자연스럽게 사장될 수밖에 없다.

IT를 이용해 비즈니스 문제를 효과적으로 해결하고 경쟁업체에 비해 한층 더 지능이 높은 비즈니스를 구현함으로써 경쟁에 앞서 나갈 수 있는 것이다. 어떤 기업에 IT는 비즈니스라는 엔진을 원활하게 구동하는 윤활유일 수 있고, 다른 어떤 기업에는 엔진 그 자체일 수 있다.

한때 미국 경제학자 조지프 슘페터(Joseph Schumpeter)가 주장한 '창조적 파괴(Creative Destruction)'라는 말이 국내에서도 유행했던 적이 있다. 조지프 슘페터는 자본주의의 역동성을 가져오는 핵심 요인을 창조적 파괴로 보았다. 창조적 파괴는 기업가가 기술 혁신을 통해 낡은 것을 파괴하고 새로운 것을 창조하는 과정을 뜻하며, 경제 발전과 경기 순환을 설명하는 이론으로도 쓰인다.

창조적 파괴는 선진국의 경제 성장을 이뤄낸 주요 요인이기도 하다. 한 나라의 경제가 발전하기 위해서는 개별 기업 내에서 창조적 파괴가 끊임없이 일어나야 하며, 새로운 기업이 시장에 진입하면서 혁신적인 제품을 선보이고 경쟁력 없는 낡은 기업이 도태하는 과정이 필연적으로 계속 발생해야 한다. 그리고 그러한 과정을 더 빨리 더 반복적으로 겪은 국가일수록 더 많은 경제 발전을 이뤘다.

경제 상황이 좋을 때는 생산성 향상을 위해 노력하지 않고 신상품을 개발하지 않고 혁신하지 않아도 기업 경영에 큰 문제가 발생하지 않을 수 있다. 하지만 경제위기가 오면 그런 기업은 생존조차 하기 힘들어진다. 창조적 파괴를 경제 발전의 주요 요인으로 보는 관점에서는, 경제 위기야말로 기업이 필사적으로 변해야만 하는 마지막 기회이며 경제 전체적으로는 낡은 기업, 부실한 기업, 비생산적인 기업 등 한계기업을 정리할 수 있는 좋은 기회이다.

그런 점에서 볼 때 디지털 디스럽션은 창조적 파괴와 일맥상통하는 말이다. 디지털 디스럽션이 어떤 기업에는 몰락의 단초가 될 수 있고, 어떤 기업에는 좋은 기회가 될 수도 있기 때문이다. 이를 잘 활용하기만 한다면 시장 전체에 긍정적 성과를 가져와 경제가 한 단계 발전하는 계기로 삼을 수 있다.

디지털 디스럽션은 필연적으로 발생할 수밖에 없으므로, 이 책에서는 그 존재를 인정하고 기업 발전, 경제 발전의 좋은 기회로 보는 관점에서 다룬다. 어떤 부정적인 것도 사실 우리에게 완전히 부정적이기만 한 것은 아니다. 거기에는 각성과 변화의 기회가 담겨 있다. 디지털 디스럽션이 부정적으로 작용할 때는 그것을 무시하거나 맞서려고 할 때다. 수용하는 이들에게는 다양한 방식으로 비즈니스에 도움이 되며 성공에도 기여할 수 있다.

디지털 디스럽션은 막을 수 없는 거대한 흐름이므로, 기업이 할 수 있는 건 디지털 혁신을 수용하고 계획을 세우는 것이다. 업계에서 감지되는 디지털 디스럽션의 징후를 일찍이 파악하고 앞으로 벌어질 게임에서 앞서 나가야 한다. 이를 통해 단지 시장에서 생존하는 정도가 아니라 추가적인 성장의 기회를 잡을 수도 있다.

디지털 디스럽션이 시장 파괴를 가져오는 이유는 결국 소비자 요구의 변화 때문이다. 그러므로 디지털 디스럽션을 잘 활용한다는 건 새로운 소비자 요구를 수용하는 것이며, 이를 통해 기존 고객을 만족시키는 건 물론이고 새로운 고객을 확보할 수 있다.

이제 디지털 디스럽션은 일회성이나 가끔 발생하는 일이 아니라 대부분의 업종에서 상시로 발생하고 있다. 이에 대응하기 위해서는 단지 최신 디지털 기술에 투자하는 데 그치지 않고, 지속적인 변화에 유연하게 대응할 수 있도록 조직 내 프로세스와 조직문화를 재구축할 필요가 있다.

디지털 디스럽션이 위협이 아닌 기회가 되도록 하기 위해서는 기업이나 개인이나 자신에게 혼란을 일으킬 수도 있는 '이니셔티브(Initiative, 문제 해결이나 목적 달성을 위한 새로운 계획)'를 기꺼이 시작하고 실패를 두려워해서는 안 된다. 파괴적 시기에는 위험을 감수하지 않는 게 가장 위험한 일이니까 말이다.

2. 디지털 트랜스포메이션: 민첩하고 유연하게 디지털로 가기

경제경영에 관심이 있는 독자라면 아마도 '디지털 트랜스포메이션(Digital Transformation, 디지털 전환이라고도 한다)'에 대해 들어본 적이 있을 것이다. 쉽게 말해 디지털 트랜스포메이션이란 시장 변화에 맞추기 위해 디지털 기술을 사용해서 새로운 비즈니스 프로세스, 조직문화, 고객경험을 만드는 것이다. 아주 간단히 말하면, 디지털 기술로 비즈니스를 혁신하는 것이다.

디지털 트랜스포메이션은 디지털 디스럽션에 대응해 기업이 실행하는 노력이자, 창조적 파괴의 기업 내부 디지털 버전이라고 볼 수 있다. 디지털 시대에는 디지털 방식으로 생각하고, 디지털 방식으로 계획하고, 디지털 방식으로 민첩하고 유연하게 실행해야 한다.

디지털화 vs. 디지털 트랜스포메이션

컴퓨터와 정보를 이용해 작업 방식을 단순화하고 효율적으로 만드는 게 '디지털화(Digitalization)'다. 디지털화는 기존 비즈니스를 더 빨리 처리하기 위한 것이지, 비즈니스 수행 방식을 변경하거나 새로운 유형의 비즈니스를 창출하는 건 아니다. 예를 들면, 고객센터에서 고객 정보를 컴퓨터에 저장해 고객 서비스를 더 신속하게 제공하는 건 디지털화다.

이와 같은 디지털화에 도달하는 기업이 늘어나면서 오래된 업무를 더 빨리 처리하기 위해 디지털 기술을 사용하는 게 아니라, 새로운 디지털 기술로 새로운 비즈니스를 만들어 내기 시작했고 이를 '디지털 트랜스포메이션'이라는 새로운 이름으로 부르기 시작했다. 즉, 기존의 디지털화가 비즈니스 수행 방식의 변화를 가져오지 못했다면, 디지털 트랜스포메이션은 비즈니스 수행 방식에 변화를 가져올 뿐만 아니라 경우에 따라서는 완전히 새로운 유형의 비즈니스를 창출한다.

디지털 트랜스포메이션은 기업의 내부 시스템부터 온라인 사업 및 고객과의 상호작용에 이르기까지 모든 영역에 영향을 미친다. 디지털 기술을 이용해 더 나은 의사결정, 효율성 증대, 더 많은 개인화로 더 나은 고객경험을 제공할 수 있도록 비즈니스 프로세스를 바꾼다.

디지털 트랜스포메이션의 핵심은 디지털 기술의 잠재력을 이해하는 것이다. 즉, 사용 가능한 모든 디지털 기술을 살펴보고 그것으로 무엇을 할 수 있는가를 알아야 한다. 그리고 그러한 지식을 바탕으로 디지털 기술을 이용해 비즈니스를 어떻게 재구성하고 조정할지를 결정하고 실행해야 한다.

그렇다면 기업의 입장에서 디지털 트랜스포메이션이 필요하다는 신호를 어떻게 알 수 있을까? 기업이 알든 모르든 비즈니스에 위험이 발생하고 있다는 다양한 신호가 회사의 여러 부문에서 지속해서 감지되는 상황을 생각해보자. 몇 가지 예를 들면 다음과 같다.

- 소셜미디어(Social Media, 국내에서는 SNS라는 표현을 더 많이 사용한다)에서 우리 기업의 브랜드나 제품에 대한 추천이 점점 줄어들고 있다.
- 단골 고객의 구매가 감소하고 잠재 고객의 확보가 어려운 상황이다.
- 과거에 좋은 성과를 냈던 킬러 프로모션의 효과가 예전 같지 않다.
- 사내에서 협업과 정보 공유가 부족한 상태이며 부서 간 불만이 증가하고 있다.
- 사내 IT 시스템이 뒤떨어졌다고 느끼는 직원 수가 증가하고 있다.

소비자는 '디지털', '새로운 것', '만족'을 원한다

디지털 트랜스포메이션이 중요한 이유는 소비자의 기대와 행동이 과거와 크게 달라졌다는 데 있다. 이제 소비자는 스마트 기기로 항상 온라인에 연결되어 있으며 항상 새로운 것을 찾고 있다. 또한 소비자는 상품, 서비스를 구매한 후 만족하지 않으면 언제든지 구매 기업을 바꿔 버린다. CRM(Customer Relationship Management, 고객관계 관리) 솔루션으로 유명한 세일즈포스의 소비자 대상 조사에 따르면, 응답자의 57%가 자신이 이용하는 기업의 혁신이 절대적으로 중요하거나 매우 중요하다고 답했다.[5] 또한 응답자의 70%는 새로운 디지털 기술로 인해 자신이 이용하는 기업을 바꿀 수 있다고 답했다.

소비자는 유튜브, 페이스북, 인스타그램, 트위터 등과 같은 소셜미디어나 기타 디지털 채널을 통해 연중무휴 24시간 기업에 문의하고 즉시 응답받기를 원한다. 다국적 회계법인 PwC(PricewaterhouseCoopers)에 따르면, 소비자의 78%가 구매 과정에서 소셜미디어의 영향을 받는 것으로 나타났다.[6] 또한 응답자의 거의 절반이 소셜미디어에서 접한 리뷰와 댓글이 구매에 직접적인 영향을 미쳤다고 답했다.

이는 소비자를 직접 상대하는 기업의 디지털 트랜스포메이션에 소셜미디어 전략이 반드시 통합되어야 한다는 걸 의미한다. 디지털 비즈니스에서 성공하기 위해서는 고객이 이미 있는 곳에서 고객을 만나는 것이 중요하다. 더불어 단지 고객 요구사항을 만족시키기 위해 고군분투하는 게 아니라 고객 요청을 브랜드 성장의 기회로 만드는 것이 중요하다. 이를 위해서는 소셜미디어 전반에서 브랜드에 대한 소비자 반응과 상호작용을 측정할 필요가 있다.

소비자가 연중무휴 24시간 연결하기를 원한다는 사실이 기업 입장에서는 상당히 부담되는 일이며 그에 따르는 비용도 적지 않다. 이를 소비자의 무리한 요구라고 생각하는 경영자나 직원도 있을 것이다. 하지만 그런 생각을 해봐야 소용없다. 소비자는 이미 그런 존재가 되어버렸다. 소비자는 계몽의 대상이 아니며, 대부분의 기업은 변해버린 소비자에 맞춰 나갈지 말지를 결정할 수 있을 뿐이다.

소비자만 그런 것도 아니다. 소비자의 변화와 더불어, 직원의 기대와 행동에도 많은 변화가 생겼다. MZ세대라 불리는 젊은 층은 디지털 기기와 소프트웨어 사용에 익숙하며 당연히 직장에서도 강력한 디지털 기기와 소프트웨어를 사용하기 원한다. 소위 '디지털 우선(Digital-First)' 소비자가 소셜미디어와 여타 디지털 채널을 통해 연중무휴 24시간 연결할 준비가 되어 있고 기꺼이 새로운 상품과 서비스를 찾아 나서는 것처럼, 디지털 우선 직원은 언제 어디서나 쉽게 협업하고 작업할 수 있는 환경을 원하며 기꺼이 새로운 기업을 찾아 이직한다.

소비자와 직원이 디지털 기술을 통해 편익(자신이 지불한 비용으로 얻은 대가, 만족, 이익)을 얻는 것과 마찬가지로, 디지털 기술의 혜택을 크게 받은 또 하나의 대상은 바로 디지털 기술 자신이다. 기계 자체도 더 많은 정보를 공급받아 점점 더 똑똑해지고 있는데 대표적인 사례가 인공지능(AI: Artificial Intelligence)이다.

인공지능 시스템은 방대한 양의 데이터에서 유용한 패턴과 유의미한 정보, 상관관계, 이상징후를 찾아낸다. 예를 들면, 어떤 연령대의 고객이 연중 언제 어떤 유형의 상품을 많이 구매하는지 인공지능이 분석한 정보를 기반으로 판매 전략을 수립할 수 있다. 여러 판매 전략 중에 가장 효과적인 것으로 입증된 것을 인공지능이 추려내서

추후 판매 전략에 반영할 수도 있다.

인공지능 기반 챗봇(Chatbot)을 잘 만들어 고객 문의에 즉시 응대하는 것도 중요하다. 그러면 고객의 기다리는 시간을 줄일 수 있을 뿐만 아니라 인간 상담사는 더 복잡하고 민감한 문제 해결에 집중할 수 있어 결국 고객과 기업 모두 이익이 된다. 챗봇이 이해하지 못하는 고객 질문을 자동으로 가장 적합한 상담사나 직원에게 전달해 문제 해결 시간을 단축해야 한다. 챗봇은 고객만족을 위한 하나의 사례에 불과하다. 이후 여러 주제를 통해 디지털 기술의 다양한 영향력을 살펴보게 될 것이다.

디지털 트랜스포메이션의 사례: 아마존, 언더아머

글로벌 전자상거래 기업이자 세계 1위 클라우드(Cloud) 업체인 아마존(Amazon.com, Inc)은 소비자 기대 충족을 경영 철학으로 삼아 성공한 대표적인 기업이다. 아마존 고객 서비스의 특징은 고객 불만의 즉시 해결이며 때로는 기대 이상의 만족을 주기도 한다. 아마존의 고객 서비스 전화번호 1-888-280-4331는 연중무휴 24시간 운영되며, 만일 통화가 번거롭다면 연중무휴 24시간 온라인 라이브 채팅을 이용할 수 있다. 트위터 계정(@amazonhelp), 페이스북 페이지(www.facebook.com/Amazon), 인스타그램 계정(@amazon)으로 연락할 수도 있다.

아마존 성공의 기반이 바로 디지털 트랜스포메이션이다. 아마존은 도서, 장난감, 청소용품부터 산업 장비에 이르기까지 2억 5천만 개 이상의 제품을 판매하는 거대한 시장을 구축했다. 이 같은 시장을 유지하기 위해서는 다양한 물품을 공급할 수많은 판매자 그룹과 충분한 물량을 구매할 준비가 된 소비자 그룹으로 구성된 생태계가 꼭 필요하다.

이를 위해 아마존은 유료 멤버십 프로그램 '아마존 프라임(Prime)'을 만들었고, 이에 가입한 고객을 대상으로 가격 할인과 48시간 무료 배송을 제공하고, 해당 프로그램에 참여한 판매자에게는 간편하고 향상된 주문 관리 서비스를 제공함으로써 큰 성공을 거두었다. 국내의 쿠팡 로켓와우 멤버십이나 네이버플러스 멤버십이 아마존 프라임을 모델로 만들어진 것이다. 아마존 사업의 다양한 교훈에 대해서는 뒤에서 상세히 다룰 것이다.

스포츠 의류 회사로 잘 알려진 언더아머(Under Armour)는 운동복을 판매하던 것에서 벗어나 피트니스 시장에 진출하기 위해 '커넥티드 피트니스(Connected Fitness)'라는 전략을 세웠다. 이는 구체적으로 고객의 건강 데이터를 추적, 분석해 스마트폰으로 제공하고 공유할 수 있도록 하는 것이다. 비즈니스를 신속히 구현하기 위해서 맵마이피트니스(MapMyFitness), 마이피트니스팔(MyfitnessPal)을 비롯해 유럽 스타트업 엔도몬도(Endomondo) 등 여러 기업을 무려 총 7억 1,500만 달러에 인수하기도 했다.

언더아머는 고객 데이터를 분석한 후 이를 기반으로 아머박스(Armourbox)라는 구독 프로그램을 출시했다. 아머박스는 언더아머의 스타일리스트가 사용자 개인의 스타일과 필요한 훈련에 맞는 옷과 장비를 선정해 정기적으로 보내주는 구독 프로그램이다. 이를 위해 사용자는 자신이 하는 운동과 훈련 일정, 선호하는 신발 스타일 등을 프로필에 입력해 놓으면 된다. 그러면 언더아머가 이를 분석해 사용자의 피트니스 목표를 달성하는 데 가장 적합한 옷과 장비를 배송하고, 사용자는 받은 물품들 중에서 마음에 드는 것은 구매하고 나머지는 일주일 내에 무료로 반품하면 된다.

하지만 언더아머는 2020년 2월 아머박스 서비스를 종료했다. 언더아머가 서비스 종료의 사유를 명확히 밝히지는 않았지만 여러 정황을 분석한 결과, 매출 기여도는 미미한 반면에 구독을 통해 받은 제품들에 대한 불만, 반품 및 환불 과정에서의 불편함 등 고객 불만

언더아머의 아머박스[7)]

으로 인한 브랜드 가치 손상이 오히려 컸던 게 원인으로 추정된다.

아머박스 중단에 이어 언더아머는 피트니스 앱 마이피트니스팔을 3억 4,500만 달러에 매각한다고 밝혔는데 이는 인수가 4억 7,500만 달러에도 미치지 못하는 금액이었다. 또한 8,500만 달러에 인수한 엔도몬도의 경우에는 2020년 말 서비스를 완전히 종료했다. 언더아머는 전문 운동선수에 초점을 맞춘 브랜드로서 운동 초보자 시장 공략에 어려움을 겪었으며 이와 더불어 기존 비즈니스를 디지털 기술로 혁신하는 것도 쉽지 않아 이중으로 어려움을 겪게 됐다.

다만 언더아머는 맵마이피트니스 앱은 계속 발전시켜 사용자들에게 좋은 평가를 받고 있다. 맵마이피트니스는 언더아머 스마트 운동화에서 보폭 길이, 페이스(Pace, 1km 또는 1마일을 뛰는 데 걸리는 시간), 케이던스(Cadence, 1분 동안 발이 지면에 닿는 횟수) 등의 통계 데이터를 추적해 운동하는 동안 맞춤형 코칭을 제공해주고 다른 사용자들과의 연결을 통해 동기부여와 소셜 활동을 지원하는 앱이다.

디지털 트랜스포메이션은 비즈니스 트랜스포메이션이다

디지털 트랜스포메이션은 IT 시스템과 모바일 앱을 이용하는 것만을 뜻하는 게 아니라, 조직문화의 변화이며 사내 모든 프로세스와 작업 방식을 재창조하는 것이라고 볼 수 있다. 정리하면 모든 산업과 비즈니스에 적용할 수 있는 디지털 트랜스포메이션의 기본적인 실행 방안은 다음과 같다.

- 고객이 자주 방문하는 디지털 채널에서 고객을 만난다.
- 데이터를 이용해 고객과 시장 전체를 더 잘 이해한다.
- 데이터를 이용해 디지털 혁신 전략을 수립하고 실행한다.
- 비즈니스의 전 과정에서 기존의 의사결정 방식에서 벗어나 데이터 기반 의사결정으로 전환한다.
- 새로운 디지털 기술과 비즈니스 모델을 기존 제품 및 서비스에 통합한다. 새로운 기술과 프로세스로 낡은 것들을 적시에 고칠 수 있도록 한다.
- 개발, 마케팅, 영업, 고객 서비스 등 조직 내 여러 부문이 디지털 기술을 활용해 협업하도록 장려한다.
- 일관되고 전사적인 디지털 문화를 구축한다. 조직구성원 각자가 자신의 전문 분야에서 새로운 디지털 기술을 적극적으로 수용하고 활용하는 조직문화를 확립한다.
- 디지털 기술을 통해 새로운 고객경험을 창출하고 경쟁사 대비 차별화된 결과물을 고객에게 제공한다.
- 파트너 업체와 협력해 새로운 절차와 정책을 만들고 혁신한다. 함께 하는 모두(기업, 파트너, 고객)가 협력하고 이익을 얻을 수 있는 구조를 만들어야 한다.

디지털 트랜스포메이션은 조직이 설정한 목표에 맞춰 새로운 디지털 기술을 이용해 비즈니스 모델, 프로세스, 조직문화를 재구성하려는 노력을 뜻한다. 그 목표는 디지털로 인해 발생한 시장 변화와 업계 재편에 따른 생존 방법 모색일 수도 있고, 매출 증대이거나 고객경험 향상일 수도 있다. 디지털 트랜스포메이션은 단지 IT 영역에 국한되는 게 아니라 비즈니스 전반을 디지털 기술로 향상하고자 하는 것이며, 일회성의 노력이 아니라 지속해서 실행하는 것이다.

3. 데이터경제: 부를 가져오는 '제2의 원유'가 된 데이터

———————— 통신 기술이 발전하고 각종 스마트 기기 및 사물인터넷(IoT)이 확산됨에 따라 데이터의 양이 급속도로 증가하고 있다. '데이터경제(Data Economy)'는 데이터를 자산으로 생각하는 사회적 인식을 토대로 데이터를 거래하고 공유하는 기반으로 만들어진 지속 가능한 경제 체제를 뜻한다. 간단히 말해, 데이터경제는 데이터가 중요한 생산요소로 사용되는 경제 시스템이다.

데이터를 원료로 빅데이터, 인공지능 기술이 발전함에 따라 데이터는 '제2의 원유'라고 불리며 천연자원이나 인적자원만큼 중요하게 평가되고 있다. 데이터는 혁신과 성장의 주요 원천이기에 데이터를 최대한 재사용하고 이를 통해 새로운 가치를 창출할 수 있어야 한다.

세계 각국 정부는 이러한 인식을 바탕으로 세계 1등 데이터경제를 구축하기 위해 치열하게 경쟁 중이다. 특히 미국 트럼프 정부 시절에 벌어진 미중 무역 갈등의 이면에는 데이터 안보, 데이터 패권 경쟁이라는 중요한 함의가 담겨 있다. 미중 무역 갈등의 시작이 화웨이를 둘러싼 데이터 안보 논란에서 비롯됐기 때문이다.

기업들도 데이터 확보와 활용에 사활을 걸고 있는 건 마찬가지다. 조직에 발생한 문제의 근본 원인을 파악하거나 비즈니스 성과에서 경쟁업체에 앞서 나가기 위해서는 무엇보다 비즈니스 전반에서 발생한 데이터에서 통찰력을 확보하는 게 중요하기 때문이다.

빅데이터 역량이 기업의 중요한 경쟁력으로 평가받고 있다

데이터는 비즈니스 성공에 매우 중요한 역할을 하며 인공지능의 중추이자 디지털 혁신의 근간이다. 따라서 전사적인 데이터 전략이 필수적이며 조직구성원들이 각자의 업무 수행에 데이터를 활용할 수 있는 역량을 갖추어야 하는데, 이때 검토되어야 하는 기술이 빅데이터(Big Data)다. 과거의 데이터를 분석해 의사결정에 활용하는 전통적인 데이터 분석 수준에서 한층 더 나아가, 빅데이터는 데이터 분석 결과를 직접적으로 그리고 실시간으로 제품 및 서비스에 반영하는 걸 목표로 한다.

빅데이터의 주요 특징 3가지는 규모(Volume), 다양성(Variety), 속도(Velocity)다. 규모의 관점에서 바라본 빅데이터는 수집하고 저장하고 관리하고 분석하는 대상으로서 그 물리적인 규모가 클 뿐만 아니라, 그것을 이용해 창출하는 가치 또한 크다고 볼 수 있다. 시장조사기관 스태티스타(Statista)에 따르면, 전 세계 데이터 양은 매년 빠르게 증가해 2025년에는 180제타바이트(ZB: Zettabyte, 1제타바이트는

약 1조 기가바이트(GB)에 해당된다)에 달할 것으로 전망됐다.[8]

다양성의 관점에서 빅데이터는 데이터베이스를 비롯해 비정형 데이터(Unstructured Data)까지 분석 대상으로 삼는다. 비정형 데이터는 미리 정의된 방식으로 정리되어 있지 않은 데이터, 즉 비구조화된 데이터를 의미한다. 예를 들어 이미지, 동영상, 음성 등이 대표적인 비정형 데이터다. 이러한 데이터 유형은 빅데이터 기술이 등장하기 이전에는 제대로 분석되고 활용되지 못하던 것들이다.

빅데이터가 기존 데이터 분석과 크게 다른 점은, 빅데이터가 데이터 변화의 흐름에 초점을 두고 있다는 사실이다. 기존의 방식에서는 데이터를 모으고 데이터를 분석하고 개선안을 만든 다음, 그렇게 만들어진 개선안을 수개월 또는 수년에 걸쳐 추진한 후 그 결과를 평가하는 과정까지 적지 않은 시간이 소요됐다.

반면에 빅데이터에서 가장 중요한 요소는 '속도'다. 데이터를 쏟아내는 원천이 늘어나고 양 또한 막대해짐에 따라 이제는 기업이 분석할 수 있는 속도보다 더 빠르게 데이터가 축적되고 있다. 이러한 추세는 앞으로 점점 더 가속화될 것이다. 빅데이터에서 보다 중요하게 인식되는 데이터는 취합해서 모아 놓은 정적인 데이터라기보다는 계속해서 빠르게 실시간으로 유입되는 유동적인 데이터 흐름이다.

빅데이터에서는 소셜미디어 콘텐츠, 경쟁 상품이나 연관 상품에 대한 정보, 기상 정보, 정치적인 변동성 등 분석 목표와 조금이라도 관련이 있거나 영향을 미칠 수 있는 것이라면 무엇이든 분석의 대상이 될 수 있다.

가전도 소비자 취향과 관련해 중요한 데이터 수집 원천이다. 이를 위해 국내 가전사들도 빅데이터를 수집 및 분석하고 서비스로 연계하는 플랫폼 구축에 나서고 있다. 삼성전자는 CEO 직속의 빅데이터센터를 신설하고 TV, 생활가전 등에 빅데이터 기술을 적극적으로 도입할 계획이다. LG전자도 TV 데이터 분석 기업 알폰소(Alphonso)를 인수하고 TV 소비자에게 다양한 맞춤형 콘텐츠를 제공하는 데 활용하고 있다.

마이크로소프트는 2020~2030년을 '데이터 디케이드(The Data Decade)'로 정의하고, 보유한 데이터 자산의 현대화와 데이터 기반 문화를 구축함으로써 데이터의 중요성과 조직이 직면한 과제를 완전히 파악할 수 있었다고 밝혔다.[9]

이처럼 데이터는 기업의 주요 자산으로 인식되고 있다. 앞으로 치열한 경쟁에서 앞서 나가기 위해서는 조직 내 빅데이터 역량을 기반으로 ① 데이터를 빠르게 이해하고, ② 활용 전략과 방안을 빠르게 마련하고, ③ 빠르게 실행하는 '데이터 민첩성(Data Agility)'을 갖추는 것이 기업은 물론이고 정부, 지자체, 공공기관, 비영리기관 등 모든 조직의 중요한 경쟁력으로 작용하게 될 것이다.

미국, 유럽, 중국은 데이터경제에 어떻게 대응하고 있을까?

강력한 데이터경제 기반 기업을 보유한 미국

미국은 세계 최고 수준의 기업가정신(Entrepreneurship)을 바탕으로 기업들이 데이터경제의 혁신을 주도하고 있다. 미국의 강점은 데이터경제를 구축하는 기반 기술인 클라우드, 빅데이터, 인공지능 경쟁력에서 글로벌 리더로 평가받는 아마존, 구글, IBM, 마이크로소프트 등의 글로벌 기업과 더불어 열정적이고 창의적인 관련 스타트업들을 다수 보유하고 있다는 점이다.

미국 정부는 데이터경제 활성화를 위해 '디지털 책임성 및 투명성법(Digital Accountability and Transparency Act)'을 마련하고, 모든 연방 재무정보가 따라야 할 표준 데이터 형식 지정 및 통합된 오픈 데이터 공개를 시행하고 있다. 특히 재정데이터(Fiscal Data)라는 이름의 웹사이트에서 누구든지 손쉽게 살펴볼 수 있도록 연방재무 정보를 여러 관점에서 시각화(Visualization)해서 제공하고 있다.

이외에도 백악관은 개인정보 통보 및 보호법(Personal Data Notification & Protection Act), 국가 데이터 유출 통보 표준(National Data

미국 연방 정부의 재정데이터 웹사이트[10]

DATASET SEARCH

📊 Today in Fiscal Data:

See how our data helps answer key questions about the federal government's accounting, central payment systems, and public debt. Looking for more? Choose a dataset below or select any dataset from our Dataset Search page, to find out how numbers have changed over time, see a data preview, and download the data for further analysis.

What is the current national debt?	What is the national deficit by year?	How much money goes into/out of the federal government?	What is the value of the U.S. Treasury-owned gold?
Nov 2018 — Nov 2022	Dec 2017 — Dec 2021	May 2022 — Oct 2022	
Debt to the Penny	Monthly Treasury Statement (MTS)	Daily Treasury Statement (DTS)	U.S. Treasury-Owned Gold
$31.26 T	**$2.58 T**	**Net: -$150 B**	**$11 B**
Nov 2022	Dec 2021	Oct 2022	Oct 2022
Dataset Details	Dataset Details	Dataset Details	Dataset Details

Breach Notification Standard) 등을 제안하는 등 미국 정부 스스로 데이터경제의 모범사례가 되려고 노력하면서 정부 차원에서 기업과의 협업도 유연하게 진행하고 있다.

자유로운 데이터 무역의 기초를 마련한 유럽연합

유럽연합(EU)은 '유럽 데이터경제(European Data Economy)'와 '디지털 단일시장(Digital Single Market)' 전략을 강조하고 있다. 이것은 혁신과 성장의 주요 원천으로 데이터를 최대한 재사용할 수 있어야 한다는 인식을 토대로, 국가를 넘어 데이터가 자유롭게 흐를 수 있어야 한다는 궁극적인 비전을 나타낸다.

자유로운 데이터 유통은 기본적으로 사람들의 프라이버시를 보호하기 위해서 익명 데이터 또는 가명화(Pseudonymisation)된 데이터를 기반으로 해야 한다. 가명화란 데이터에서 특정 개인을 식별할 수 있는 정보를 가명으로 대체함으로써 관련된 개인과의 연결성을 제거하는 것을 뜻한다.

개인정보 보호는 데이터경제의 토대다. 그렇기 때문에 유럽위원회는 개인정보를 보호하는 강력한 제도 GDPR(General Data Protection Regulation, 일반 데이터 보호 규정)을 시행하고 있다. GDPR은 2016년 4월 만들어져 2018년 5월부터 27개 EU 회원국에 적용되기 시작했다.

얼핏 보면 GDPR을 단지 강력한 데이터 규제로 생각하기 쉽지만, 사실 GDPR은 자유로운 데이터 유통을 위해 반드시 필요한 사회적 신뢰를 형성하고 법적 책임성을 부여하는 제도라고 보는 것이 합리적이다. GDPR은 데이터 주체의 권리로 데이터의 투명성과 접근성, 이의제기 등의 내용을 포함하고 있으며, 데이터를 생산하고 활용하는 기업 및 공공기관이 지켜야 할 여러 필수요건을 제시하고 있다.

특히 주목해야 할 내용 중 하나는 기업 및 공공기관의 DPO(Data Protection Officer, 데이터 보호 책임자) 선임에 대한 것이다. DPO는 필히 데이터 전문가로서의 지식을 갖추어야 하고 업무 독립성을 보장받아야 하며 DPO 역할 수행과 관련해 이해충돌이 없는 사람이어야 한다.

유럽위원회는 앞으로 새로운 제품 및 서비스 개발을 가능하게 하는 유연한 디지털 협업 공간으로서 의료, 제조, 농업, 금융, 에너지 등 여러 분야에서 '공통 EU 데이터 공간(Common EU Data Space)'을 구축해 나가겠다고 밝혔다.

국가 주도로 데이터경제 신산업을 육성하는 중국

미국과 달리 중국은 신산업에서 국가 주도의 전략적 육성 정책을 강조하고 있는 국가다. 다른 나라들이 데이터 공개와 정부의 투명성을 강조하는 반면에 중국은 자국 내 정치 특성상 투명성보다는 산업육성에 초점을 두고 있다.

중국 정부는 빅데이터를 국가 신흥 산업으로 육성하고 있는데 2016년 12월 '빅데이터 산업 개발 계획(2016-2020)'을 발표하고 관련 정책을 적극적으로 추진했다. 해당 정책에는 빅데이터 기술 및 상품 연구개발 강화, 타 산업의 빅데이터 응용 및 융합 혁신 촉진, 빅데이터 인프라 구축, 빅데이터 활용 제조업 신규 모델 육성, 빅데이터 표준체계 구축, 빅데이터 산업 지원 시스템 개선, 빅데이터를 활용한 혁신 창업 추진, 데이터 보안 능력 향상 등의 내용이 포함되어 있다.

특히 중국 정부는 지방별 특성과 산업 기반에 따른 '빅데이터 산업 집결구'를 구축하고 이를 통해 각 지역에 맞는 데이터를 수집하고 가공해 활용하는 것을 추진 중이다. 중국은 또한 빅데이터를 기반으로 하는 인공지능 분야에도 집중적으로 투자해 현재 미국에 근접하는 강한 경쟁력을 확보한 상태다.

하버드 비즈니스 리뷰가 분석한 데이터경제 주도할 TOP5 국가

하버드 비즈니스 리뷰는 여러 국가를 대상으로 데이터 접근성과 네트워크 소비라는 기준에 따라 데이터경제 주도에 대한 경쟁력을 분석한 결과를 공개했다.[11] 그리고 새로운 데이터 중심 세계 질서를 전망하면서 톱5 국가를 선정했는데 미국, 영국, 중국, 스위스, 한국 순으로 데이터경제 강국이 될 것으로 전망했다. 참고로 일본은 11위를 차지했다.

주요 국가들 모두가 데이터경제에 주목하는 가장 중요한 이유는 바로 데이터가 인공지능 시스템을 위한 핵심 원료로 사용되기 때문이다. 인공지능은 여러 기술이 포함된 일종의 기술 집합체인데 그중 하나가 '딥러닝(Deep Learning)'이며, 데이터는 딥러닝을 위한 핵심 원료로 사용된다.

컴퓨터가 주어진 데이터를 바탕으로 규칙이나 지식을 학습하는 딥러닝에서는 더 많은 데이터를 제공할수록 결과가 더 향상되며, 학습을 통해 점점 더 똑똑해질 수 있다. 특히 중국이 빅데이터와 인공지능 분야에 집중 투자하고 경쟁력을 강화하면서 데이터가 단지 경제 발전뿐만 아니라 데이터 안보라는 측면에서도 아주 중요한 상황이 됐다. 그래서 데이터경제를 지향하는 여러 국가가 인공지능과의 연계를 강조하고 있으며 한국 정부도 마찬가지다.

데이터의 안보적, 경제적 가치가 증대되면서 미국, 유럽, 일본은 중국을 견제하고 선진국 간의 자유로운 데이터 유통을 촉진하기 위해 데이터 무역 및 데이터 보안 향상에 대해 합의하고 관련 논의를 진행하고 있다. 일본은 국경을 초월한 데이터 유통을 위해 국제적 데이터 유통 규칙의 표준화를 제안하기도 했다.

우리나라에서 데이터경제 전략 수립 및 실행과 관련해 중요한 역할을 맡은 한국정보화진흥원(NIA)은 데이터 가치사슬 활성화, 인공지능 혁신 생태계 조성, 데이터 및 인공지능의 융합 촉진 등을 주된 전략 투자 방향으로 제시하고 있다. 특히 데이터 가치사슬의 활성화를 위해 범정부 데이터 플랫폼 구축, 빅데이터 플랫폼 10개소 및 센터 100개소 구축을 목표로 하고 있다. 범정부 데이터 플랫폼에는 메타데이터(Metadata) 수집 및 관리를 위한 중앙 시스템이 포함된다.

메타데이터란 데이터에 대한 구조화된 데이터로, 쉽게 말해 어떤 데이터를 설명해주는 데이터라고 할 수 있다. 단지 데이터만 존재해서는 그것이 무슨 데이터인지 구분하기 어렵기 때문에 대량의 데이터에서 원하는 데이터를 효율적으로 검색하고 이용하기 위해 메타데이터가 필요하다. 이러한 메타데이터를 범정부 차원에서 중앙 시스템으로 구축해 여러 기관이 활용할 수 있도록 함으로써 중복 투자를 방지하고 효율성을 증진할 수 있다.

범정부 데이터 플랫폼에는 데이터 탐색을 효율적으로 제공하고 데이터 간의 연관관계를 시각적으로 파악할 수 있는 '국가데이터맵 (Data Map)'도 포함된다. 또한 인공지능 기반 분석 환경을 제공하는 데이터 분석 시스템도 포함되며 데이터의 손쉬운 검색, 개발자 서비

국가데이터맵[12]

스의 편의성 개선도 지속해서 진행될 예정이다.

정부는 금융, 환경, 문화 및 미디어, 교통, 헬스케어, 유통, 통신, 중소기업, 산림, 지역경제 등 주요 분야별로 데이터의 수집, 분석, 유통을 지원하기 위한 빅데이터 플랫폼 10개소와 더불어 중소기업, 대학 등 주요 기관별로 데이터를 체계적으로 생산하고 관리하는 센터 100개소를 구축한다고 밝힌 상태다.

정부는 공공데이터 전수 조사를 통해 총 784개 기관이 보유하고 있는 42만 개의 공공데이터를 전면적으로 개방한다. 특히 사회안전망 강화, 사회복지 확대, 일자리 창출, 정부투명성 강화, 혁신성장 지원 등 5개 영역 20개 분야를 국가중점데이터 개방 대상으로 보고 있다.

다양한 플랫폼 간에 원활한 데이터 연계를 위해서는 데이터 표준화가 필요하고 민간 및 공공 간의 적극적 협력 관계 조성을 위한 방안이 구체화되어야 한다. 현재는 개방된 공공데이터의 품질이 낮아 데이터 가공 및 활용에 제한이 있고 개방된 공공데이터의 체계적 관리가 미흡하다는 지적이 있다. 그렇기 때문에 공공데이터의 품질 및 표준화 강화를 위해 오픈 포맷의 비중을 확대하고 활용성을 높일 필요가 있다.

데이터를 생산하고 취합하고 가공하고 저장하는 이유는 그렇게 만들어진 데이터셋(Dataset, 특정 작업을 위해 관련성 있는 데이터를 모아 놓은 것)을 효과적으로 활용하기 위함이다. 무엇보다 4차 산업혁명의 핵심 기술인 인공지능의 학습, 즉 딥러닝을 위한 데이터셋이 필요하다. 하지만 현재 우리나라는 인공지능 제품 및 서비스에 활용할 수 있는 데이터셋의 종류와 양이 절대적으로 부족한 실정이다.

정부는 시급성, 유망성이 높은 분야의 인공지능 학습용 데이터셋을 구축하여 개방하고 데이터 분석에 적합한 인공지능 알고리즘도 개발해 '오픈API(Open API: Open Application Programming Interface)' 형태로 제공할 계획이다. API란 다른 애플리케이션과 연결을 제공하는 서비스이며, 오픈API는 누구나 사용할 수 있도록 API를 공개한 것이다. 포털, 소셜미디어, 공공기관 등의 여러 웹사이트가 자신의 기능 및 데이터를 오픈API로 제공하는데 앞으로 인공지능, 블록체인, 사물인터넷 등 차세대 분야로 계속 확대될 예정이다.

데이터경제 시대에 필요한 자본, '신뢰'

이처럼 한국을 비롯해 각국 정부는 데이터경제를 주도하기 위해 수많은 진흥 정책을 발표한 상태다. 그런데 데이터의 자유로운 이용과 재사용을 위해서는 기업에 자율성을 부여하되 악용·오용이 발생할 시 강력한 제재를 가해야 하는데, 이에 대한 제도가 미흡하고 사회적 신뢰도 부족하다는 점이 큰 문제다.

국내에서 개인정보를 고의나 실수로 유출해서 거액의 배상금을 지불하거나 망한 기업에 대해 들어본 적이 있는가? 아마도 없을 것이다. 한국은 규제 효율성이 떨어지기로 유명하다. 규제는 많은데 제대로 규제가 이뤄지지 않고, 진흥책은 많은데 제대로 진흥도 안 되는 구조적 모순이 데이터 산업에서도 그대로 발생하고 있다.

데이터경제의 가장 큰 이슈는 산업 발전과 개인정보 보호를 동시에 달성하는 게 결코 쉽지 않다는 점에 있다. 전 세계적으로 여러 나라가 이 어려운 과제를 풀기 위해 노력하고 있는데 유럽의 GDPR도 그런 노력 중 하나다. GDPR은 기본적으로 개인정보를 강력히 보호함으로써 이에 대한 사회적 신뢰를 형성하고 이를 기반으로 데이터경제를 추구한다는 개념을 담고 있다. 사회적 신뢰가 없는 데이터경제는 판타지에 불과할 뿐이기 때문이다.

현재 한국은 데이터경제와 관련해 가장 큰 난관에 봉착해 있는 국가라고 볼 수 있다. 산업 발전에 초점을 두느냐, 아니면 개인정보 보호에 초점을 두느냐를 놓고서 업계와 시민단체가 맞서고 있기 때문이다. 업계는 산업 발전을 위해 데이터 수집 및 이용, 거래에 더 많은 자율성을 요구하고 있다. 반면에 시민단체는 더욱 강력한 개인정보 보호를 위한 안전장치의 의무화와 강력한 처벌, 관리감독의 강화를 요구하고 있다.

데이터경제는 우리의 미래이며 또한 그렇게 되어야만 한다. 개인정보 보호에 대한 국내 사용자들의 불신을 고려할 때 '신뢰 기반 데이터경제'를 구축하는 게 무엇보다 중요한 과제로 보인다. 데이터경제 생태계에서 각 참여자의 성공은 다른 참여자의 성공에 달려 있다. 데이터 공유를 통해 구성원 모두가 이익을 얻지 못한다면 데이터경제는 제대로 작동하지 않을 것이다.

4. 디지털 경제 이끄는 핵심 동력, 디지털 플랫폼

━━━━━━━━━━ 디지털 경제의 핵심 요소 중 하나가 플랫폼(Platform)이다. 플랫폼에 대한 자세한 내용은 필자의 이전 책《플랫폼, 시장의 지배자》(코리아닷컴, 2016)에서 다룬 바 있는데, 여기에서는 플랫폼을 간략히 정리하고 디지털 경제에 중대한 영향을 미치는 플랫폼의 네트워크 효과를 위주로 살펴보려고 한다.

사전적 의미의 플랫폼은 어떤 곳을 오르내리거나 건너다닐 때 발을 디디기 위해 설치해 놓은 장치 또는 다른 곳에 진출하기 위해 이용하는 수단을 뜻한다. 이런 의미를 지니다 보니 IT 업계를 비롯한 미디어, 콘텐츠 등 여러 분야에서 무언가 있어 보이는 용어로 널리 쓰이기 시작했고 컴퓨터과학, 공학, 경영학, 문화예술, 사회학 등 학계에서도 관심을 갖게 됐다.

플랫폼이라는 용어는 다방면에 쓰이면서 그 뜻과 범위가 계속 확장되어 왔는데, 현재 쓰임새와 맥락을 고려할 때 플랫폼에는 '기반'과 '매개'라는 의미가 내포돼 있다고 볼 수 있다. 즉 플랫폼은 기초가 되는 토대이거나 둘 사이에서 관계를 맺어주는 역할을 한다. 이 같은 관점에서 플랫폼을 바라보면, 온라인뿐만 아니라 오프라인에도 상당수의 플랫폼 비즈니스가 있다는 걸 알 수 있다.

오프라인 공간에 존재하며 물리적 실체가 있는 플랫폼을 '현실계 (Physical World) 플랫폼'이라고 부를 수 있다. 대표적인 현실계 플랫폼으로 백화점, 부동산중개업소, 결혼정보회사, 직업소개소 등을 꼽을 수 있다. 그런데 역시, 현재 플랫폼 용어가 가장 활발히 사용되는 곳은 IT 업계다.

디지털 플랫폼의 3가지 유형: 하드웨어, 소프트웨어, 인터넷 서비스

디지털 플랫폼에 국한해 유형을 살펴보면 크게 다음과 같은 3가지로 구분할 수 있다.

● **하드웨어 플랫폼:** PC가 대중화되면서 IT 업계에서는 플랫폼을 '컴퓨터 시스템의 기반이 되는 하드웨어 또는 소프트웨어'를 뜻하는 용어로 사용하기 시작한다. 그중 PC에 탑재돼 두뇌의 역할을 수행하는 CPU(Central Processing Unit)나 스마트폰에 탑재되는 모바일 AP(Application Processor)가 대표적인 하드웨어 플랫폼이며 인텔 코어 i 시리즈, AMD 라이젠, 퀄컴 스냅드래곤 등과 같은 제품이 있다. 정리하면, 하드웨어 플랫폼은 다른 제품의 기반이 되는 부품 또는 완제품 형태의 플랫폼이다.

● **소프트웨어 플랫폼:** 이는 '기반'으로서의 성격을 가진 소프트웨어인데, 일반적인 소프트웨어와의 차이점은 애플리케이션을 만드는 개발환경과 그렇게 만들어진 다양한 애플리케이션의 실행을 위한 구동환경을 제공한다는 점이다. 즉 소프트웨어 플랫폼은 개발자들이 애플리케이션을 만들 수 있도록 하는 기반이자 애플리케이션 실행의 기반이 되는 플랫폼이다. 소프트웨어 플랫폼의 대표적인 사례는 운영체제(OS)이며 윈도우, 안드로이드, iOS 등과 같은 제품이 있다. 또한 게임 개발환경을 제공하는 게임 엔진으로 유명한 유니티(Unity), 언리얼 엔진(Unreal Engine) 등도 개발 플랫폼에 해당한다.

● **인터넷 서비스 플랫폼:** 인터넷 업계에서는 네이버와 같은 포털, 페이스북과 같은 SNS, 옥션과 같은 오픈마켓 등을 모두 플랫폼이라고 한다. 배달의민족, 당근마켓, 직방 등도 모두 이에 해당한다. 이들 인터넷 서비스 플랫폼은 주로 클라우드 기술을 이용하며 인터넷 환경에서 구동된다. 인터넷 서비스 플랫폼은 사용자들이 서로 만나 상호작용이 일어나거나 또는 판매자와 구매자가 만나 거래가 창출되는 공간이며 '매개'가 핵심적인 기능이다. 최근 인터넷 서비스, 모바일 앱이 우리 일상에 미치는 영향이 크게 증대하면서 IT 업계에서는 주로 '매개'라는 개념에 초점을 맞춰 플랫폼을 논하는 경우가 많다.

그런데 앞서 살펴본 기반, 매개라는 플랫폼의 기능은 완전히 다른 개념이라기보다는 사실 일맥상통하는 것이라고 볼 수 있다. 예를 들어, 운영체제는 사용자 입장에서 보면 디지털 공간을 기반으로 작업하거나 엔터테인먼트를 즐기기 위해 이용하는 수단이다. 동시에 운영체제는 애플리케이션을 개발하고 실행하는 기반이고, 디바이스와 애플리케이션을 매개하며 또한 애플리케이션 개발자와 사용자를 매개한다.

70%의 가치가 네트워크 효과에서 나온다

컴퓨터 네트워크 기술인 이더넷(Ethernet) 공동 발명자이자 인터넷 초기의 개척자 중 하나인 로버트 멧칼프(Robert Metcalfe)는 통신 네트워크의 가치가 시스템에 연결된 사용자 수의 제곱에 비례한다는 '멧칼프의 법칙(Metcalfe's Law)'을 만들었다. 이에 따르면 네트워크의 규모가 커지면 비용은 직선적으로 증가하는 반면 그 가치는 기하급

멧칼프의 법칙[13]

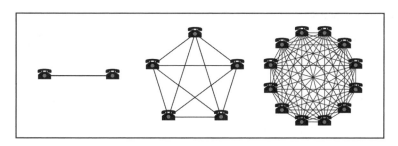

수적으로 증가한다. 이후 멧칼프의 법칙은 '네트워크 효과(Network Effect)'라는 이름으로 업계에 널리 알려지게 된다.

네트워크 효과는 참여자의 증가가 재화나 서비스의 가치를 높이는 현상을 뜻한다. 즉, 특정 상품의 수요가 다른 사람들의 수요에 영향을 주며 네트워크가 커질수록 그 영향력이 더욱 커진다는 개념이다. 다르게 설명하면, 네트워크 효과는 사용자 간의 연결성으로 인해 혼자 일할 때보다 함께 일할 때 더 많은 것을 성취할 수 있게 해준다. 네트워크 효과를 이해하기 쉬운 대표적인 사례는 인터넷이다.

네트워크 효과는 성공적인 디지털 비즈니스의 필수 요소라고 볼 수 있다. 업계에서 디지털 비즈니스를 하는 기업의 가치 중 일반적으로 네트워크 효과가 차지하는 비중이 70%에 달하는 것으로 보고 있다.[14] 예컨대, 카카오톡은 네트워크 효과가 극단적으로 강조된 애플리케이션이다.

모든 종류의 플랫폼에는 네트워크 효과가 강력하게 작용하는데, 이것이야말로 플랫폼의 가장 중요한 특성 중 하나다. 네트워크 효과는 플랫폼이 사업 초기부터 상당 기간 가입자 수를 늘리기 위해 지속해서 큰 투자를 하고 오랫동안 인내하며 적자를 감수하는 걸 정당화하는 중요한 이론적 근거 중 하나다.

네트워크 효과가 플랫폼의 핵심 성공요인으로 작용하는 이유는 네트워크 효과가 경쟁 우위를 창출하기 때문이다. 플랫폼이 아닌 기업은 매번 영업을 통해 거래를 창출해야 하는 반면에, 플랫폼 기업은 플랫폼의 네트워크 효과에 기반한 '관계 및 상호작용의 선순환'

을 통해 거의 자동으로 거래를 창출할 수 있다. 네트워크가 성장할수록 상호작용이 더 많이 유도되며 그에 따라 플랫폼의 가치는 기하급수적으로 증가하게 된다.

'연결' 통해 새로운 가치 만들어내는 플랫폼 네트워크 효과

- **직접 네트워크 효과:** 신규 사용자의 참여가 증가함에 따라 기존 사용자는 더 많은 다른 사용자들에 접근할 수 있게 된다. 모든 인터넷 서비스가 직접 네트워크 효과의 혜택을 보지만, 특히 페이스북, 인스타그램, 카카오톡처럼 사용자들 간의 커뮤니케이션과 상호작용이 핵심인 서비스에서는 더욱 강력한 효과를 발휘한다.

- **간접 네트워크 효과:** 플랫폼의 사용이 증가함에 따라 점점 더 가치 있는 보완 제품의 생산을 낳게 되고 이것이 다시 플랫폼 가치를 높이는 식으로 영향을 미친다. 간접 네트워크 효과가 가장 강력하게 작용하는 대표적인 사례가 운영체제와 앱스토어다. 앱 개발자는 사용자가 많은 운영체제의 앱 개발에 매력을 느끼는데, 이는 자신의 앱을 더 많은 사용자가 이용하길 바라고 또한 그것이 더 많은 수익으로 이어질 수 있기 때문이다. 그에 따라 인기 있는 운영체제에 점점 더 많은 개발자가 참여해 해당 운영체제가 제공하는 '소프트웨어 개발도구(SDK: Software Development Kit)'로 앱을 개발하게 된다. 결국 앱의 양과 다양성이 증대되고

강력한 앱 생태계를 형성하게 된다. 양이 질을 만드는 것이다 (Quantity makes Quality). iOS와 안드로이드의 성공이 이렇게 이뤄졌다.

- **양면(Two Sided) 네트워크 효과:** 한 사용자 그룹의 참여자가 증가하면 다른 사용자 그룹의 참여자도 증가하게 되고 그 반대의 경우도 마찬가지로 작용한다. 예를 들어, 판매자 그룹과 소비자 그룹이 존재하는 양면 시장인 오픈마켓 서비스를 생각해보자. 소비자가 늘어나면 더욱 매력적인 시장이 되어 판매자가 늘어나고, 이는 더 다양한 상품들의 유입과 함께 더 많은 판매자 간의 경쟁을 끌어낸다. 그 결과 더 많은 소비자의 플랫폼 유입이 가속화되고, 이것이 더 많은 판매자를 끌어들이는 유인이 돼 생태계가 확장된다. 이베이, 우버, 에어비앤비, 11번가, 배달의민족, 당근마켓 등이 이에 해당한다.

- **데이터 네트워크 효과:** 앞서 다룬 네트워크 효과들이 사용자 간의 상호작용에 초점을 두고 있다면, 이것은 그 결과로 생성되는 데이터에 초점을 둔 네트워크 효과다. 사례를 통해 살펴보면 이해하기 쉽다. 데이터 네트워크 효과의 대표적인 사례가 바로 딥러닝(Deep Learning)이다. 딥러닝은 데이터 학습을 통해 더욱 똑똑해지는데, 사용자가 증가하면 더 많은 데이터가 발생하고 사용자로부터 더 많은 데이터를 얻을수록 인공지능 기반 플랫폼의

경쟁력이 더욱 강화된다. 딥러닝에 대해서는 뒤에서 좀 더 상세히 살펴볼 것이다.

플랫폼 진화의 방향은 데이터 네트워크 효과의 극대화

직접, 간접, 양면 네트워크 효과 모두 중요한 것들이지만 앞으로의 디지털 경제에서는 데이터 네트워크 효과에서 가장 앞선 기업이 커다란 부가가치를 창출할 가능성이 크다. 똑똑한 인공지능을 통해 사용자 행동을 예측하고, 매력적인 맞춤화와 개인화를 제공하고, 제품 및 서비스에 대한 통찰력을 실시간으로 획득하고, 더 많은 자동화를 구축함으로써 경쟁에서 앞서 나가게 되는 것이다.

데이터 네트워크 효과의 강력한 힘을 이해하기 위해서 유튜브를 예로 들어보자. 유튜브에서 사용자들이 영상을 검색하고, 감상하고, 구독하고, 좋아요 또는 싫어요를 누르는 모든 행위는 데이터로서 인공지능의 원료가 된다. 이 같은 데이터를 기반으로 서비스에 오래 머물도록 만들고 서비스의 매력을 지속해서 개선하고 수익을 증대해 나간다. 아마존이나 넷플릭스도 인공지능을 이용해 플랫폼의 경쟁력을 크게 강화하고 있다.

데이터 네트워크 효과를 위해서는 무엇보다 많은 양의 데이터가 있어야 하며 이를 처리하기 위한 빅데이터 기술력도 필요하다. 또한 많은 양의 데이터를 자동으로 분석하고 신속하게 기존 서비스에 적용하기 위해서는 상당한 수준의 딥러닝 기술력이 필수적이다. 앞으로 플랫폼 기업의 핵심 경쟁력은 빅데이터, 딥러닝 기술력과 이를 통한 데이터 네트워크 효과의 극대화를 달성하는 데 달려 있다고 볼 수 있다.

정리하면, 플랫폼은 참여자들이 모여 거대한 네트워크를 구성하며 제품이나 서비스가 가진 본연의 가치에다 네트워크를 통해 만들어진 가치가 추가됨으로써 사용자 증가에 따라 기하급수적으로 총체적인 가치가 커진다. 그러다 보니 경제력이 하나 또는 소수의 플랫폼에 집중되고 불평등이 심화하는 현상이 필연적으로 나타난다. 플랫폼의 어두운 측면에 대해서는 뒤에서 별도의 주제로 살펴볼 것이다.

확실한 사실 하나는 앞으로 플랫폼이 더더욱 중요해질 것이라는 점이다. 인공지능, 로봇, 사물인터넷, 가상현실, 블록체인 등 거의 모든 차세대 산업에서 플랫폼이 가장 중요한 키워드다. 우리가 플랫폼을 제대로 이해하고 활용하지 못한다면 우리 사회와 개인의 삶에 커다란 리스크로 작용하게 될 것이다.

2장

디지털 경제를
가능하게 하는
핵심 테크놀로지

"우리의 기술, 기계는 인류의 일부다. 우리는 우리 자신을 확장하기 위해
그것들을 만들었고, 그것이 인간의 고유한 특성이다."

—레이 커즈와일(Ray Kurzweil, 미국의 발명가이자 미래학자)

1. 압도적인 기술 딥러닝: 인간의 뇌를 모방한 심층신경망

─────────────── 고인이 된 가수가 사후에 나온 노래를 부른다면 어떨까? SBS는 〈AI vs 인간〉 프로그램에서 김광석의 목소리를 인공지능으로 재현한 바 있다. 모창 AI는 김광석의 목소리로 김범수의 〈보고 싶다〉와 박효신의 〈야생화〉를 불렀다. 김광석 사후에 나온 노래들이었지만 시청자들은 마치 실제로 김광석이 노래를 부르는 듯 느꼈다.

김광석의 목소리 재현에 사용된 기술이 딥러닝이다. 방송 제작진은 유족의 동의를 얻어 생전에 고인이 반주 없이 노래한 가창 데이터들까지 구해서 인공지능 시스템에 입력했다고 밝혔다. 인공지능 시스템은 음정, 발음을 각각 분리해 학습했는데 상호작용하는 과정을 수십만 번 되풀이해 완성도를 높였다(이는 알파고가 자가 학습으로 수천만 건의 대국을 수행한 것과 유사한 방식이다). 그 결과 진짜 김광석과 모창 AI의 목소리를 구분하기 어려운 수준에 도달하게 된 것이다.

이제 인공지능이라는 용어는 거의 매일 미디어에 등장할 정도로 일상적인 말이 됐다. 최근 인공지능 기술의 급속한 발전으로 그 어느 때보다 저렴하고 손쉽게 인공지능을 이용할 수 있게 됨에 따라 다양한 분야의 하드웨어와 소프트웨어에 인공지능이 속속 접목되고 있다.

최신 트렌드 중 하나는 가전에 인공지능을 탑재하는 것인데, 삼성전자는 인공지능을 탑재한 스마트 로봇 진공청소기 '젯봇(JetBot) 90 AI+'를 선보여 주목받았다. 젯봇 90 AI+는 3D 센서와 최첨단 물체 인식 기술을 이용해 가구 같은 큰 물체뿐만 아니라 케이블 같은 작은 물체까지 피하면서 청소를 수행한다. 젯봇 90 AI+는 가정용품 이미지 100만 개 이상을 학습한 인텔의 인공지능 기술을 탑재했으며 이를 통해 소파, 책장, 테이블, 수건, 전기 케이블 등 다양한 물체를 인식할 수 있는 능력을 갖추게 됐다.

CES(Consumer Electronics Show, 세계 최대의 소비자 가전 전시회)에서 베스트 혁신상을 받기도 한 모프린(Moflin)은 AI 펫(Pet) 로봇이다. 일본의 뱅가드(Vanguard Industries)가 개발한 모프린은 부드럽고 따뜻한 소재로 만들어졌으며, 마치 살아있는 진짜 반려동물처럼 귀여운 소리를 내고 사랑스러운 행동을 하는 등 감성 능력을 갖추고 있다.

모프린은 센서를 통해 주변 환경을 파악하고 사용자와의 상호작용을 통해 지속해서 학습하고 성장하는 인공지능 알고리즘을 탑재하고 있다. 개발사에 따르면 모프린은 거의 무한대의 사운드와 동작 패턴 조합을 통해 자신의 감정을 표현할 수 있다고 한다. 모프린은 크라우드펀딩 사이트 킥스타터(Kickstarter)에서 선보여 큰 인기를 끌기도 했다.

AI 펫 로봇, 모프린[1)]

인공지능, 머신러닝, 딥러닝의 관계

그런데 컴퓨터가 어떻게 '지능'이라는 걸 가질 수 있는 걸까? 그러한 인공의 지능은 대체 어떻게 작동하는 걸까? 이 질문에 대해 흔쾌히 답할 수 있는 일반인은 거의 없을 것이다. 개발자라도 관련 분야에 종사하지 않는다면 마찬가지다.

인공지능은 일반적으로 소프트웨어를 통해 인간 행동이나 의사결정 구조를 모방하는 것을 뜻하며 다양한 방법으로 이를 구현할 수 있다.[2)] 인공지능은 1950년대 컴퓨터 분야의 선구자들이 가졌던 의문, 즉 "컴퓨터가 인간처럼 생각할 수 있을까?"에서 시작됐다. 이후 컴퓨터를 구성하는 하드웨어와 소프트웨어 기술이 발전함에 따라

보다 높은 성능의 인공지능을 구현하기 위한 다양한 시도가 이어져왔다.

그간 인공지능이 연구된 40년에 가까운 시간 동안 연구의 지배적인 패러다임은 '심볼릭(Symbolic) 인공지능'이었다. 심볼릭 인공지능은 프로그래밍을 통해 규칙과 지식에 기반한 기능형 시스템을 개발하는 것으로, 프로그래밍으로 수많은 규칙을 만들어 지식을 다루면 인공지능이 될 거라는 믿음의 산물이었다.

하지만 심볼릭 인공지능은 특정 유형의 논리적인 문제를 처리하는 데는 적합한 성능을 보였지만 번역, 음성인식, 사진인식 등과 같은 복잡하고 어려운 문제를 처리하는 것에는 그리 효과적이지 못했고, 곧 기술적 한계에 부딪히면서 교착상태에 빠지게 됐다. 그래서 심볼릭 인공지능의 한계를 극복하고자 나온 방법이 바로 머신러닝과 딥러닝이다.

머신러닝(ML: Machine Learning, 기계학습이라고도 한다)은 인공지능의 하위 분야로 데이터에서 일반적인 규칙을 도출하기 위한 자동화된 절차들로 구성된다. 즉, 데이터로부터 규칙을 학습하는 게 머신러닝이다. 머신러닝에서는 입력값을 분류하고 결과값을 예측하는데, 이때 데이터값을 잘 예측하기 위한 데이터의 특징을 '피처(Feature)'라고 부른다. 피처는 통계학에서 온 용어로, 통계학에서 데이터 테이블의 열(Column)을 지칭할 때 사용한다. 머신러닝에서 피처란 어떤 객체가 가진 고유의 분별 가능한 특징이나 속성을 뜻하는데 예를 들면 색상, 길이, 무게 등과 같은 것들이다.

머신러닝에서는 '피처 엔지니어링(Feature Engineering, 특징 공학)'이라는 작업이 필요하며, 이는 데이터에 대한 도메인 지식(Domain Knowledge)을 활용해 피처를 만드는 것을 뜻한다. 참고로, 도메인 지식이란 특정 전문 분야에서 사용되는 유효한 지식으로, 예를 들어 금융 분야의 도메인 지식이란 금융 산업이 어떻게 작동하는지에 대한 이해와 주요 제품 및 서비스에 대한 지식을 뜻한다.

머신러닝에서 피처가 중요한 이유는 아무리 풍부한 데이터를 갖고 있다고 해도 학습이 잘 이뤄지지 않으면 무용지물이기 때문이다. 머신러닝의 성능은 어떤 데이터를 입력하는가에 상당히 의존적이기 때문에 학습이 잘될 수 있는 적합한 데이터를 입력해주는 게 중요하다. 그래서 머신러닝에서는 인공지능 시스템이 입력된 데이터를 잘 학습할 수 있도록 사전에 피처를 생성하거나 선택하는 피처 엔지니어링 작업을 거치게 된다.

머신러닝을 실행하기 전에 먼저 충분한 데이터를 확보하고 그 다음에 피처가 유용한지 아닌지 확인하는 과정을 진행한다. 이때 피처 엔지니어링을 통해 관련이 없거나 중복되는 피처들을 필터링하고 간결화해서 기존 피처들의 부분 집합을 생성하는 것을 '피처 선택(Feature Selection)'이라고 하며, 기존 피처들에 기반해 유용한 새로운 피처를 생성하는 것을 '피처 추출(Feature Extraction)'이라고 한다.

피처 엔지니어링은 머신러닝에서 아주 중요한 작업인데, 왜냐하면 인공지능 시스템이 수행할 알고리즘을 설계하는 작업이기 때문이다. 인공지능 시스템은 이를 이용해 성능을 개선하고 결과물을 산출하게 된다.

그런데 데이터로 학습하는 머신러닝이 인공지능 시스템의 성능 향상을 가져오긴 했지만, 여전히 어려운 점이 존재했다. 머신러닝이 제대로 작동하기 위해서는 무엇보다 데이터를 표현하는 피처를 추출해서 컴퓨터에 제공하는 일이 중요했는데, 피처를 정확히 지정하는 건 쉬운 일이 아니었고 만일 적절하지 않은 피처를 지정하면 머신러닝의 학습 결과가 좋지 않았기 때문이다.

머신러닝에서의 학습 방식은 지도학습(Supervised Learning), 비지도학습(Unsupervised Learning), 강화학습(Reinforcement Learning)으로 구분된다. 지도학습은 입력 데이터(Input Data)와 정답 데이터(Label Data)를 인공지능 시스템에 학습시키는 방식이다. 쉽게 예를 들면, 고양이 사진을 인공지능 시스템에 제공하면서 "이게 고양이야"라고 알려주는 것이다.

비지도학습은 비슷한 데이터들을 그룹화한 것을 정답 데이터 없이 인공지능 시스템에게 학습시켜 인공지능 시스템 스스로 패턴을 찾도록 하는 학습 방식이다. 예를 들어, 고양이 사진만을 모아 제공하면 정답 데이터가 없는 상태에서 인공지능 시스템이 입력 데이터로부터 패턴을 찾게 된다.

지도학습 및 비지도학습이 정적인 데이터셋을 이용해 학습하는 방식이라면, 강화학습은 역동적인 환경에서 수집된 데이터를 이용해 반복적인 시행착오를 거치면서 학습하는 방식이다. 강화학습에서는 일종의 상벌 메커니즘이 작용하는데, 인공지능 시스템이 자신이 판단한 결과를 기반으로 상을 최대화하고 벌을 최소화하는 형태로 학습한다. 알파고가 바로 이 방식으로 학습했다.

강화학습은 반려견 훈련사가 개를 훈련하는 방식과 흡사하다. 훈련사는 반려견에게 신호를 보내고 반려견은 이를 관찰해 어떤 행동을 취함으로써 훈련사의 신호에 응답한다. 만일 반려견이 취한 행동이 훈련사가 원하는 목표 행동이라면 훈련사가 간식과 같은 보상을 제공하겠지만, 그렇지 않다면 아무런 보상을 제공하지 않을 것이다. 그러면 반려견은 훈련사의 신호에 올바르게 응답해서 간식을 최대한 얻어내기 위해 이런저런 행동을 취할 것이다. 마침내 반려견이 훈련사의 모든 신호에 올바르게 응답하면 모든 간식을 얻어내고 목표 행동을 학습하게 되는 것이다.

강화학습은 머신러닝에서 이전부터 존재하는 한 가지 학습 방식이었는데 기술의 한계로 그리 좋은 결과를 만들어내지는 못했었다. 하지만 딥러닝이 등장하면서 강화학습의 성능이 크게 개선되어 현재는 로봇 공학, 프로세스 제어, 의사결정, 네트워크 관리 등 여러 분야에서 사용되고 있다.

딥러닝은 머신러닝을 효과적으로 수행하기 위한 하나의 기법이다. 즉, 머신러닝이 더 큰 개념이고 그 안에 딥러닝이 존재하는 것이다. 하지만 딥러닝이 너무나 중요하기에 별도로 구분해서 말하는 경우가 많다.

인공지능, 머신러닝, 딥러닝의 관계

인공지능

머신러닝

딥러닝

인간의 뇌를 시뮬레이션하여 스스로 학습하는 컴퓨터

인간은 뇌에 신경망(Neural Network)이라는 일종의 네트워크 시스템을 갖고 있으며 신경망에 기반한 경험을 통해 학습하는 존재다. 과학적으로 보면 인간은 꽤 똑똑한 기계와도 같다. 인간의 뇌는 정보를 수신하는 수십억 개의 뉴런(Neuron, 신호를 전달하고 정보를 처리하는 신경세포)으로 구성된 시스템이며, 데이터를 인식해 유형에 따라 분류하고 유의미한 정보를 추출해 정렬하고 보관한다.

간단히 말해, 인간의 뇌는 입력을 수신하고 처리하고 출력하는 입력·처리·출력의 3단계를 거치는데 이는 컴퓨터가 정보를 처리하는 과정과 정확히 일치한다. 인간은 사실상 가장 발달한 형태의 컴퓨터라고도 볼 수 있다. 인간이 컴퓨터라면, 컴퓨터가 인간이 될 수는 없는 걸까? 여기에서는 인공지능의 기술적 측면을 위주로 살펴보고,

마지막 장에서 별도의 주제로 인공지능의 미래에 대해 살펴볼 것이니 이 질문에 대한 논의는 잠시 미뤄두도록 하자.

인간이 정보를 처리하기 위해서는 정보처리 역량을 갖추고 있어야 하는데, 그러한 역량을 갖추기 위해서는 적절한 학습이 필요하다. 컴퓨터가 스스로 학습해 소위 지능이라는 걸 가질 수 있도록 인공지능 전문가들은 컴퓨터가 인간의 뇌를 모방한 신경망을 통해 훈련하도록 했는데 이것이 딥러닝(DL: Deep Learning)으로 발전했다. 딥러닝은 머신러닝의 한 방법이자 전문화되고 발전된 형태로, 특정 형식의 인공신경망(ANN: Artificial Neural Network)과 샘플 데이터를 통해 훈련시켜 뛰어난 성능의 인공지능 시스템을 구축하는 방식이다.

앞서 언급했듯이 인간의 뇌는 수많은 뉴런으로 이루어진 네트워크가 정보를 인식한 뒤 이를 유형별로 분류해 데이터 요소에 따라 정렬하고 저장하는 방식으로 작동한다. 인공신경망도 이와 유사한 방식으로 작동한다. 인공신경망은 서로 연결된 뉴런의 여러 계층(Layer)으로 구성되는데 뉴런은 하나도 빠짐없이 기본 계층에 속한 모든 뉴런에 연결된다. 각 계층은 입력을 받고 출력을 생성한다. 연속된 계층 구조에서 이전 계층의 출력이 다음 계층의 입력으로 사용된다.

딥러닝이라는 이름을 사용하는 이유는 특정 형식의 인공신경망, 즉 '심층신경망(DNN: Deep Neural Network)'을 이용해 훈련하기 때문이다. 심층신경망은 인간의 뇌 구조와 기능에서 영감을 얻어 만들어진 것으로, 입력 및 출력 계층을 비롯해 입력 계층과 출력 계층 사이에 여러 개의 숨겨진 계층, 즉 은닉(Hidden) 계층들로 구성돼 있다. 심층신경망의 은닉 계층은 다른 계층들의 뉴런들과 연결돼 있다. 은닉 계층을 이용하면 좀 더 심층적인 계산을 하는 데 도움이 된다.

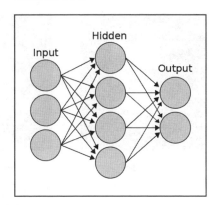

심층신경망의 구성

은닉 계층은 입력 변수의 값을 조합하고 관계의 가중치나 중요도를 조정해 새로운 값을 생성한 후 해당 값을 출력 계층으로 전달한다. 출력 계층은 전달받은 값으로 분류나 예측을 하게 된다.

딥러닝에서는 일반적으로 텍스트, 이미지, 음악 등 구조화되지 않은 방대한 양의 데이터에서 인공지능 시스템 스스로 여러 계층으로 구성된 심층신경망 아키텍처를 통해 데이터를 인식하고 분류하는 법을 학습하며, 한 작업을 되풀이해 수행하면서 조금씩 조정해 결과를 개선한다. 이 같은 구조로 인해 딥러닝은 번역이나 음성인식과 같은 복잡한 작업을 수행하는 데 적합하며 입력되는 데이터 양이 증가할수록 성능도 향상된다.

예를 들어, 인공지능 시스템에 고양이 사진을 학습시킨다고 가정해보자. 딥러닝을 사용하기 이전에는 고양이 사진이 갖는 피처를 인간이 먼저 분석하고 분류해 컴퓨터가 인식할 수 있도록 설계해주어

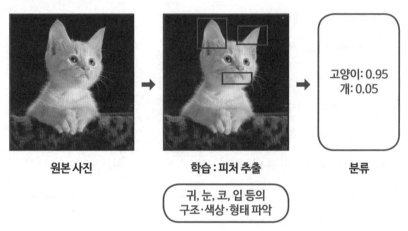

딥러닝의 작동 메커니즘

원본 사진 → 학습 : 피처 추출 → 분류

고양이: 0.95
개: 0.05

귀, 눈, 코, 입 등의
구조·색상·형태 파악

야 했다. 하지만 딥러닝에서는 인간이 그러한 작업을 할 필요 없이 컴퓨터에 수많은 고양이 사진을 제공하면 컴퓨터가 반복적으로 사진을 학습하면서 스스로 피처를 찾아낸다.

딥러닝은 개발자가 만든 알고리즘을 통해 학습하고 질문에 대한 답을 제공하지만 학습하지 않은 복잡한 질문에 대해서도 답할 수 있다. 마이크로소프트의 공동창업자 폴 앨런(Paul Allen)의 기부로 만들어진 앨런 AI 연구소는 딥러닝 기반의 인공지능 시스템 델파이(Delphi)를 선보였다. 델파이에 "곰을 죽여도 되나?"라고 질문하면 "안 된다"라고 답하는데, "내 아이를 위해 곰을 죽여도 되나?"라는 질문에는 "그렇다"라고 답한다. 그런데 델파이가 학습한 데이터에는 "동물을 죽이는 것은 나쁜 일"이라는 내용만 있었다.[3]

델파이가 어떻게 복잡한 질문을 유추하고 그와 같은 답변을 도출하게 되었는지에 대해서는 개발자도 명확히 알 수 없다. 이는 딥러닝에서 심층신경망을 이용해 데이터를 학습하고 사고체계를 만드는 과정이 블랙박스이기 때문인데, 모든 딥러닝 기반 인공지능 시스템이 마찬가지다.

방대한 양의 데이터를 처리해야 하므로 딥러닝은 고성능 시스템에서 잘 수행되는데 무엇보다 GPU(Graphics Processing Unit)가 가장 중요한 요소다. 오랫동안 GPU는 CPU(Central Processing Unit)에 비해 덜 중요한 것으로 인식되었는데, 게임 및 멀티미디어 콘텐츠의 양이 늘어나고 메타버스와 같은 새로운 서비스가 주목받음에 따라 GPU 역할이 크게 중요해졌다. GPU는 수천 개 이상의 코어를 이용해 대규모 병렬처리 연산을 수행하는 데 특화되어 있다. 딥러닝에서는 학습을 위해 병렬처리 연산이 필요한데 고성능 GPU가 이를 잘 처리할 수 있다.

딥러닝 기술은 다양한 분야에서 활용되는 중이다. 일반에 잘 알려지지 않은 응용 분야를 하나 살펴보자. IBM은 비영리 해양 연구 단체인 프로메어(ProMare)와 협력해 자율운항선박 MAS(Mayflower Autonomous Ship)를 만들었다. MAS에는 인공지능, 클라우드, 엣지컴퓨팅(Edge Computing, 데이터를 로컬에서 실시간 처리하는 기술) 등 여러 첨단 기술이 활용됐으며 선장이나 승무원 없이 스스로 항해하고 바다에서 오랜 시간을 견뎌낼 수 있는 능력을 갖추고 있다.

MAS의 개발팀은 2년 동안 100만 개가 넘는 해상 이미지를 사용해 인공지능 시스템을 훈련시켰다. MAS의 핵심 기술인 'AI 캡틴(Captain)'은 선박의 등급, 중량, 화물 유형, 부표, 방파제, 분실된 컨테이너 등과 같은 여러 위험을 감지하고 그에 따른 적절한 조치를 한다. 앞으로 MAS는 해양학자 및 다른 선박과 협력하여 중요한 해양 데이터를 수집하고 바다에서 오랜 시간을 보내면서 해양 환경을 이해하는 용도로 활용될 예정이다.

정리하면, 딥러닝은 인간의 뇌가 정보를 처리하고 학습하는 방법을 시뮬레이션함으로써 컴퓨터 스스로 학습이 가능하게 만든 것이다. 이를 통해 데이터로부터 복잡한 개념과 관계를 추출할 수 있고 최소한의 감독하에 결과물을 만들어낼 수 있기 때문에 많은 이점과 잠재력이 있다. 딥러닝 기술이 점점 개선됨에 따라 인공지능 시스템은 더욱 예리한 판단력과 예측력을 가질 수 있게 됐다.

기존 프로그래밍에 딥러닝을 접목, 날개를 단 기술들

컴퓨터비전(Computer Vision)

컴퓨터가 카메라를 통해 이미지와 동영상을 해석하고 이해할 수 있도록 학습시키고 이를 활용하는 기술이다. 즉, 컴퓨터에 인간의 눈과 같은 기능을 부여하는 것이라고 볼 수 있다. 컴퓨터비전에 사용되는 딥러닝 알고리즘은 하나의 이미지를 구성하는 여러 조각을 식별하고 심층신경망 계층 필터링을 통해 조각들을 하나의 이미지로 조립하는 방식으로 작동한다. 이 같은 과정을 통해 이미지나 영상의 내용을 학습함으로써 물체 인식과 같은 시각적 인지 능력을 발휘할 수 있게 된다.

컴퓨터비전을 이용할 수 있는 분야는 무척 다양하다. 얼굴 비교 및 분석을 통해 사용자의 신원을 확인할 수 있고, 실시간 동영상에서 사람·동물·물체를 식별할 수 있고, 여러 사진에서 같은 얼굴을 찾아낼 수 있고, 이미지와 동영상에서 부적절하거나 원치 않는 콘텐츠를 탐지할 수 있고, 거리 표지판을 인식하거나 간판의 텍스트를 파악할 수도 있다.

음성인식(Speech Recognition)

인간의 음성 패턴과 억양은 꽤 다양하기 때문에 과거에는 컴퓨터로 음성을 인식하는 게 쉬운 일이 아니었다. 인식률이 현저하게 낮거나 일부 단어만 인식할 수 있었던 과거와 달리, 딥러닝을 이용하면 인식률을 상당히 높일 수 있어 현재 음성인식 서비스에는 딥러닝 이용이 필수적인 상황이 됐다.

자연어처리(Natural Language Processing)

과거에는 컴퓨터가 여러 문장으로 구성된 텍스트를 읽고 글의 진행과 맥락을 해석하는 게 불가능에 가까웠다. 하지만 딥러닝을 이용하게 되면 맥락을 이해하고 글에 담긴 의미를 파악할 수 있고 대화 상대방의 감정까지 감지할 수 있다. 고객센터 서비스에 딥러닝이 활용되면서 이제 우리는 자신이 대화하는 상대가 인간 상담사인지 인공지능 상담사인지 구분하기 어려운 상황에 거의 도달해가고 있다.

추천엔진(Recommendation Engine)

딥러닝은 개인화 서비스를 제공하는 데 아주 효과적이다. 딥러닝이 가진 대규모 데이터를 통한 학습 능력을 활용하면 사용자 활동을 추적해 최상의 맞춤형 추천을 제공할 수 있기 때문이다. 수많은 사용자의 활동을 추적하면서 집계하고 비교하고 패턴을 찾음으로써 사용자의 흥미를 끌 만한 추천 항목을 식별할 수 있다.

아마존이 자율주행 레이스를 개최하는 이유

아마존은 자사의 클라우드 서비스 AWS(Amazon Web Services)를 이용하는 기업고객들이 고객 애플리케이션에 인공지능을 손쉽게 접목할 수 있도록 하기 위해 사용하기 편리한 여러 클라우드 기반 인공지능 서비스를 출시하고 있다. 그중 대표적인 것이 아마존 세이지메이커(SageMaker)다.

세이지메이커는 개발자 및 데이터과학자들이 머신러닝 모델을 빠르게 구축, 훈련, 배포할 수 있도록 해주는 관리형 서비스다. 세이지메이커는 머신러닝 과정에서 발생하는 복잡하고 부담스러운 작업을 제거하여 고품질의 모델을 더욱 쉽게 개발할 수 있도록 해준다. 참고로 부연하면, 앞서 설명한 것처럼 머신러닝은 딥러닝을 포함하는 상위 개념이라서 많은 기업이 딥러닝을 따로 구분하지 않고 머신러닝이라고 부르는 경우가 많다.

최근 아마존은 자율주행과 관련된 클라우드, 인공지능 투자에도 주목하고 있는데 그러한 행보 중 하나가 AWS 딥레이서 (DeepRacer)다. 딥레이서는 클라우드 기반 3D 레이싱 시뮬레이터로서 강화학습으로 작동하는 1/18 비율의 완전 자율경주용 자동차 및 글로벌 레이싱 리그를 제공한다.

딥레이서는 다음과 같은 3가지 요소를 갖추고 있다. 첫째, 세이지메이커에서 모델을 구축한 후 딥레이서가 제공하는 3D 경주 시뮬레이터를 통해 트랙을 학습하고 테스트하고 반복할 수 있다. 둘째,

AWS 딥레이서 리그 화면[4]

1/18 비율의 자율경주용 실물 자동차를 이용해 실제 트랙에서 테스트할 수 있다. 셋째, 세계 최초의 글로벌 자율주행 경주인 AWS 딥레이서 리그(DeepRacer League)에 참가해 수상하면 상금을 탈 수 있다.

1/18 비율의 자율경주용 자동차의 정가는 399달러이며 아마존 쇼핑몰에서 구매할 수 있다. 자동차에는 몬스터 트럭 섀시 사양의 4WD, 인텔 아톰 프로세서, 우분투 운영체제, 카메라, 통합 가속도계 및 자이로스코프, 리튬 폴리머 배터리가 탑재되어 있다. 라이다 (LIDAR, 레이저를 쏘고 반사되어 돌아오는 시간으로 사물의 위치를 감지한다) 센서와 스테레오 카메라를 탑재한 딥레이서 에보(DeepRacer Evo)라는 좀 더 비싼 개선판 모델도 있다. 센서 키트를 추가로 구매해 기존 모델을 에보 모델로 업그레이드할 수도 있다.

딥레이서 리그 참가를 원하는 사용자는 가상 서킷 온라인 경주에 참여하고, 커뮤니티 경주를 통해 타인에게 도전하거나 전 세계 사용자들과 경주를 공유할 수도 있다. 우수한 성과를 낸 사용자는 딥레이서 챔피언십 컵에 진출할 기회를 얻게 된다. 딥레이서를 이용해 딥러닝 모델을 구축하고 강화학습을 실습할 수 있는 온라인 교육 과정도 무료로 제공한다.

이처럼 아마존이 딥레이서에 투자하는 이유는 명백하다. 이를 통해 아마존의 클라우드와 인공지능 서비스에 더 많은 개발자와 엔지니어를 끌어들일 수 있기 때문이다. 기술 개발도 중요하지만, 기술 마케팅도 중요하다. 국내 업체들이 참고해야 할 교훈이다.

2. 로보틱 프로세스 자동화와 인공지능의 결합

──────── 최근 로보틱 프로세스 자동화(RPA: Robotic Process Automation)를 도입했거나 도입할 계획을 세운 기업들이 늘어나면서 관련 시장이 커지고 소프트웨어의 성능도 계속 개선되고 있다. RPA란 인간의 행동을 모방해 디지털 시스템과 상호작용하는 소프트웨어 로봇을 손쉽게 구축, 배포, 관리할 수 있게 해주는 기술을 뜻한다. RPA에서는 규칙 기반 비즈니스 프로세스를 학습, 모방, 실행할 수 있는 소프트웨어 로봇을 생성해 이용하는데, 이를 '봇 (Bot)'이라고 하고 봇을 통해 해당 작업을 자동으로 수행한다.

RPA를 구성하는 단어를 하나씩 뜯어보면, 로보틱은 컴퓨터 시스템 및 애플리케이션을 제어하는 데 있어 사람과 동일한 방식으로 작업이 수행되도록 프로그램을 설정할 수 있다는 의미를 지닌다. 프로세스란 일을 처리하기 위한 일련의 작업 또는 단계를 의미한다. 프로세스의 목적은 작업을 가능한 한 효율적이고 일관되게 완료할 수 있도록 흐름을 설정하고 유지하는 것이다. 자동화는 말 그대로 작업이 자동으로 실행되게 하는 것이다. 즉, RPA는 간단히 말해 기존에 사람이 수행하던 프로세스를 소프트웨어로 자동화하는 것이다.

RPA 사용자는 인간의 디지털 활동을 관찰하여 봇을 만들고, 이렇게 만들어진 봇은 사람과 같은 방식으로 모든 시스템 및 애플리케이션과 상호작용을 할 수 있는데 24시간 작업 중단 없이 안정적으로 정밀하게 작동할 수 있다.

RPA에서는 봇에 무엇을 할지 알려준 다음 그 작업을 수행하기만 하면 된다. 봇은 모든 사용자 인터페이스와 워크플로우(Workflow)에 적응할 수 있으므로 RPA를 위해 기존 시스템, 애플리케이션, 프로세스를 변경할 필요가 없다. 참고로 워크플로우란 조직화되고 반복 가능한 활동 패턴으로, 서비스를 제공하거나 정보를 처리하는 일련의 프로세스를 체계적으로 구성한 것이다. 간단히 말해 워크플로우는 프로세스의 모음이다.

화장실도 안 가고, 급여 인상 요구도 없는 로봇 노동자들

문서나 스프레드시트의 내용을 채우는 것과 같은 단순 작업에서부터 고객 서비스, 문제 해결 등 더 복잡한 작업에 이르기까지 RPA의 적용 분야는 계속 확대되고 있다. 물론 과거에도 업무를 자동화하려는 시도는 계속 있었으나, 기존 기술과 달리 RPA는 개발자나 엔지니어가 아닌 일반 사용자가 직접 설정해 이용할 수 있는 데다 이전보다 훨씬 적은 비용과 시간으로 높은 정확성과 성능을 제공한다는 점에서 차이가 있다.

RPA에서 사용하는 소프트웨어 로봇, 즉 봇은 사람과 마찬가지로 컴퓨터 화면의 내용을 파악하고, 올바른 키를 입력하고, 애플리케이션에 로그인하고, 파일이나 폴더를 이동하고, 문서에서 콘텐츠를 추출해 편집하고, 데이터베이스에서 데이터를 읽고 쓰고, 이메일 및 첨부 파일을 열고, 스프레드시트를 열어 데이터를 기록하고 계산하는 등의 다양한 작업을 수행할 수 있다. 하지만 급여를 올려 달라고 하거나 점심을 먹거나 휴식을 취하거나 화장실에 다녀오지도 않는다.

최근의 RPA 기술 추세는 클라우드 기반의 RPA, 즉 서비스형 RPA를 사용하는 것인데 인터넷 연결만 가능하다면 어떤 기기에서든 즉시 액세스 가능해 간편하게 이용할 수 있다. RPA 전문기업 오토메이션애니웨어(Automation Anywhere)는 모바일 앱을 제공하는데, 이를 이용하면 언제 어디에서나 스마트폰으로 봇을 시작하거나 중지할 수 있고 각각의 봇을 통해 얻는 비용 절감과 효과도 즉시 확인할 수 있다. 또한 스마트폰 앱스토어와 유사한 봇스토어(Bot Store)를 제공하고 있어 미리 만들어진 봇을 가져다 빠르게 활용할 수도 있다.

문서나 스프레드시트의 내용을 채우는 것과 같은 단순 작업에서부터 고객 서비스, 인사·재무 업무, 물류 관리, 보험의 청구 처리 및 관리, 은행의 신용 판단 및 대출 업무, 바이오 업종의 제품 안정성 추적 등 좀 더 복잡한 작업에 이르기까지 RPA의 적용 분야는 계속 확대되고 있다.

미국에서 네 번째로 큰 이동통신 사업자 스프린트(Sprint)는 RPA

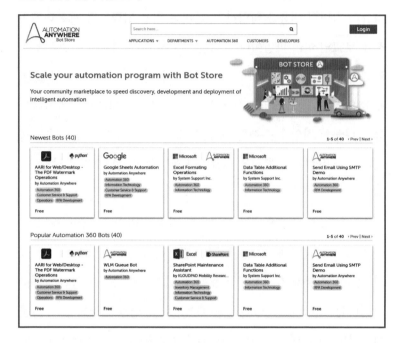

도입 6개월 만에 재무, 구매, 영업, 인사, 고객 서비스 등 여러 분야에 50여 개의 봇을 생성했고 이를 이용해 2만 시간을 절약했다고 밝혔다.[6] 스프린트는 RPA를 뒷받침하기 위한 거버넌스(Governance, 지배구조 또는 관리체제), 내부 프로세스, 교육 시스템 등을 구축했다. 새로운 업무 도구가 도입되면 일반 직원들이 자신의 일상적인 작업에 충분히 활용하는 것이 중요하기 때문에 이를 격려하는 조직문화의 형성이 함께 진행되어야 한다.

히타치밴타라(Hitachi Vantara)는 일본 히타치 그룹이 전액 출자한 자회사로 기존 히타치데이터시스템즈(Hitachi Data Systems), 히타치

인사이트 그룹(Hitachi Insight Group), 펜타호(Pentaho)를 통합해 2017년 설립된 기업이다. 금융, 정부, 제조, 에너지, 교통 등 여러 분야에 운영 기술과 시스템을 제공하고 있다.

히타치밴타라는 주문 결제, 기록 및 보고, 구매 조달 등에서 발생하는 반복적이고 단순한 업무에서 직원들을 해방시켜 직원들이 좀 더 도전적이고 흥미로운 업무에 집중할 수 있도록 함으로써 효율성을 극대화하고 이직률을 낮추기 위해 RPA를 도입했다. 히타치밴타라는 순차적인 RPA 도입 계획을 세워 첫 번째 단계에서 총 41개의 프로세스를 자동화했다.[7]

예를 들면, 과거에는 직원이 직접 공급업체의 송장에서 주문번호, 날짜, 제품명, 금액 등의 정보를 읽고 이를 오라클 ERP(Enterprise Resource Planning, 전사적 자원 관리) 시스템에 일일이 손으로 입력해야 했다. 이는 매년 1,000개 이상의 공급업체로부터 20여 개 언어로 된 80,000개 이상의 송장을 받아 처리해야 하는 방대한 작업이었다. 하지만 히타치밴타라는 RPA를 도입함으로써 공급업체와 언어에 관계없이 봇으로 모든 송장 정보를 자동으로 추출해 처리할 수 있게 됐다.

RPA가 제공하는 가장 큰 이점은 속도·생산성·정확도 향상과 비용 절감이다. 처리량이 많은 규칙 기반의 작업이라면 대부분 자동화가 가능하고, 전통적인 방식과 비교해 비용을 최대 80%까지 줄일 수 있다. RPA는 워크플로우를 간소화하여 조직의 수익성, 유연성, 응답성을 향상시키고 기존에 해왔던 일상적이고 반복적인 작업을 자동화함으로써 직원 만족도와 생산성을 향상시킬 수 있다.

RPA 전문기업 페가(PEGA)가 500명의 기업 임원을 대상으로 조사한 바에 따르면, RPA 도입의 주요 이점 3가지로 ① 작업을 더 효율적이고 정확하게 수행할 수 있다는 점(51%), ② 전체 비즈니스 비용 절감(45%), ③ 직원 만족도 개선(42%)을 꼽았다.[8]

RPA는 디지털 혁신의 주요 구성요소로, 봇에 반복적인 작업을 시키고 인간은 자신이 가장 잘하는 일에 집중할 수 있도록 해준다. 예를 들면 복잡한 의사결정, 동료 및 타 업체와의 협업, 고객과의 상호작용과 같은 일들 말이다. 또한 작업량이 증가할 때 RPA를 통해 수요 급증에 빠르게 대응 가능하다는 이점도 있다. 이외에도 정확하고 누락 없는 작업을 통한 규정 준수 개선, 고객에 대한 통찰력 증대, 고객 서비스 개선 등의 이점을 얻을 수 있다.

RPA 전문기업 유아이패스(UiPath)가 전 세계 4,500명의 사무직 종사자를 대상으로 조사한 바에 따르면, 응답자의 거의 절반(47%)이 자신의 기술이 구식이어서 5년 이내에 실직하게 될 것을 걱정하고 있었다.[9] 그 결과로 응답자의 86%는 회사가 새로운 기술 습득의 기회를 제공해주기를 원했고, 83%는 회사가 현재 기술을 향상시킬 수 있는 더 많은 기회를 주면 좋겠다고 밝혔다.

RPA 도입의 기대 효과로 응답자의 68%는 자동화가 생산성을 높일 것이며, 68%는 시간 절약을 할 수 있고, 52%는 일과 삶의 균형을 개선할 수 있고, 43%는 더 중요한 작업에 집중할 수 있게 해줄 것이라고 기대했다. 이는 RPA의 실제 사용자인 사무직 종사자들의 응답이라는 점에서 시사하는 바가 크다.

프로세스 마이닝은 최적화를 돕는 비즈니스의 X-레이

프로세스 마이닝(Process Mining)이란 비즈니스 프로세스를 실제 있는 그대로 모니터링하고 개선하기 위해 프로세스를 분석하는 것이다. 혹시나 하는 마음에 부연하자면, 코인 채굴(마이닝)과는 전혀 상관이 없다. 프로세스 마이닝은 프로세스가 실행되는 방식을 완전히 파악할 수 있도록 도와주는데, 쉽게 말해 프로세스에 대한 X-레이를 제공한다고 보면 된다. 그리고 프로세스 실행 방식에 대한 실시간 가시성을 바탕으로 성능을 저해하는 문제점을 찾아 프로세스를 재설계함으로써 프로세스를 최적화할 수 있도록 해준다.

IT 시스템을 통해 처리되는 모든 비즈니스 프로세스는 이벤트 로그 데이터의 형태로 트랜잭션 시스템에 디지털 발자국을 남긴다. 프로세스 마이닝은 이 데이터를 사용해 실제 프로세스가 어떻게 작동하는지에 대한 생생한 이미지를 작성해 프로세스에 대한 가시성을 제공한다. 일반적으로 프로세스 마이닝은 다음과 같은 단계를 거쳐 이뤄진다.

● 데이터 수집: 기존 시스템에서 데이터를 추출해 프로세스 마이닝 도구에 업로드하거나, 또는 실시간 데이터 수집을 사용해 프로세스 데이터를 지속해서 동기화한다.
● 프로세스 발견: 수집한 데이터를 바탕으로 프로세스 실행 과정,

즉 프로세스의 시작부터 끝까지 여러 경로에 대한 시각화를 생성한다.

- 프로세스 분석: 프로세스 비효율의 원인(병목 현상, 처리 지연, 자원 과다 등)을 이해하고 그것이 미치는 영향을 정량화한다.

- 프로세스 벤치마킹: 여러 관점에서 프로세스의 성능을 비교하고 이를 동료, 타 부서와 공유할 수 있다.

- 적합성 검사: 최적의 방식으로 프로세스를 실행하기 위해 개선된 프로세스의 적합성을 검사한다.

- 효율성 측정: 프로세스 처리에 소요되는 시간 및 비용, 프로세스에서 소비하는 자원, 프로세스가 제공하는 총 가치를 측정한다.

프로세스 마이닝을 전문으로 하는 여러 업체들이 시장에서 경쟁 중이다. 그중 하나인 RPA 전문기업 셀로니스(Celonis)는 프로세스 마이닝을 핵심 기술로 내세우고 있는 업체다. 셀로니스의 솔루션은 송장 수집 및 처리, 중복 결제 방지, 청구서 우선순위 지정, 미수금 처리, 신용한도 조회, 자동화된 구매, 공급업체 관리, 주문 이행 및 배송 처리, 실시간 재고관리 등 기업고객이 필요로 하는 비즈니스 요구사항에 따라 각기 다른 프로세스를 분석하고 프로세스의 비효율성을 찾아 개선할 수 있도록 해준다.

지능형 자동화를 통해 입사지원서에서
리더십 능력을 파악한다

지능형 자동화(IA: Intelligent Automation)는 인공지능을 적극적으로 이용해 RPA의 성능을 향상시킨 것이라고 볼 수 있다. RPA가 규칙 기반이며 반복적인 작업 유형에 적합한 반면에, IA는 모든 RPA 기능을 통합하고 실시간으로 데이터를 학습해 이를 자동화에 이용한다. 그러므로 RPA와 비교해 더 다양한 자동화와 더 효율적인 자동화가 가능하며 결과적으로 훨씬 더 큰 비용 절감을 제공할 수 있다.

IA는 머신러닝, 컴퓨터비전, 자연어 처리 등을 통해 비정형 데이터(이미지, 동영상, 오디오, 문서 등)를 처리하고 판단이 필요한 작업을 자동화하면서 변화를 감지하며 적응한다. IA를 이용하면 비즈니스 프로세스 자동화를 거의 모든 업무에 적용할 수 있는데, 복잡한 데이터를 구조화해 처리할 수 있고 규정, 산업표준의 준수를 보장할 수 있다. 지능형 봇은 실무에 기반한 학습을 통해 마치 사람과 유사하게 판단하고 의사결정을 내릴 수 있다.

앞서 RPA 관련 조사에서 잠시 언급된 기업 유아이패스는 인공지능을 통해 자동화가 가능한 프로세스를 발굴하고 문서를 처리하고 의사결정을 내리도록 만들었다. 유아이패스의 IA 솔루션을 이용하면 이력서 검토, 보험금 청구 처리, 출장 경비 감사 등의 업무를 자동으로 처리할 수 있다. 사람이 수작업으로 수천 개의 입사 지원서와 채용 공고를 대조하려면 상당한 시간이 소요되는데, 유아이패스의

유아이패스의 프로세스 분석 화면[10]

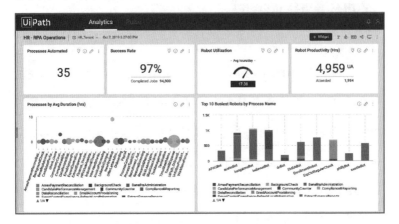

인공지능 기반 IA 솔루션은 문자열 추출 및 자연어 처리를 통해 대인 관계 및 리더십 능력까지 추론해낸다.

　이 외에도 많은 업체가 RPA·IA 분야에서 두각을 나타내고 있다. 립워크(Leapwork)는 소프트웨어 테스트를 자동화해 빠르게 유지보수할 수 있는 솔루션을 제공하며, 닌텍스(Nintex)는 프로세스 관리, 프로세스 자동화, 프로세스 최적화를 통합해서 처리하는 플랫폼을 제공한다.

　RPA·IA의 전망은 밝다. 이제 기업들은 RPA·IA를 통해 자동화할 수 있는 프로세스라면 모두 자동화함으로써 비즈니스 운영 및 예측 가능성을 개선하려고 한다. 앞으로 RPA·IA를 적극적으로 도입해 업무 환경에 통합하는 기업과 그렇지 못한 기업의 경쟁력 차이가 상당히 벌어지게 될 것으로 예상된다.

소프트웨어 로봇과도 협업하는 시대, '자동화 우선 조직'

원격근무가 보편화되고 조직이 디지털 혁신을 가속함에 따라 개개의 직원들이 지닌 디지털 기술과 도구의 활용 역량이 그 어느 때보다 중요해지고 있다. 이는 기업의 생산성 향상과 직결되는 것일 뿐만 아니라 직원의 만족도와도 깊은 관계를 맺고 있다.

다수의 직원이 자신이 받은 교육과 재능 이하의 일을 하고 있다. 가장 우수하고 똑똑한 인재일수록 스스로 목적의식을 갖고서 발전할 수 있는 도전적인 일에 매력을 느끼며 자신의 욕구가 충족되지 않을 시 기꺼이 회사를 떠난다. 앞으로 기업이 유능한 인재를 유지하기 위해서는 '자동화 우선(Automation First) 조직'을 만들어 인재들이 도전적인 일에 더 많은 시간을 할애할 수 있도록 해야 한다.

조직 내에 혁신과 기회에 기반을 둔 협업이 번성할 수 있는 올바른 협업 문화를 구축하는 것도 중요하다. 스탠퍼드대학교의 연구에 따르면, 협업을 중요하게 생각하는 직원이 그렇지 않은 직원보다 64% 더 오래 작업에 매진했고 더 높은 참여도, 더 낮은 피로도, 더 높은 성공률을 나타냈다.[11] 또한 팀의 일원이라는 느낌만으로도 도전에 임할 때 더 많은 동기부여가 작용하는 것으로 나타났다.

이제 동료와의 협업뿐 아니라 소프트웨어 로봇과도 협업해야 하는 시대가 됐다. 직원들 스스로 필요한 자동화를 설계하고 구현하는 과정에서 탁월하고 혁신적인 아이디어가 나올 수도 있다. 이를 통해 일하는 방식과 문제를 해결하는 방식이 크게 개선될 수도 있는 것이다.

이제 우수한 직원을 채용하는 것만으로는 충분하지 않으며 그들이 조직에 오래 머물 이유를 제공해야 한다. 이를 위한 좋은 방법의 하나가 직원의 경력 개발을 지원하는 것이며, 소프트웨어 로봇과 함께 일하는 RPA·IA 기술을 교육하는 게 꽤 도움이 될 수 있다. 가장 혁신적인 기업일수록 최첨단 자동화 솔루션을 도입하고 있으며 이를 사무직 직원들에게 교육한다.

3. '나 혼자 간다' 진격의 자율 모바일 로봇

────────────── 자율 모바일 로봇(AMR: Autonomous Mobile Robot)은 스스로 환경을 이해하고 이동할 수 있는 로봇을 뜻한다. AMR은 정교한 센서 세트, 머신러닝 및 경로 계획을 위한 컴퓨팅을 사용해 환경을 해석하며 탐색한다. AMR은 배터리로 작동하며 카메라와 센서가 장착되어 있기 때문에 환경 탐색 중에 떨어진 상자나 사람과 같은 예기치 않은 장애물을 발견할 경우 충돌 회피 등의 탐색 기술을 사용해 속도를 늦추거나 정지하거나 물체 주변으로 경로를 우회해 다음 작업을 계속할 수 있다.

AMR과 유사하게 사용되는 용어로 서비스 로봇(Service Robot)이 있다. 서비스 로봇은 유용한 작업 수행이 가능한 자율성을 지닌 로봇이다. 좁은 의미로는 주로 일상생활에서 사람들을 지원하도록 설계된 로봇을 뜻하고, 넓은 의미로는 공장에서 사용되는 산업용 로봇을 제외한 물류 로봇, 배달 로봇, 소셜 로봇, 청소 로봇, 소독 로봇, 주방 로봇, 서빙 로봇 등 가정 및 비즈니스에서 사용되는 모든 종류의 로봇을 뜻한다.

서비스 로봇은 어느 정도 인간과의 상호작용을 기반으로 할 수도 있고, 또는 인간의 개입이 전혀 필요 없는 완전 자율 시스템을 갖춘 형태일 수도 있다. AMR보다 서비스 로봇이 더 큰 상위 개념이며, 서비스 로봇 중에서 자율적으로 이동하는 로봇 유형을 AMR이라고 이해하면 된다. 여기에서는 AMR을 위주로 살펴보려고 하는데, 일반적으로 AMR을 사용하면 다음과 같은 3가지 이점을 얻을 수 있다.

첫째, 향상된 효율성과 생산성이다. 물류센터에서 이용되는 AMR의 경우 재고 위치 파악, 물품 운반 등을 수행함으로써 직원은 보다 고부가가치 업무에 집중할 수 있다. 특히 배터리로 구동되는 저전력 AMR은 더 적은 작동 에너지를 사용하며 더 빠르게 충전되므로 신속하게 작업에 복귀한다.

둘째, 유연성이 뛰어나다. AMR은 작업자의 직접적인 감독이 없어도 동적으로 주변을 평가하고 반응하면서 다양한 작업을 수행한다. 위치 측정 및 지도 작성 기술을 통해 환경을 이해하고 변화에 적용할 수 있다.

셋째, 작업자의 안전이 향상된다. 인간 작업자가 다칠 위험이 있거나 유해한 작업에 AMR을 활용할 수 있다. 예를 들면 청소와 소독, 전염성 표본이나 의료 폐기물 운반, 무거운 화물 운반, 사람이 작업할 수 없거나 해서는 안 되는 극단적 환경에서의 작업 등에 적합하다.

스스로 길을 찾아 택배와 음식을 배달하는 로봇

전 세계에는 배달 로봇을 사업 아이템으로 삼아 적지 않은 투자를 받은 기업들이 여럿 있다. 스타십(Starship Technologies)도 그중 하나다. 2014년에 설립된 스타십은 자동차회사 다임러(Daimler), 유럽투자은행(EIB: European Investment Bank) 등 여러 투자자로부터 총 2억 달러에 달하는 투자금을 유치했다.

스타십의 배달 로봇은 반경 3km 이내에 물품을 배달하는 것에 초점을 맞추고 있으며, 사물과 사람을 탐색하며 보행자의 속도로 움직이기 때문에 사람들의 불편이나 안전 문제를 최소화하고 있다. 화물 칸은 잠긴 채로 운행해 수령인만 열 수 있고, 수령인은 자신의 물품을 배달 중인 로봇의 위치를 스마트폰으로 손쉽게 확인할 수 있다. 스타십의 배달 로봇은 전 세계 100여 개 도시에서 300만 번의 배달을 수행했고 6백만 킬로미터 이상의 주행을 마친 상태다.

스타십의 배달 로봇[12)]

개인용 이동수단으로 잘 알려진 세그웨이로보틱스(Segway Robotics)는 딜리버봇(Deliverbot) S2라는 명칭의 배달 로봇을 선보였다. 딜리버봇 S2는 마치 복사기 모양의 대형 사무기기처럼 생겼는데 주로 빌딩 내에서 직원 자리까지 물품을 배달하는 것을 목적으로 만들어졌다. 물론 실외 주행을 하거나 외부에서 사무실 내로 물품을 운반하는 것도 가능하다.

딜리버봇 S2는 여러 개의 상자를 동시에 운반할 수 있는데 장애물을 회피하면서 스스로 목적지를 찾아가고 자동으로 충전한다. 레이저 센서와 자체 개발한 비주얼 SLAM(Simultaneous Localization And Mapping) 측위 및 탐색 알고리즘을 통해 3차원 자율 측위 및 매핑을 구현한다. 동시에 3D 지상 감지 센서와 최신 시각적 분할 알고리즘을 이용해 운영 안전성을 개선했다. 세그웨이 클라우드와 연동돼 지능형 동적 스케줄링 및 실시간 모니터링이 가능하며, 360도 센서 시스템을 통해 이동을 최적화하는 내비게이션 알고리즘을 기반으로 물품을 운반한다.

또한 로봇 운영 중 지속적인 지도 업데이트 및 정보 상관관계를 통해 환경 변화에 자율적으로 적응하며, 강화학습 기반의 지능형 감지로 쇼핑몰이나 사무실과 같은 혼잡한 환경에서도 효율적인 장애물 회피가 가능하다. 최대 30kg의 물품을 실을 수 있고 초당 1.2m의 속도로 이동 가능하며 로봇 하나당 하루 100건 정도의 배달이 가능하다.

서브봇(ServeBot) S1은 음식점에서 사각형 또는 원형 트레이를 이용해 음식을 배달하는 서빙 로봇이다. 서빙 모드에서는 고객이 주문한 음식을 로봇에 담아 테이블 번호를 입력하면 지능형 내비게이션 시스템을 이용해 고객의 테이블까지 안전하게 음식을 운반한다. 퇴식 모드에서는 식사를 마친 테이블로 로봇을 호출하여 식기를 담아주면 퇴식구까지 운반한다. 음식점, 연회장, 호텔 뷔페를 비롯해 도

서 운반이 필요한 서점과 도서관, 그리고 사무실에서도 서류나 집기 운반, 개인 심부름 등에 활용할 수 있다.

포스트메이츠(Postmates)는 미국의 여러 도시에서 공유경제 기반 배달 서비스를 제공하는 기업으로, 고객이 요청한 레스토랑 음식이나 상점 물품을 배송해준다. 포스트메이츠는 승차공유로 유명한 우버(Uber)가 2020년 인수했는데, 당시 우버는 '모빌리티 및 배달(Mobility and Delivery) 플랫폼'으로서 음식, 식료품, 생필품 등의 배송을 강화하겠다고 밝혔다.

포스트메이츠가 선보인 자율주행 배달 로봇 서브(Serve)는 카메라와 라이다 센서를 이용해 사람과 장애물을 탐색하면서 50파운드의 물품을 운반할 수 있으며 한 번 충전에 약 30마일을 주행한다. 포스트메이츠는 2019년 8월 샌프란시스코 당국으로부터 최초로 인도에서 배달 로봇을 테스트할 수 있는 허가를 받았다.

대부분의 배달 로봇이 그저 배달 기능의 효과적인 수행에 관심을 두고 있는 반면에, 서브의 개발팀은 지역사회를 고려한 서브의 의사소통 능력과 사회성, 지능 개선에도 공을 들이고 있다. 서브의 개발팀은 "서브가 길에서 움직이고 있을 때 사람들이 이를 보고 미소 짓고 행복하게 바라보길 바란다"고 밝혔다.

서브에는 자율주행 전문기업 팬텀오토(Phantom Auto)의 소프트웨어 및 모니터링 기술이 사용됐다. 팬텀오토는 특히 자율주행 차량을 원격에서 제어하는 솔루션 분야에서 주목할 만한 기업으로, 운전자 없는 자율주행 차량의 안전성 증대를 위한 원격 모니터링(TELE-MONITORING), 원격 지원(TELE-ASSISTANCE), 원격 운전(TELE-DRIVING) 등과 같은 기술에 강점이 있다.

2021년 5월 포스트메이츠는 서브를 개발한 로봇 사업부를 서브로보틱스(Serve Robotics)라는 독립 회사로 분사했다. 이후 서브로보틱스는 여러 투자자로부터 1,300만 달러의 투자금을 유치했으며 서브를 이용해 우버이츠(Uber Eats) 고객에게 음식을 배달할 것이라고 밝혔다.

아마존은 스카우트(Scout)라는 명칭의 배달 로봇을 선보였다. 스카우트에는 6개의 바퀴가 장착되어 있으며 안전을 위해 보행자와 비슷한 속도로 움직인다. 아마존은 워싱턴주의 일부 지역에서 스카우트를 테스트했으며 캘리포니아로 테스트 지역을 확대한 상태다.

아마존 배달 로봇, 스카우트[14]

국내에서는 배달의민족 운영사 우아한형제들이 배달 로봇 딜리타워(Dilly Tower)를 선보인 후 건국대에서 시범 서비스를 진행했다. 우아한형제들은 25일간 진행된 테스트에서 5대의 딜리를 이용해 2,219건의 주문을 성공적으로 처리했으며 총 이동 거리 1,250km를 주행했다고 밝혔다. 배달의민족은 GS25와 함께 서울 영등포구의 주상복합 아파트 '포레나 영등포' 주민을 대상으로 딜리타워의 배달 서비스를 시작했으며 고층 오피스 빌딩, 병원, 오피스텔 등을 중심으로 서비스를 확대할 예정이다.

배달 로봇의 가장 중요한 목표는 라스트마일(Last Mile)을 담당하는 것이다. 라스트마일이란 지역 거점에서 최종 목적지까지의 거리를 의미하는데, 물품이 고객에게 배송되는 마지막 단계라고 할 수 있다. 그렇다고 당장 배달 로봇이 완전히 인간 배달원을 대체할 수는 없는 노릇이다. 앞서 살펴본 서브로보틱스의 경우에도 일단은 배달 로봇이 인간의 파트너로서 배달원의 업무를 경감하는 데 초점을 두고 있다.

앞으로 배달 로봇이 활성화되기 위해서는 기술적인 측면 외에도 노동자 대체 문제, 보행자 안전 문제, 법제도의 마련 등 다양한 이슈를 해결해야 한다. 그럼에도 배달 로봇이 가져올 편리함과 비용 효율성의 이점이 명백하기 때문에 배달 로봇의 대중화는 정해진 미래라고 볼 수 있다.

아마존의 가정용 로봇 아스트로가 하는 일

사실 이미 많은 가정에서 AMR의 일종을 사용하고 있다. 바로 로봇 청소기다. 최신 로봇 청소기는 거리를 측정하고 장애물을 인지하는 LDS(Laser Distance Sensor, 주변의 데이터를 수집하는 360도 감지가 가능한 레이저 스캐너), dToF(direct Time-of-Flight, 빛 펄스가 물체를 오갈 때 소요되는 시간을 측정하는 방식) 센서 등을 이용한 항법 기술을 통해 자동으로 집안 구조를 인식하고 청소 경로를 생성한 후 효율적으로 청소를 수행해서 소비자 만족도가 높다.

최근 들어 가정용 로봇 시장은 드디어 청소 분야를 벗어나기 시작했다. 아마존은 미국에서 가정용 로봇 아스트로(Astro)를 출시했다. 아스트로의 대표적인 기능은 '홈 모니터링'이다. 집을 비워도 언제

아마존 가정용 로봇, 아스트로[15]

든 스마트폰에서 아스트로 앱을 통해 집안 곳곳과 특정 방을 확인하고 침입자를 감지할 수 있다. 아마존은 아스트로에 탑재된 지능형 모션(Intelligent Motion)을 강조하고 있는데, 이는 고급 학습 알고리즘과 센서 융합을 이용해 집안을 빠르게 탐색하는 기술이다.

아스트로는 센서를 이용해 집안 지도를 학습하고, 사용자가 앱에서 원하는 곳을 터치하면 이동해서 영상을 보여준다. 외출 모드로 설정하면 아스트로가 스스로 순찰하면서 모르는 사람을 감지할 때 알림을 보내준다. 높은 곳을 확인하기 위해 잠망경을 올리거나 내릴 수 있고, 수상한 물체를 발견하면 사이렌을 울릴 수도 있다.

집에 사람이 있을 때는 사용자가 좋아하는 음악이나 동영상을 재생하면서 방에서 방으로 사용자를 따라다니게 설정할 수 있으며 음성비서 알렉사(Alexa)로 전화, 알림 등을 받을 수도 있다. 또한 아스트로는 사람, 반려동물, 계단 등과 안전한 거리를 유지하며 이동하면서 적절한 때 스스로 충전기를 찾아가 배터리를 충전한다.

알렉사 투게더(Alexa Together) 서비스를 이용하면 노인이나 환자를 원격에서 돌볼 수 있다. 아스트로와 알렉사를 이용해 활동 알림을 수신하고 쇼핑 목록을 관리하고 아스트로의 화물칸에 물병, 영양제 등을 넣고 이용 가능하며, 긴급상황이 발생하면 연중무휴 긴급대응팀에 연결할 수도 있다.

아마존은 일차적으로 초대 고객을 대상으로 999달러에 아스트로를 판매하기 시작했는데, 아스트로의 첫 버전에는 '데이(Day)1 에디션'이라는 명칭이 붙여졌다. 참고로, 데이 1은 아마존 창업자 제프 베이조스의 경영 철학을 나타내는 것으로 초심과 고객 중심 경영을 강조하는 아마존의 중요한 문화 요소다. 아마존은 아스트로뿐만 아니라 링 올웨이즈 홈 캠(Ring Always Home Cam) 등의 신제품에도 데이1 에디션이라는 명칭을 붙였다. 링 올웨이즈 홈 캠도 주목할 만한 제품인데, 집안을 비행하며 카메라로 감시하는 세계 최초의 날아다니는 가정용 보안 로봇이다.

현대자동차그룹이 로봇 기업
보스턴다이나믹스를 인수한 이유

보스턴다이나믹스(Boston Dynamics)는 매사추세츠공대(MIT) 교수

출신 마크 라이버트(Marc Raibert)가 1992년 설립한 미국의 대표적인 로봇 전문기업이다. 2013년 구글이 인수한 후 구글의 지주회사 알파벳 산하에 있었으나 특별한 성과를 내지 못한 채 2017년 일본 소프트뱅크에 매각됐다. 소프트뱅크는 2020년 12월 현대자동차그룹에 보스턴다이나믹스를 매각했고 그 결과 현대자동차, 현대모비스, 현대글로비스, 정의선 회장이 함께 보스턴다이나믹스 지분 80%를 확보했다. 인수 금액은 약 1조 원 내외로 알려졌으며 인수는 2021년 6월 완료됐다.

그간 보스턴다이나믹스는 2004년 빅독(Bigdog), 2011년 와일드캣(Wildcat), 2015년 스팟(Spot) 등을 선보였고, 특히 동물처럼 4개의 다리를 장착한 보행 로봇 분야에서 주목받았다. 원래 보스턴다이나믹스는 미국 방위고등연구계획국(DARPA)의 지원을 받아 주로 군사용 로봇을 연구하던 기업이었는데, 소프트뱅크가 인수한 후에는 휴머노이드(인간형) 로봇 아틀라스(Atlas)와 물류센터용 서비스 로봇 개발에 주력했다.

아틀라스는 맞춤형 모터, 밸브 및 유압 동력 장치와 28개의 유압 조인트를 이용해 인간 수준의 민첩하고 역동적인 움직임이 가능한 로봇이다. 소프트뱅크 시절에 선보인 핸들(Handle)은 물류센터에서 상자를 옮기는 작업을 수행하는 모바일 로봇이다. 핸들은 2개의 바퀴형 다리(wheel-leg)를 장착하고 스스로 균형을 잡으면서 흡착식 로봇 팔을 이용해 상자를 옮긴다. 핸들은 지게차 하역이나 컨베이어에서 팔레트로 상자를 옮기거나 물류센터의 여러 곳을 다니면서 물품을 픽업해 팔레트에 쌓는 용도로 사용할 수 있다.

현대자동차그룹의 인수 결정 직후 보스턴다이나믹스의 유튜브 공식 계정에 하나의 영상이 올라왔다. 새해를 맞이해 아틀라스, 스팟, 핸들 등 보스턴다이나믹스의 로봇들이 등장해 올드팝 〈Do You Love Me?〉에 맞춰 춤을 추는 영상인데, 3천만 명 이상이 조회하고 댓글도 15만 개가 달릴 정도로 화제가 됐다.[16]

현재 보스턴다이나믹스는 AMR의 일종인 스팟을 주력 제품으로 삼고 있다. 스팟은 원격으로 산업 현장을 검사하거나 인간 대신 위험한 장소에 투입할 수 있는 로봇으로, 산업 현장에서 카메라로 시각 정보를 수집하고 30배 광학 줌 렌즈를 이용해 압력, 유량, 온도 등을 표시하는 게이지를 조회하고 통합 열화상 카메라로 탱크, 기계, 각종 설비에서 발생하는 열을 감지할 수 있다. 또한 누수 탐지와 레

보스턴다이나믹스의 스팟[17]

이저 스캐닝도 가능하다.

스팟은 네 개의 다리를 이용해 바퀴 달린 로봇과 드론이 갈 수 없는 곳에서 작업이 가능하다. 자율 자가 충전 기능을 통해 배터리가 부족할 때 알아서 충전하고, 정해진 일정이나 명령에 따라 반복 가능한 자율 임무의 수행이 가능하고, 웹 기반 제어 소프트웨어로 원격 조작 및 실시간 데이터 조회가 가능하다. 스팟 구입 첫날 바로 현장에 투입할 수 있을 정도로 활용하기 쉬운 편이고, 타사 하드웨어 및 소프트웨어 업체의 솔루션을 활용해 스팟의 기능을 확장할 수 있게 만들어졌다.

현대자동차그룹은 보스턴다이나믹스를 인수하면서 로봇 분야에서 선도적 입지를 확립하고 스마트 모빌리티 솔루션 제공업체로의 전략적 전환을 위한 행보라고 밝혔다. 자율주행차는 사실상 움직이는 모바일 로봇이고 고도의 하드웨어, 소프트웨어 기술이 필요하다. 그렇기 때문에 보스턴다이나믹스가 가진 로봇 기술이 현대자동차그룹의 제품 개발에 상당한 도움이 될 수 있다는 측면에서 보스턴다이나믹스 인수를 긍정적으로 볼 수 있다.

그런데 한편으로는 구글, 소프트뱅크와 같은 최고의 기업들이 모두 수익화에 실패했다는 점도 고려할 필요가 있다. 더욱이 구글은 자율주행차 연구개발, 소프트뱅크는 페퍼로 로봇 사업을 하고 있음에도 보스턴다이나믹스를 기술적으로 활용하지 못하고 포기했다는 점에서 보스턴다이나믹스의 기술과 수익성에 의문을 표하는 시각도 존재한다.

현대자동차그룹은 과연 구글과 소프트뱅크가 해내지 못한 보스턴다이나믹스 로봇의 기술 활용과 수익화에 성공할 수 있을까? 성공한다면 보스턴다이나믹스 인수는 현대자동차그룹의 탁월한 안목으로 평가받을 것이며, 실패한다면 MBA 교과과정에서 잘못된 인수합병 사례로 다뤄지게 될 것이다. 국내 로봇 산업 발전과도 밀접한 관계가 있는 일이니 관심을 가지고 지켜보자.

집집마다 상점마다 로봇 하나쯤 있는 시대, 로봇 시장은 급성장 중

시장조사기관 얼라이드마켓리서치(Allied Market Research)는 AMR을 포함하는 가정용·상업용 서비스 로봇 시장이 연평균 21.2%씩 성장해 2030년에는 1,537억 달러 규모에 달할 것으로 전망했다.[18]

앞으로 가정용 서비스 로봇은 청소, 보안, 교육, 엔터테인먼트 등을 비롯해 유아·노인·장애인 케어 등으로 활용 분야가 계속 확대될 전망이다. 상업용 서비스 로봇은 고객 응대, 물품 배달, 요리, 물류, 이벤트 등 여러 분야에서 인간의 작업을 보조하거나 대체하는 방향으로 전개될 것이다. 특히 기업 입장에서는 높은 인건비, 노동력 부족, 비대면 등 시장 환경 변화에 대응한다는 명확한 비즈니스적 이점이 있기 때문에 기술이 뒷받침되고 가성비만 검증된다면 언제든지 상업용 서비스 로봇 시장이 큰 폭으로 성장할 여지가 있다고 볼 수 있다.

관련 시장을 준비하는 국내 기업들의 움직임도 빨라지고 있다. 삼성전자는 서비스 로봇 사업을 본격화하기로 하고, 기존에 TF(태스크포스) 형태로 존재하던 로봇 조직을 상설 조직인 로봇 사업팀으로 격상했다. 삼성전자는 돌봄을 제공하는 삼성봇 케어, 이동하며 공기청정 기능을 수행하는 삼성봇 에어, 쇼핑몰에서 고객을 도와주는 삼성봇 리테일, 집안일을 돕는 삼성봇 핸디, 고객을 응대하는 삼성봇 가이드, 식당에서 서빙하는 삼성봇 서빙 등 다양한 서비스 로봇을 꾸준히 선보인 바 있다. 삼성전자는 로봇을 핵심 미래 기술에 포함해 경쟁력을 확보하고 '로봇의 일상화'를 추진한다고 밝혔다.

LG전자도 물건을 운반하는 클로이 서브봇, 방문객을 안내하는 클로이 가이드봇, 음식을 만드는 클로이 셰프봇, 방역작업을 수행하는 클로이 살균봇 등 여러 서비스 로봇을 선보였으며 실내외를 자유롭게 이동하며 배송이 가능한 실내외 통합배송 로봇도 공개했다. LG전자도 삼성전자와 마찬가지로 로봇을 주요 미래 사업으로 꼽고 있다.

최신 로봇들이 스마트홈 애호가나 얼리어답터의 높은 관심을 불러일으키고 있지만, 로봇 청소기와 같은 단일 기능을 제공하는 저수준의 로봇이 아니라 더욱 진화된 서비스 로봇의 대중화를 위해서는 성능, 안전성, 비용, 문화, 법제도 등의 여러 문제가 해결되어야 하기에 앞으로 최소한 3~5년 정도는 예열 기간이 필요할 것으로 보인다. 어쨌든 로봇은 예정된 미래이며, 혁신적인 제품의 등장으로 인해 로봇과 인간이 공존하는 시대가 빠르게 앞당겨질 수도 있다.

예를 들면, 아마존 아스트로와 같은 로봇이 가정용 로봇 시장 확대의 중요한 계기가 될 가능성이 있다. 하지만 아스트로 출시에 긍정적인 면만 있는 건 아니다. 미국 IT 전문매체 CNET은 아스트로 출시를 '사랑스러운 프라이버시 악몽(Adorable Privacy Nightmare)'이라고 평가했다.[19] 아스트로가 집안에서 작업을 수행하기 위해서는 사용자의 민감한 사생활 정보를 수집할 수밖에 없다. 하지만 이것이 기업에 의해 오남용되거나 보안 결함 등으로 해킹이 발생하면 프라이버시 악몽이 현실화할 수도 있는 것이다.

그러한 잠재적 리스크에도 불구하고, 우리의 사생활 깊숙이 로봇이 들어오는 상황을 막을 수는 없을 것으로 보인다. 구글 어시스턴트, 알렉사, 시리와 같은 음성비서도 마찬가지 문제가 있지만 이미 상당히 대중화됐다. 많은 소비자가 편리함과 안락함을 위해 그런 제품들을 기꺼이 구매하고 있으며 앞으로도 그럴 것이기 때문이다. 개인정보를 더 많이 제공할수록 더 편리해지고 그와 함께 개인정보 유출과 사생활 침해의 가능성도 함께 커진다. 그것이 디지털의 본질이자 아이러니가 아닐까 한다.

정리하면, 아마존의 아스트로 출시는 머지않아 가정용 로봇 시장 경쟁이 본격화될 것임을 보여주는 신호탄과도 같다고 볼 수 있다. 아스트로는 로봇을 기반으로 다양한 서비스를 제공하는 로봇 플랫폼 비즈니스를 지향하고 있다. 이러한 플랫폼 사업은 시장 선점의 효과가 크기 때문에 앞으로 글로벌 기업들의 가정용 로봇 제품이 속속 출시되면서 치열한 경쟁이 벌어질 것으로 전망된다.

4. 비즈니스 민첩성을 위한 필수 기술, 클라우드

지난 2020년 코로나19 사태로 교육부는 4월부터 단계적으로 사상 첫 온라인 개학을 실시했다. 온라인 개학에는 EBS 온라인클래스와 한국교육학술정보원(KERIS) e학습터와 같은 공공 학습관리시스템이 사용됐다. 온라인 개학 당시 이들 시스템을 이용해야 하는 전국의 학생 및 교사 수는 약 600만 명에 달했다. 이러한 대규모 사용자의 접속에도 불구하고 시스템이 큰 문제없이 운영될 수 있었던 건 클라우드(Cloud) 기술 덕분이었다.

클라우드는 어떻게 사상 초유였던 온라인 개학을 가능하게 했나?

어떤 기업이나 공공기관이 사업상 외부 사용자에게 인터넷 서비스를 제공해야 하는 상황을 가정해보자. 대규모 접속을 처리하기 위해 직접 시스템을 구축하고 관리한다면 많은 시간과 비용이 소모될 것이다. 고객 수에 따라 수십, 수백 대 또는 그 이상의 서버가 필요할 수도 있고, 결국 상당한 하드웨어·소프트웨어 구매 비용은 물론이고 지속적인 유지보수 비용도 발생하게 된다. 더욱이 모든 걸 직접 설치하고 관리해야 하며 시스템 운영 중 문제가 발생할 경우를 대비해 전문 엔지니어도 있어야 한다. 하지만 클라우드를 이용하게 되면 설치와 관리의 부담 없이 필요할 때 서버를 즉시 늘리고 줄이면서 탄력적으로 서비스를 운영할 수 있다.

앞서 소개한 온라인 개학 사례에서는 마이크로소프트와 네이버가 태스크포스 팀에 합류해 다양한 기술과 자원을 무상으로 제공했다. EBS 온라인클래스(https://www.ebsoc.co.kr)는 원래 최대 3만 명의 동시접속자를 수용할 수 있었으나, 마이크로소프트 본사의 엔지니어까지 개선 작업에 참여해 150만 명의 동시접속이 가능하도록 확장하는 작업을 2주 만에 해낼 수 있었다. 마이크로소프트의 데이터센터(Data Center)에 사실상 무한대로 빌려 쓸 수 있는 대규모 클라우드 자원이 이미 구축되어 있었기에 가능한 일이었다.

e학습터(https://cls.edunet.net)는 원래 초등학생의 방과후교육을 위한 것으로 서버가 감당할 수 있는 사용자 수가 최대 4~5만 명에 불과했다. 네이버는 자사의 클라우드 위에 일차적으로 7개의 e학습터를 만들고 최종적으로 12개의 e학습터를 만들어 300만 명이 서비스를 이용할 수 있도록 했다.

온라인 개학이 처음이었기에 서비스 초기에는 접속지연과 장애가 발생하기도 했지만, 빠른 조치를 통해 서비스가 안정화되었다. 이

같은 신속한 용량 확장 및 문제 해결은 기술적으로 클라우드가 아니었다면 불가능한 일이다. 도대체 클라우드가 얼마나 대단한 것이기에 이런 일을 해낼 수 있었던 것일까?

클라우드를 통해 소유하지 않고 빌려 쓰는 컴퓨터 자원

클라우드란 사용자가 인터넷을 통해 데이터센터의 각종 IT 자원을 원하는 만큼 빌려서 이용하고 이용한 만큼만 비용을 지불하는 서비스를 뜻한다. 원래 '클라우드 컴퓨팅(Cloud Computing)'이 정확한 용어이지만, 흔히 줄여서 '클라우드'라 부른다.

클라우드 사용자는 데이터센터와 계약해 공간을 마련하고 서버를 구입, 소유, 유지관리하는 대신에 아마존, 마이크로소프트, 네이버 등과 같은 클라우드 공급업체로부터 IT 자원을 빌려 사용한다. 클라우드가 제공하는 IT 자원에는 CPU, 메모리, 저장공간(스토리지), 네트워크, 데이터베이스, 소프트웨어 등 IT 시스템 운용에 필요한 거의 모든 자원이 포함되어 있다.

클라우드에서 각종 IT 자원은 '자원공유(Resource Pooling)' 방식으로 제공되는데, 클라우드의 IT 자원은 사용자의 요청에 따라 동적으로 할당되며 상호독립적으로 여러 사용자에게 제공된다. 때에 따라서는 하나의 서버를 여러 명의 사용자가 나누어 사용할 수도 있다. 이렇게 IT 자원을 공유하기 때문에 자원의 활용성이 크게 높아진다.

클라우드는 복잡한 첨단 기술요소들을 다양하게 포함하고 있는데, 여기에서 가장 핵심적인 지식이라 할 수 있는 클라우드의 서비스 모델 3가지를 간단히 정리하면 다음과 같다.

- IaaS(Infrastructure as a Service, 서비스형 인프라)는 서버, 저장공간, 네트워크 등과 같은 인프라를 제공하는 서비스 모델이다. IaaS는 기본적인 인프라만 제공하기 때문에 소프트웨어를 설치·관리하는 것은 사용자가 직접 해야 한다. 대신에 자유롭게 시스템을 구성할 수 있어 유연하다는 장점이 있다.

- PaaS(Platform as a Service, 서비스형 플랫폼)는 클라우드 애플리케이션을 만들 수 있는 개발환경을 제공하는 서비스 모델이다. PaaS

를 이용하면 언제 어디에서나 클라우드에 접속해 애플리케이션을 개발·테스트·배포할 수 있다. 이 모델은 개발자를 위한 서비스라고 생각하면 된다.

- SaaS(Software as a Service, 서비스형 소프트웨어)는 인터넷을 통해 사용자에게 영업, 마케팅, 인사관리, 회계 등 다양한 분야의 클라우드 애플리케이션을 제공하는 서비스 모델이다. 사용자는 애플리케이션을 구매·설치·관리하는 데 소모되는 시간과 비용 없이 원할 때 즉각 애플리케이션을 이용할 수 있다.

클라우드는 단지 IT 시스템을 어떤 방식으로 이용할 것인가의 문제가 아니다. 비즈니스 성장을 촉진하기 위해 클라우드는 필수적이다. 클라우드가 비즈니스에 중요한 이유를 정리하면 다음과 같다.[21]

- **확장성, 민첩성, 유연성(탄력성):** IT 자원을 기반으로 IT 시스템이 만들어진다. IT 시스템을 쉽고 빠르게 확장할 수 있다는 것은 곧 필요시 비즈니스를 즉각적으로 확장할 수 있다는 의미와 같다. 과거에는 비즈니스 확장 시 IT 시스템이 발목을 잡는 경우가 많았다.
클라우드를 이용하면 비즈니스 의사결정과 거의 동시에 IT 시스템을 확장할 수 있어 IT 및 비즈니스의 민첩성이 향상된다. 비즈니스 아이디어를 빠르게 구현할 수 있으며, 비즈니스에 필요할 때 빠르게 클라우드 사용을 늘리고 필요 없을 때 빠르게 줄일 수 있어 IT 및 비즈니스의 유연성이 증대된다.

● **비용 효율성:** 기존 시스템을 클라우드로 전환하게 되면 초기에 전환비용이 어느 정도 발생하겠지만, 중요한 것은 클라우드를 도입함으로써 결과적으로 비용을 얼마나 절약할 수 있는가 하는 점이다. 현재 조직에서 IT 시스템 운영에 들어가는 총소유비용(TCO: Total Cost of Ownership)과 클라우드에 들어가는 총소유비용을 비교할 필요가 있다.

총소유비용은 구매 당시의 장비 가격뿐만 아니라 장비를 이용하는 데 필요한 교육훈련, 유지보수 등 실제로 지출되는 총 제반 비용을 의미한다. 클라우드를 이용하면 물리적 서버에 들어가는 고정비용(Fixed Cost)을 가변비용(Variable Cost)으로 전환할 수 있어 비즈니스에 더 많은 투자를 할 수 있다.

● **규정 준수 및 보안 강화:** 의료, 제약, 금융, 국방 등과 같이 규제가 엄격한 산업에서는 애플리케이션 및 데이터 보호를 위해 수많은 규제를 준수해야 한다. 아마존, 마이크로소프트 등과 같은 주요 클라우드 공급업체는 엄격한 보안, 데이터 보호 표준, 규정 준수를 적용하고 있다. 이들의 클라우드를 이용한다는 것은 그러한 이점들을 그대로 누릴 수 있다는 의미이기도 하다.

마이크로소프트는 왜 액티비전 블리자드를 82조 원에 인수하기로 했을까?

2022년 1월 마이크로소프트가 유명 게임회사 액티비전 블리자드 (Activision Blizzard)를 687억 달러(당시 기준 약 82조 원)에 인수한다고 밝혀 화제가 됐다. 액티비전 블리자드는 액티비전과 블리자드가 합병해 2008년 만들어진 기업으로 2021년 기준 직원 수 약 1만여 명, 매출액 88억 달러에 달하는 북미 최대의 게임회사다. 액티비전 블리자드는 국내에서도 스타크래프트, 디아블로, 월드 오브 워크래프트, 오버워치, 콜 오프 듀티 등으로 많은 팬을 보유하고 있다.

해당 인수는 비디오 게임 산업과 IT 산업 역사상 역대 최고 금액의 인수합병이다. 마이크로소프트를 클라우드 사업으로 화려하게 부활시킨 사티아 나델라(Satya Nadella) CEO는 게임 사업에 상당한 애정을 가진 것으로 알려진 경영자다. 사티아 나델라 CEO는 2021년 6월 XBOX 책임자 필 스펜서(Phil Spencer)와 함께한 미디어 브리핑에서 "마이크로소프트는 게임에 올인하고 있으며, 게임을 민주화하고 양방향 엔터테인먼트의 미래를 정의하는 데 주도적인 역할을 하겠다"고 밝힌 바 있다.[22]

마이크로소프트는 게임 업계에서 자사가 경쟁 우위를 점하고 있는 3가지 요소로 ① 클라우드 컴퓨팅에서의 리더십, ② 구독형 게임서비스 XBOX 게임패스(Game Pass), ③ 개발자에 대한 폭넓은 지원을 꼽았다.

마이크로소프트는 세계 클라우드 시장에서 20%의 점유율로 2위 기업이며 1위 아마존(33%)을 맹추격 중이다. 또한 유료 멤버십 XBOX 게임패스 얼티밋 가입자를 대상으로 클라우드 게임을 제공하고 있으며, 이를 이용하면 100개 이상의 콘솔 게임을 PC나 모바일 기기에서 언제 어디에서나 플레이할 수 있다. 게임 개발자 지원을 위해 독립 스튜디오, 신생 게임 개발자, 개인 개발자를 대상으로 클라우드 게임 개발도구와 모범 사례를 제공하는 ID@Azure 서비스도 운영 중이다.

이처럼 마이크로소프트는 콘솔 게임기 XBOX 사업의 오랜 운영 경험과 더불어 클라우드, 게임패스, 개발자 지원이라는 탄탄한 인프라를 갖추고 있다. 여기에 더해 액티비전 블리자드의 환상적인 프랜차이즈를 확보함으로써 게임패스 구독자를 늘리고 XBOX 커뮤니티

마이크로소프트의 클라우드 게임[23]

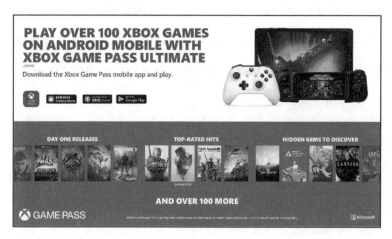

를 강화해 게임 산업을 선도하겠다는 야심을 드러낸 것이다.

게임패스는 2017년 6월 서비스를 개시한 이후 지속해서 성장하고 있다. 2020년 4월 가입자 1,000만 명을 넘었고 2021년 1월 1,800만 명, 2022년 1월 2,500만 명을 돌파했다. 현재 게임 업계에서는 '게임 분야의 넷플릭스'를 지향하는 여러 업체가 클라우드 게임 분야에서 치열하게 경쟁 중이다. 마이크로소프트의 게임패스 외에도 아마존 루나(Amazon Luna), 소니 플레이스테이션 나우(Sony PS Now), 엔비디아 지포스 나우(NVIDIA GeForce NOW) 등을 비롯해 국내 서비스로는 KT 게임박스(GameBox)가 있다.

참고로 구글도 스태디아(Stadia)라는 클라우드 게임 서비스를 2019년 의욕적으로 공개했지만 이용자들로부터 좋은 반응을 얻지 못했고, 서비스 개시 2년 만에 사내 게임 개발팀을 해체하고 코지마 히데오(小島秀夫, 메탈기어 시리즈로 유명하다)가 맡은 독점작도 취소했다. 업계에서는 사실상 서비스 종료의 수순을 밟고 있다는 소문이 무성했는데 실제로 서비스가 2023년 1월로 종료되었다.

세계 클라우드 게임 시장은 2022~2029년 동안 연평균 43.6%씩 성장해 2029년에는 408억 달러에 달할 것으로 전망되고 있다.[24] 가히 엄청난 성장세라고 볼 수 있다.

사용자 입장에서 고가의 하드웨어 구매, 개별 게임 구매, 다운로드 및 설치, 패치 업데이트가 필요 없다는 점은 클라우드 게임의 큰 장점이다. 반면에 컨트롤러 입력 지연, 인터넷 속도에 따른 연결 문제, 제공되는 게임 수의 부족 등은 단점으로 꼽힌다. 하지만 기술적 문제는 해결되기 마련이고, 마이크로소프트의 이번 인수가 성공적으로 마무리된다면 게임 역사상 가장 큰 변화 중 하나가 될 가능성이 크다.

이제 클라우드가 없으면 전세계 산업이 멈출 수도 있다

세계 클라우드 시장은 2030년에는 1조 5,549억 4,000만 달러에 달할 것으로 전망되고 있다.[25] 비용 절감, 유연성, 확장성, 보안, 협업 등의 이유로 많은 조직이 클라우드로 전환했거나 전환을 계획하고 있기 때문이다. 특히 팬데믹으로 인해 비대면으로 일하는 문화가 확산하면서 클라우드의 중요성이 더욱 부각됐다.

클라우드는 정부기관, 공공기관을 포함해 조직의 규모와 업종에 관계없이 인터넷 서비스, 데이터 백업, 그룹웨어, 소프트웨어 개발 및 테스트, 빅데이터 분석 등 IT시스템이 필요한 조직이라면 모두 이용 가능하다. 예를 들어, 제약회사는 클라우드를 이용해 신약을 개발하고, 온라인 쇼핑몰 업체는 상품 이미지, 동영상 등 콘텐츠를 클라우드에 저장해 이용하고, 소프트웨어 개발업체는 클라우드를 이용해 원격에 있는 여러 개발자가 협업하는 방식으로 소프트웨어를 개발할 수 있다.

스마트홈(Smart Home)에서도 클라우드가 중요하다. 스마트홈에서는 집에서 사용하는 각종 가전 및 기기들이 서로 연결돼 통합적으로 운영된다. 특히 데이터를 수집·분석하고 이를 기반으로 사용자의 취향 및 라이프스타일을 파악해 자동으로 사용자에게 맞춤화되는 시스템을 제공하기 위해서는 클라우드가 필수적이다.

스마트홈과 관련된 중요한 트렌드 중 하나는 인공지능 기반 음성비서를 통해 가전을 제어하는 것인데 이를 위해 아마존 알렉사, 구글 어시스턴트, 애플 시리, 마이크로소프트 코타나, 네이버 클로바 등이 치열하게 경쟁 중이다. 이들 음성비서는 모두 클라우드에서 작동된다.

클라우드의 진정한 미래지향적 가치는 클라우드가 인공지능, 빅데이터, 사물인터넷, 자율주행차 등 여러 차세대 기술의 중요한 기반이 되는 '플랫폼' 역할을 하고 있다는 점이다. 클라우드의 중요성은 아무리 강조해도 지나치지 않으며 앞으로 더욱더 필수적인 역할을 담당할 것으로 전망된다.

5. 메타버스에서 만나 게임하고 쇼핑하고 일한다

메타버스(Metaverse)라는 용어는 1992년 닐 스티븐슨(Neal Stephenson)이 발표한 SF 소설《스노 크래시(Snow Crash)》에서 처음 등장했다. 현실이 아닌 가상세계를 뜻하는 메타버스는 '가상·초월'을 뜻하는 메타(Meta)와 '세계'를 뜻하는 유니버스(Universe)를 합성해 만들어진 용어다.

《스노 크래시》는 인간이 프로그래밍 가능한 아바타로서 3차원 가상공간에서 활약하는 이야기를 담고 있다.《스노 크래시》는 메타버스, 아바타 등과 같은 용어를 처음 등장시킨 기념비적인 작품으로, 시사 주간지 타임에서 선정한 1923년 이후에 발표된 '최고의 영문소설 100'에도 포함됐다.

세컨드라이프(Second Life)는 2003년 출시돼 2006년경 큰 화제가 된 온라인 가상세계 서비스인데, 세컨드라이프를 만든 린든랩(Linden Lab)의 설립자 필립 로즈데일(Philip Rosedale)이 이 소설에서 영감을 받아 서비스를 만든 것으로 알려져 있다. 세컨드라이프는 엄밀한 의미의 1세대 메타버스 서비스라 할 만하다.

메타버스가 차세대 시장으로 부상함에 따라, 페이스북은 아예 메타로 사명을 변경하고 앞으로 메타버스에 집중할 것이라고 밝히기도 했다. 하지만 여전히 메타버스라는 용어가 의미하는 바에 대해서는 해석이 분분하다. "무엇이 메타버스이고, 무엇은 메타버스가 아닌가?"라는 질문에 명확하게 답할 수 있는 사람은 거의 없을 것이다.

예를 들어, 이미 오래전부터 게이머들은 게임이라는 가상세계로 들어가 가상의 캐릭터로서 전투하거나 대화를 나누고 협력하는 MMORPG(Massively Multiplayer Online Role-Playing Game, 대규모 다중 사용자 온라인 롤플레잉 게임)와 같은 온라인 게임을 해왔다. 그렇다면 이것은 메타버스인가, 아닌가? 아니라면 왜 아니며, 만일 맞는다면 이런 오래된 서비스에 왜 새로운 용어가 필요한 것일까?

메타버스가 무엇을 의미하는지 명확히 규정하기 어려운 근본적인 이유는 메타버스가 특정 유형의 기술을 지칭한다기보다는, 우리가 상호작용하는 방식의 변화를 가리키는 용어이기 때문이다. 또한 이 새로운 용어를 띄우기 위해 너무나 많은 과대광고와 마케팅이 난무한 데다, 실체와 미래가 불분명한 상태에서 장밋빛 약속만이 가득했기 때문이다.

메타버스가 특정 기술을 뜻하는 건 아니지만, 메타버스를 구현하기 위한 핵심 기술들은 존재한다. 여기에서 먼저 관련 기술들을 살펴본 후에 주목할 만한 서비스와 전개 방향을 정리해보자.

하늘나라로 떠난 딸을 가상현실 기술로 다시 만나다

가상현실(VR: Virtual Reality)은 가상공간에서 실제 세계와 비슷한 경험을 제공하기도 하고 실제와 완전히 다른 공상과학의 공간과 경험을 제공하기도 한다. 가상현실은 엔터테인먼트, 교육, 의료, 군사 등 다양한 분야에서 활용되고 있으며, 팬데믹으로 인해 대표적인 비대면 기술로 주목받기도 했다.

지난 2020년 2월 MBC 특집 VR다큐 〈너를 만났다〉에서 소아암으로 죽은 딸을 가상현실에서 만나는 엄마의 모습이 방송되어 꽤 화제가 된 바 있다. 종영 후 방송 클립 조회수가 1천만 뷰를 넘기고 비드라마 검색 순위 1위를 차지했으며, 연말에 아시아태평양방송연맹(ABU)이 주관하는 ABU상 TV다큐멘터리 부문 대상을 받았다는 소식이 전해지기도 했다.

한국백혈병소아암협회에 따르면 소아암 완치율은 80%에 가깝지만, 그럼에도 적지 않은 아이들이 소아암으로 인해 우리 곁을 떠나간다. 소아암으로 투병하다 일찍 하늘나라로 가버린 딸을 가상현실에서 다시 만난다는 것은 과연 어떤 느낌일까?

다큐 〈너를 만났다〉는 작별한 가족이 다시 만난다는 상상력을 최신 가상현실 기술로 재현했는데, 사별 가족을 치유하고 기술과 사람의 이야기를 결합해 세계적인 공감을 얻었다. 가상현실에서 딸을 만난 엄마는 방송 이후 "좋은 꿈을 꾼 듯한 느낌이었다. 이제는 안 운다."고 소감을 밝히기도 했다. 그렇다면 사별 가족의 애도에 도움을 준 가상현실 기술은 무엇일까?

가상현실, 증강현실, 혼합현실, 모두 묶어서 확장현실

가상현실은 VR헤드셋을 통해 입체적인 가상공간을 구현하고 영상, 음향, 음성인식, 동작인식 등으로 사용자와 상호작용을 함으로써 가상공간을 마치 현실처럼 느끼게 해주는 몰입감을 제공하는 기술이다. 가상현실은 하드웨어와 소프트웨어, 콘텐츠가 결합된 플랫폼인데, 플랫폼에 따라 스마트폰 앱스토어와 같은 전용 스토어도 있다.

현재 가장 유명한 가상현실 플랫폼으로 메타(구 페이스북)의 오큘러스(Oculus)를 꼽을 수 있다. 오큘러스는 원래 2012년 창업된 스타트업 오큘러스VR이 개발한 것인데, 2014년 메타가 23억 달러(당시 기준약 2조 6천억 원)에 인수하면서 큰 화제가 되기도 했다. 하지만 그 뒤로 메타는 오큘러스VR 창업자와의 갈등, 대규모 IP(Intellectual Property, 지식재산권) 소송, 제품 공급 부족 등으로 가상현실 사업에서 많은 어려움을 겪었다.

2015년경 많은 전문가와 미디어가 머지않아 전 세계적으로 가상현실 시장이 도래해 관련 기기와 소프트웨어, 콘텐츠가 큰 인기를 끌 것으로 전망했다. 하지만 막상 뚜껑을 열어보니 가상현실을 경험하기위해서는 VR헤드셋 가격만 1백만 원에 달했고(당시 기준) 고성능의 PC가 필요한 데다 킬러앱(Killer App, 시스템을 구입하도록 만드는 결정적인 애플리케이션)이라 할 만한 콘텐츠도 없어 대중화는 이뤄지지 않았다.

메타뿐만 아니라 가상현실 사업에 참여한 다른 기업들도 시장 확대에 어려움을 겪으면서 미디어에서는 가상현실 시장에 대해 회의적인 시각을 표출하기 시작했고 수년간 많은 가상현실 스타트업들이 폐업했다. 그런 상황에서도 필자와 같은 기술애호가(Technology Enthusiast)들은 여전히 가상현실의 미래에 대한 밝은 기대로 시장이 붐업되길 기다리고 있었다.

그러던 2020년 9월 메타가 새로운 VR헤드셋 '오큘러스 퀘스트2'를 발표하면서 다시금 가상현실 시장에 대한 대중의 기대감이 커지기 시작했다. 오큘러스 퀘스트2는 PC 없이 단독으로 사용하거나 또는 PC와도 연결이 가능한 VR헤드셋으로, 전작에 비해 100달러 더 저렴한 299달러에 성능은 2배 더 높고, 무게는 10% 더 가볍고, 양쪽 눈 각각 1832×1920의 더 높은 해상도를 제공해서 글로벌 시장은 물론 국내 시장에서도 큰 인기를 끌었고 후속 모델에 대한 기대를 더욱 높였다.

오큘러스와 경쟁하는 대표적인 가상현실 플랫폼은 HTC의 바이브(Vive)다. 바이브는 스마트폰 제조사로 알려진 HTC와 게임 유통 서비스 스팀(Steam)의 운영사 밸브(Valve)가 함께 개발한 제품으로, 스팀VR이라고도 불린다. 경쟁 제품들에 비해 가격은 비싼 편이지만 가장 높은 성능의 가상현실을 제공하며 다양한 라인업을 보유하고 있다. 다큐 〈너를 만났다〉에 출연한 엄마가 착용한 VR헤드셋이 바로 바이브다.

하지만 메타가 저가의 오큘러스 퀘스트 시리즈로 대중을 사로잡는 데 성공하면서 일반 소비자 시장에서 바이브의 인기가 추락한 상태다. 그에 따라 앞으로 바이브는 고성능 기종이 필요한 기업용, 산업용 시장을 위주로 사업을 전개할 것으로 예상된다.

가상현실이 가장 주목받고 있는 분야는 게임이다. 이미 수천 개에 달하는 가상현실 게임이 스팀에 등록된 상태이며 계속 증가하는 추세다. 팬데믹으로 인해 많은 사람이 집 안에 머물면서 영화, 게임과 같은 전통적인 디지털 콘텐츠뿐만 아니라 박물관, 미술관, 콘서트, 테마파크, 스포츠 등 기존에 오프라인 중심으로 이뤄지던 경험을 가상현실로 체험하려는 수요가 늘어났고 그에 따라 관련 콘텐츠도 증가했다.

의료 분야에서도 가상현실의 이용이 늘어나고 있다. 인공지능 기술과 가상현실 기술을 결합해 인공지능 치료사가 가상현실로 환자의 정신건강을 치료하는 연구도 이뤄지고 있다. 또한 외상 후 스트레스 장애(PTSD), 우울증, 알코올 중독, 고소 공포증, 만성 통증, 알츠하이머 병에 이르기까지 가상현실이 환자의 상태를 진단하고 치료하는 데 도움이 되는 것으로 나타났다.

가상현실 애플리케이션 전문기업 도빌(doVille)은 노인들을 대상으로 한 '가상현실 테라피(VR Therapy)' 프로그램을 선보였다. 전 세계적으로 4,400만 명이 치매·알츠하이머병을 앓고 있는데, 기억이 조절되는 뇌의 해마 영역을 자극하는 효능이 입증된 도빌의 기술이 노인의 삶의 질을 향상시키는 데 활용되고 있다.[26]

도빌의 가상현실 기술로 치료받는 노인[27]

가상현실과 종종 함께 쓰이는 용어로 '증강현실(AR: Augmented Reality)'이 있다. 가상현실이 사용자의 시야를 완전히 장악하고 가상의 공간과 사물만을 보여주는 것이라면, 증강현실은 실제 세계를 기반으로 디지털 정보를 합성해 보여주는 것이다. 한때 큰 화제가 됐던 포켓몬고 게임이 증강현실 앱의 대표적인 사례다.

'혼합현실(MR: Mixed Reality)'이라는 용어도 등장했다. 혼합현실은 실제 세계와 디지털 세계의 혼합 및 인간, 컴퓨터, 환경의 상호작용을 포함하는데 특히 주변 환경과의 상호작용에 초점을 둔 용어다. 사실상 증강현실의 좀 더 개선된 버전이라고 볼 수 있는데 기존 증강현실이 헤드셋 없이 스마트폰만으로도 체험이 가능한 반면에, 혼합현실은 사용자가 MR헤드셋을 통해 실제 물리적 세계와 디지털 세계가 혼합된 모습을 보면서 상호작용하는 방식으로 이용된다.

최근에는 '확장현실(XR: eXtended Reality)'이라는 용어가 많이 쓰이고 있다. 가상현실, 증강현실, 혼합현실 등을 매번 따로 표기하기 번거로우니, OO현실로 일컬어지는 기술들을 모두 묶어서 확장현실로 부르고 있다. 그러니 별개의 기술로 오해하지 않기를 바란다. 가상현실, 증강현실, 혼합현실에 사용되는 기기를 모두 묶어 확장현실 기기라고도 한다.

왜 퀄컴은 1억 달러의 스냅드래곤 메타버스 펀드를 조성했나?

스마트폰 AP(Application Processor, 스마트폰 내 모든 명령을 처리하는 핵심부품)로 잘 알려진 퀄컴(Qualcomm)은 몰입형 경험을 제공하는 확장현실 플랫폼 스냅드래곤(Snapdragon) XR1을 공개한 바 있는데, 이후 이를 더욱 개선해 세계 최초로 5G 통신과 인공지능을 통합한 확장현실 플랫폼 스냅드래곤 XR2도 선보였다.

스냅드래곤 XR2는 8K 해상도 및 60fps 성능의 360도 영상을 제공하며, 이전 버전보다 11배 이상의 인공지능 성능을 지원한다. 사용자와의 상호작용을 통해 사용자에 대해 배우고 시간이 지남에 따라 맞춤화되어 사용자의 욕구를 더 잘 충족시킬 수 있게 만들어져 있다. 스냅드래곤 XR2는 정확한 동작 추적 및 제스처 인식을 위해 7개의 동시 카메라를 지원한다. 또한 초고속·초저지연 5G 통신 기술을 사용해 더욱 빠른 상호작용 속도로 언제 어디에서나 가상현실 세계에 접속할 수 있도록 해준다.

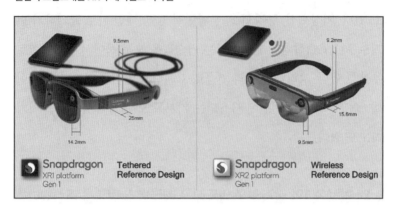

스냅드래곤 XR2는 확장현실 기기를 만드는 데 사용되는 개발 플랫폼의 일종인데, 이를 이용해 만들어진 대표적인 기기가 바로 메타의 오큘러스 퀘스트2다. 퀄컴은 가상현실 시장에서 앞서 나가기 위해 '스냅드래곤 메타버스 펀드'를 만들어 확장현실 개발자 및 기업에 최대 1억 달러를 투자한다고 밝혔다.[29] 이를 통해 게임, 건강 및 웰빙, 미디어, 엔터테인먼트, 교육 등 다양한 분야와 개발자 생태계를 지원한다고 발표했다.

퀄컴이 이처럼 개발 플랫폼을 출시하고 펀드를 조성해 메타버스 생태계를 지원하는 이유는 명백하다. 현재 스마트폰 시장의 AP 선두기업인 퀄컴으로서는 자사의 칩셋이 앞으로 스마트폰뿐만 아니라 더 많은 기기에 탑재되면 될수록 더 많은 수익을 올릴 수 있기 때문이다. 이를 위해 메타버스에 사용되는 확장현실 기기에도 선제적으로 대응해 조기에 신속하게 자사 기반의 개발자 생태계를 구축함으로써 플랫폼 경쟁에서 앞서 나가려고 하는 것이다.

메타버스 시장을 둘러싼 경쟁: 메타, 마이크로소프트, 엔비디아

메타는 하드웨어 전문기업이 아니다. 메타가 오큘러스 퀘스트를
출시한 이유는 이를 통해 하드웨어 수익을 올리기 위해서라기보다
는 소프트웨어 및 콘텐츠 거래에 따른 수수료 수입, 그리고 궁극적
으로는 메타버스 내에서 광고 수입을 올리기 위해서라고 보는 게 합
당하다. 현재 메타는 대부분의 수익을 광고에서 올리고 있는데 앞으
로도 그럴 가능성이 크기 때문이다.

메타는 메타버스 기반 SNS 호라이즌(Horizon)을 공개하고 2020년
8월부터 베타 서비스를 시작했다. 호라이즌은 기존에 공개한 스페
이스(Spaces)를 더욱 발전시킨 것인데, 친구들과 가상공간에 모여 게
임을 하고 모래, 물, 황금빛 지평선이 있는 가상 해변으로 함께 여행
을 떠나거나 자신이 원하는 환경과 창작물을 만들어 공유하고 팀 기
반 경쟁도 할 수 있도록 만들어진 메타버스 서비스다.

호라이즌은 메타가 가장 공을 들이고 있는 차세대 SNS로 알려졌
는데, 2021년 12월 드디어 북미 사용자들을 대상으로 '호라이즌 월
드(Horizon Worlds)'라는 명칭으로 정식 서비스를 개시했다. 호라이
즌 월드에 참여하기 위해서는 오큘러스 VR헤드셋이 필요하며, 컨트
롤러 버튼을 사용해 가상공간을 이동하거나 짧은 거리를 순간 이동
할 수 있다. 2022년 여름 메타는 사용자를 끌어모으기 위해 '호라이

즌 블록 파티(Block Party)'를 개최하면서 가상공간에서 미국의 유명 래퍼 포스트 말론(Post Malone)의 몰입형 음악 공연을 열기도 했다.

메타는 팀이 소통하고 협업할 수 있는 메타버스 서비스 '호라이즌 워크룸(Horizon Workrooms)'도 선보였다. 호라이즌 월드가 모든 사람을 위한 메타버스 소셜 네트워크라고 한다면, 호라이즌 워크룸은 원격근무로 일하는 팀의 협업을 위한 메타버스 서비스다. 호라이즌 워크룸을 사용하면 영상통화, 공유 화이트보드를 이용한 브레인스토밍, 가상공간에서 자신의 컴퓨터 사용 등 다양한 작업이 가능하다.

호라이즌 워크룸을 이용한 가상공간에서의 협업[30]

마이크로소프트는 호라이즌 워크룸과 유사한 기능을 가진 '마이크로소프트 메시(Microsoft Mesh)'라는 명칭의 메타버스 서비스를 선보였는데 이를 이용해 가상공간에서 협업, 모임 개최, 3D 디자인 겸

토, 원격으로 다른 사용자 지원, 함께 훈련하고 학습하는 등의 다양한 작업이 가능하다. 이를 통해 메시가 제공하는 공유 공간에서 3D 아바타로 만들어진 사용자들과 자연스러운 협업을 경험할 수 있다. 공간 오디오를 통해 서로의 상대적인 위치를 알 수 있고, 콘텐츠를 시각화해서 주석을 달 수도 있다. 메시를 사용하기 위해서는 마이크로소프트의 혼합현실 기기인 홀로렌즈(HoloLens)가 필요하다.

마이크로소프트는 크게 성공한 온라인 게임이자 메타버스 서비스의 일종이라고 볼 수 있는 마인크래프트(Minecraft)를 소유하고 있기도 하다. 2014년 마이크로소프트는 마인크래프트의 개발사 모장(Mojang)과 마인크래프트의 지식재산권을 25억 달러에 인수했다. 마인크래프트는 처음부터 VR 헤드셋 기반으로 개발된 게임은 아니지만, 현재는 VR 헤드셋을 지원하고 있어 이를 이용하면 가상현실로 들어가 완전히 새로운 경험을 할 수 있다.

마인크래프트는 3D 샌드박스(Sandbox) 게임인데, 샌드박스(어린이가 안에서 노는 모래놀이통)라는 단어에서 알 수 있듯이 달성해야 하는 특별한 목표 없이 플레이어가 자유롭게 게임 방법을 선택할 수 있어 플레이어의 창의성에 따라 다양한 방법의 게임 진행이 가능하다. 마인크래프트의 사용자 수는 1억 명 이상이며, 유튜브에서 관련 영상들의 총조회수가 1조 회에 달할 정도로 인기가 높은 게임이다.

이처럼 마이크로소프트는 메타버스 시장의 비즈니스 분야에서는 마이크로소프트 메시에 적극적으로 투자하면서 동시에 게임 분야에서는 마인크래프트로 유리한 위치를 차지하고 있어, 메타의 가장 강력한 메타버스 사업 경쟁자로 평가받고 있다.

메타, 마이크로소프트 외에 메타버스 시장에 진심인 기업으로 엔비디아를 꼽을 수 있다. 엔비디아는 두 번째 지구라는 개념으로 메타버스 지구 '어스(Earth)2'를 선보였다. 그리고 어스2의 가상토지를 판매하고 있는데, 물리적 토지와 거의 동일한 방식으로 사람들이 소유권을 갖고 수요, 위치, 수익 잠재력에 따라 가치가 증가하는 부동산을 구현하겠다고 밝혔다. 엔비디아는 어스2를 통해 글로벌 가상토지 플랫폼이 되고 글로벌 경제 시뮬레이터를 도입한다는 비전을 제시했다.

또한 엔비디아는 GPU(Graphics Processing Unit) 전문 제조사답게 메타버스 세계를 손쉽게 구축하고 연결하기 위한 개발 플랫폼 '옴니버스(Omniverse)'도 출시했다. 옴니버스를 통해 3D 디자인 협업을 할 수 있으며 사실적인 실시간 시뮬레이션을 위한 프레임워크(Framework, 소프트웨어 개발 시 토대 역할을 하는 구조), 도구, 앱, 플러그인 등이 포함돼 있다.

옴니버스는 상호 호환 가능한 개방형 플랫폼으로 USD(Universal Scene Description, 3D 그래픽 데이터 교환을 위한 기술), PhysX(실시간 물리엔진의 일종), MDL(Material Definition Language, 3D 그래픽에서 사용되는 물리 기반 재료와 조명을 공유하기 위한 기술) 등과 같은 오픈소스 표준을 기반으로 멀티 GPU를 지원하고 로컬과 원격에서 작업하는 엔터프라이즈 팀을 연결해준다.

메타버스는 과장한 마케팅일까? 인류의 미래일까?

국내 미디어에서 많이 소개된 메타버스 서비스로 로블록스 (Roblox), 네이버의 자회사 네이버Z에서 출시한 제페토(ZEPETO)를 꼽을 수 있다. 로블록스는 사용자가 게임을 제작할 수 있는 온라인 게임 플랫폼이고, 제페토는 코인으로 의류, 헤어, 액세서리 등을 구입해 아바타의 외형과 방을 꾸미고 간단한 게임을 하고 사진도 찍으면서 다른 사용자들과 교류하는 서비스다.

이들 서비스는 대표적인 메타버스 서비스로 알려졌지만, 전문가에 따라서는 이런 부류의 서비스가 이미 인터넷 초창기부터 존재하던 것으로 과거의 서비스와 큰 차이가 없기에 메타버스 서비스가 아니라고 주장하기도 한다.

메타버스를 단지 가상공간(Cyberspace)이라고 하면 인터넷상의 모든 서비스나 온라인 게임이 모두 메타버스 서비스가 될 수 있다. 이처럼 메타버스가 무엇인가에 대해서는 여전히 논쟁이 있지만(앞으로도 그럴 가능성이 크다), 여기에서는 메타버스를 '확장현실 기기의 도움으로 들어갈 수 있는 가상세계이자 디지털 자아들이 생활하는 공간'이라는 의미로 국한해서 살펴보았다. 엄밀한 의미의 메타버스라면 몰입감이 중요하기 때문에 단지 모니터가 아니라 확장현실 기기를 이용해 접속하는 게 맞아 보인다.

그렇기 때문에 진정한 메타버스 시대가 오려면 적지 않은 시간이 걸릴 것으로 예상된다. 확장현실 기기를 많은 사용자가 보유해야 하고 또한 메타버스 이용시간이 늘어나야 하기 때문이다. 아직은 기기를 보유한 사람의 수가 적고 보유한 사람이라고 해도 이용시간이 많지 않은 경우가 대부분이다.

앞으로 진정한 메타버스 시대가 도래할 때까지 종료하는 메타버스 서비스도 여럿 나오고 그에 따라 회의론이 커지기도 하겠지만, 그렇다고 '메타버스가 우리의 미래'라는 명제를 파괴하지는 못할 것이다. 인간은 가상공간에 매력을 느끼는 존재이며, 지금까지 컴퓨터 기술의 발전이 곧 가상공간의 확대를 가져왔다. 즉, 컴퓨터 기술을 통해 가상공간을 확대하는 방향으로 인류는 나아가고 있다. 우리가 활동할 수 있는 물리적 공간은 제한적이다. 많은 곳을 이동하기에는 시간, 비용, 체력의 한계가 있는 반면에 가상공간에서는 모든 한계를 초월할 수 있다.

인간의 모든 감각이 가상화되는 미래

글로벌 확장현실 시장은 2022년에서 2030년 사이에 연간 약 15%씩 성장해 2030년에는 870억 달러에 달하는 수익을 창출할 것으로 예상된다.[31] 미래에는 확장현실 기기가 가전제품의 일부가 되고 일상의 필수품으로 자리매김할 가능성이 높다.

메타버스의 대중화에 시간이 필요하고 몇 번의 부침도 있겠지만, 시행착오를 거쳐 어느 순간 탄탄한 기술적·문화적 조건이 갖춰지고 킬러앱이 등장하면 인류는 메타버스가 제공하는 몰입감에 푹 빠지게 될 것이다. 미래에 시각, 청각, 후각, 미각, 촉각 등 인간의 모든 감각이 가상현실로 구현되면 어쩌면 '과연 현실이 무엇인가'에 대해 재정의가 필요할 수도 있을 것이다.

6. 독특한 기술로 자산의 소유권을 증명하는 블록체인

———————— 블록체인(Blockchain)은 네트워크를 통해 정보를 투명하게 기록하고 공유하는 기술로, 고급 데이터베이스 메커니즘의 일종이라고 볼 수 있다. 그런데 구체적인 내용으로 들어가면, 블록체인은 IT 전문인력조차 이해하기 어려울 정도로 복잡한 요소들을 많이 포함하고 있다. 세부 사항을 살펴보기 전에 블록체인의 기능을 간략히 정리해보면 다음과 같다.

블록체인의 가장 중요한 기능은 소유권을 증명하는 것이다. 블록체인은 '특정 시점에 누가 어떤 자산을 얼마만큼 소유하고 있는가'를 증명한다. 블록체인이 마치 증빙서류 또는 등기부와 같은 역할을 한다고 볼 수 있다. 또한 블록체인은 소유권 이전을 처리하고 이를 증명한다. 즉, 블록체인은 자산의 소유자가 타인에게 자산을 이전한 내역을 기록하고 보관함으로써 '특정 시점에 누가 어떤 자산을 누구에게 얼마만큼 이전했는가'를 증명한다.

이처럼 블록체인의 핵심 기능은 자산의 권리와 거래 이력을 기록하고 증명하는 것이다. 그런데 이러한 소유권 증명 처리는 기존의 기술로도 충분히 가능하다. 그렇다면 왜 블록체인을 사용해야 하는 걸까? 블록체인이 크게 주목받는 이유는 소유권을 증명하는 기능 때문이라기보다는 이를 구현하는 독특한 기술적 방식과 그로 인해 발생하는 몇 가지 장점들 때문이다.

블록체인의 기술적 특성은 개방성, 익명성, 높은 가용성

블록체인이 아닌 기존의 전통적 방식에서는 판매자와 구매자가 거래할 때 특정 서버나 제3자의 데이터베이스에 정보를 저장했는데, 만일 데이터베이스가 손상되면 거래 양쪽이 모두 피해를 볼 수 있었고 해킹 공격에도 취약했다.

블록체인은 이러한 문제점을 완화하는 기술을 제공한다. 블록체인의 중요한 기술적 특성은 블록체인이 바로 P2P(Peer to Peer) 네트워크 형태로 작동한다는 점이다. 중앙 서버를 필요로 하는 전통적 방식과 달리, P2P 방식에서는 통제하는 중앙 서버가 없으며 네트워크에 참여하는 각각의 컴퓨터들이 서로 연결되어 독립적인 기능을 수행하는 형태로 전체 시스템이 작동된다.[32]

통제를 담당하는 중앙 서버가 없다는 것을 '탈중앙화 (Decentralization, 또는 분산화)'라고 하며, 이것이 바로 업계 사람들이 블록체인에 열광하는 가장 핵심적인 이유라고 볼 수 있다. P2P 네트워크에 기반한 순수한 의미의 블록체인은 다음과 같은 3가지 특징을 갖고 있다.

첫째, 블록체인은 '개방성(Openness)'을 갖고 있다. 블록체인은 인터넷을 통해 연결된 누구에게나 개방되어 있으며 원한다면 누구든지 참여하고 사용할 수 있다.

둘째, 블록체인은 '익명성(Anonymity)'을 갖고 있다. 블록체인은 소유자를 나타내는 고유의 식별자를 갖고 있지만, 그의 실명이나 개인정보를 보관하지는 않기 때문에 그가 스스로 밝히기 전에는 누구인지 알 수 없다.

셋째, 블록체인은 높은 '가용성(Availability)'을 갖고 있다. 가용성이란 컴퓨터, 네트워크, 애플리케이션 등이 정상적으로 사용 가능한 정도를 의미한다. 블록체인에는 중앙 서버가 없기 때문에 서버의 다운이나 점검시간 등으로 인해 시스템이 중단되지 않는다. 참여한 모든 컴퓨터가 동시에 접속을 단절하지 않은 한 블록체인은 24시간 365일 쉬지 않고 가동된다.

그렇다면 왜 블록체인이라는 명칭을 사용하는 걸까? 블록체인에서는 다양한 종류의 자산 거래가 가능한데, 거래가 발생하면 참여한 컴퓨터들 간의 합의(Consensus)를 통해 거래내역이 일종의 데이터베이스 역할을 하는 '블록(Block)'에 모두 빠짐없이 저장된다. 블록은 데이터를 저장하는 공간이다. 거래내역을 기록한 블록들이 서로 연결되면서 유일무이한 '체인(Chain)'이 형성되기 때문에 블록체인이라는 명칭을 사용하는 것이다.

이를 좀 더 풀어서 설명하면, 자산의 소유자가 거래를 개시할 때 해당 거래 내역은 동일 시점에 이뤄진 다른 거래들의 내역과 함께 묶여 데이터의 블록을 구성한다. 해당 블록은 블록체인 네트워크에 참여 중인 다른 컴퓨터들에 의해 복잡한 수학적 함수를 통해 검증된다. 검증이 끝나면 해당 블록은 이전 거래들을 담은 기록에 추가돼 하나의 체인을 형성하게 된다. 자산의 소유권 및 거래 내역을 분산된 원장에 기록한다는 관점에서, 블록체인을 '분산원장 기술(DLT: Distributed Ledger Technology)'이라고도 한다.

블록체인에서 검증 절차는 다수의 컴퓨터에 의해 수행되는데, 참여한 컴퓨터 중 하나가 '검증자(Validator)'로 지정될 수 있고, 이때 검증자에게는 일정한 수의 암호화폐가 수여되는데 이를 '채굴(Mining)'이라고 한다.

블록체인의 가치를 한층 높여주는 핵심 기능, 스마트 계약

비트코인이 초기의 블록체인 기술을 이용해 단지 암호화폐를 구현하는 것에 초점을 두었다면, 이후에 등장한 개선된 블록체인 기술은 탈중앙화 환경을 기반으로 '스마트 계약(Smart Contract, 또는 스마트 컨트랙트)'이라고 불리는 일종의 자동화된 디지털 계약 기능을 지원한다.

스마트 계약은 블록체인의 가치를 한층 높여주는 핵심 기능으로 주목받고 있는 중요한 기술이다. 간단히 말해 스마트 계약은 일반적인 계약서의 기능을 블록체인으로 구현한 것이다. 스마트 계약은 모든 사람이 정확하게 조회하고 실행할 수 있도록 블록체인에 기록한 일련의 규칙과도 같다.

스마트 계약을 이용하게 되면 컴퓨터 프로그램 형태로 프로그래밍된 계약 조건에 따라 특정 이벤트가 발생했을 때 자동으로 계약을 수행하는 게 가능하다. 이러한 자동화된 특성을 통해 스마트 계약은 계약 조건을 강제하고 계약 조건이 제대로 준수되었는지 확인할 수 있게 되어 있다. 스마트 계약은 다양한 분야에 응용할 수 있어 금융, 에너지, 미디어, 엔터테인먼트, 유통, 게임 등 여러 산업에서 주목하고 있다.

원래 스마트 계약이라는 개념은 현재의 블록체인과는 별개로 1994년에 나온 것이지만 당시에는 이를 구현하기에 적당한 기술이 없었다. 그러다가 블록체인 기술이 등장하고 2015년경 이더리움(Ethereum)이 스마트 계약 기능을 본격적으로 제공하면서 이에 대한 관심이 크게 높아졌다. 이후 스마트 계약은 블록체인의 매우 중요한 기능 중 하나로 평가받게 됐으며 이를 이용해 개발된 다양한 블록체인 기반 서비스들이 계속 등장하는 추세다.

스마트 계약을 기반으로 만들어진 애플리케이션을 '분산형 애플리케이션(Decentralized Application, 또는 탈중앙화 애플리케이션)'이라고 한다. 줄여서 디앱(DApp, 또는 댑)이라고도 부른다. 예를 들어, 이더리움 기반 분산형 애플리케이션은 이더리움 블록체인에 기록된 데이터를 이용해 애플리케이션이 작동된다. 이더리움 외에도 이오스(EOSIO, 암호화폐 명칭은 EOS), 트론(TRON), 퀀텀(QTUM) 등과 같은 여러 블록체인 플랫폼이 스마트 계약을 지원하고 있다.

정리하면 스마트 계약은 ① 블록체인 네트워크에서 작동되는 일종의 프로그램으로 분산형 애플리케이션(디앱)의 형태로 만들어지며, ② 어떤 목표를 달성하기 위한 요구사항에 맞춰 프로그래밍하고, ③ 특정 상황에서 조건이 충족되면 자동으로 약정된 작업을 수행한다.

분산형 애플리케이션 vs. 중앙집중형 애플리케이션

분산형 애플리케이션과 달리, 중앙 서버의 통제를 받아 목표를 달성하는 애플리케이션을 '중앙집중형 애플리케이션(Centralized Application, 또는 중앙화 애플리케이션)'이라고 한다. 중앙 서버가 전체 시스템을 통제하는 방식에서는 서버의 데이터베이스에 정보가 저장되고 시스템의 운용을 서버가 관리한다. 하지만 순수한 블록체인에서는 중앙 서버가 존재하지 않으며 서버가 가졌던 권한 및 신뢰를 블록체인 네트워크에 참여하는 수많은 컴퓨터가 나눠 갖고 있다.

블록체인에서는 중앙 서버가 존재하지 않는다고 표현했는데, 이는 다르게 말하면 블록체인에 참여한 각각의 컴퓨터들이 모두 서버의 역할을 수행하고 있는 것과 마찬가지라고 볼 수 있다. 그런 구조로 인해 블록체인에서는 별도의 서버를 구축하고 관리할 필요가 없으며, 결국 서버의 역할이 블록체인 네트워크에 참여한 컴퓨터들에 분산되어 있다고 이해하면 된다.

블록체인에서는 네트워크에 참여한 다수의 컴퓨터가 암호 기술에 기반한 증명을 통해 거래의 진위 여부와 완료 상태를 결정하고 블록체인에 영구히 저장한다. 블록체인은 이러한 기술적 구조를 통해 소유권 증명 및 이전 작업에 대한 높은 신뢰성을 제공하며 소유권 조작, 위조, 명의도용 등에 있어서 안전하다.

이와 같은 맥락에서 스마트 계약에 기반한 분산형 애플리케이션, 즉 디앱 또한 마찬가지로 네트워크에 연결된 다수의 컴퓨터가 상호작용하면서 공통의 목표를 달성하고 그 결과를 블록체인에 저장하는 방식으로 작동한다.

스마트 계약이라는 용어 때문에 이것이 단지 계약서상의 계약 조건만을 대상으로 하는 것으로 오해할 수 있다. 하지만 스마트 계약을 이용하면 일반적인 업무 프로세스나 비즈니스 로직(Business Logic)도 프로그램으로 만들 수 있으며 업무용 애플리케이션뿐만 아니라 게임도 만들 수 있다.

스마트 계약을 구현하기 위해서는 각각의 블록체인 플랫폼이 지원하는 개발 방법과 프로그래밍 언어를 학습해야 하는데 이는 개발자의 영역이다. 현재 스마트 계약을 활용해 금융, 법률, 게임, 의료, 교육 등 다양한 분야에서 수천 개의 디앱이 개발됐으며 계속 증가하는 추세다. 앞으로 스마트 계약이 활성화되면 웹 개발자나 모바일 앱 개발자처럼 디앱 개발자도 더욱 늘어나게 될 것이다.

디앱의 장점으로 검열에서의 자유로움, 내장된 결제 시스템, 익명 로그인, 암호화 기법을 통한 보안, 다운타임(Downtime, 시스템을 이용할 수 없는 시간)이 없다는 것을 꼽을 수 있다. 블록체인의 특성상 디앱이 블록체인 네트워크에 배포되면 변경하거나 삭제할 수 없으며 누구든지 이용할 수 있다. 또한 디앱은 개인이나 회사가 아닌 계약에 의해 제어되므로 개발팀이 해체되더라도 여전히 사용할 수 있다.

주목할 만한 디앱과 미래 전망

특히 대출, 암호화폐 교환, 투자, 결제, 크라우드펀딩, 보험 등 금융 분야에 디앱이 많으며 미술, 패션, 음악 분야에서도 디앱이 속속 등장하고 있다. 기술 분야에서는 오픈소스 소프트웨어 개발에 참여하고 암호화폐를 얻는 깃코인(Gitcoin), P2P 코드 협업을 제공하는 래디클(radicle.xyz) 등 개발자를 위한 디앱도 나왔다.

최근에는 게임 분야의 디앱에 대한 관심이 높은데, 괴물로 팀을 구성해 배틀하는 엑시인피니티(Axie Infinity), 트레이딩 카드 게임 갓즈언체인드(Gods Unchained), 우주를 탐색하며 행성을 지배하기 위해 다른 사람들과 경쟁하는 실시간 전략 게임 다크포레스트(Dark Forest) 등이 주목할 만하다.

그렇다면 블록체인을 기반으로 작동하는 디앱의 미래는 어떻게 전개될까? 세계 각국에서 블록체인의 전망을 밝게 생각하는 많은 개발자가 디앱 개발을 위해 노력하고 있다. 하지만 블록체인의 실효성에 대한 논란이 여전하고, 또한 모든 애플리케이션이 디앱에 들어맞지도 않는다. 디앱의 진정한 가치는 디앱으로만 가능한 '킬러앱(Killer App)'의 등장으로 증명되어야 할 것이다.

앞으로 블록체인 기술이 확산하면 많은 기업이 블록체인에 기반한 다양한 디앱을 시장에 선보일 것이다. 하지만 모든 디앱이 성공할 수

대표적인 디앱 게임, 엑시인피니티[33)]

는 없는 노릇이므로, 치열하게 경쟁하는 가운데 옥석이 가려질 수밖에 없다. 시장에 등장한 대다수의 디앱이 얼마 못 가 사라지겠지만, 만일 블록체인 기술이 IT 산업의 주류 기술로 사용된다면 일부 디앱은 성공해 주요 서비스로 자리 잡고 수익을 올리게 될 것으로 전망된다.

공공기관, 글로벌 IT 기업들의
미래를 대비한 핵심 기술로서의 블록체인

2021년 개최된 APAC 월드 블록체인 심포지엄(World Blockchain Symposium)에 참석한 전문가들은 블록체인이 제공하는 3가지 주요 이점으로 투명성(Transparency), 신뢰성(Trust), 추적성(Traceability)을 꼽았다.[34] 전문가들은 이 같은 이점이 상호운용성(Interoperability)의 향상을 가져옴으로써 산업을 변화시킬 수 있는 엄청난 잠재력이 있다고 보았다.

국내 공공기관들도 블록체인 기술 검증에 적극적으로 나서고 있다. 우정사업본부는 과학기술정보통신부 및 한국인터넷진흥원이 함께 추진한 블록체인 공공선도 시범사업의 일환으로 블록체인 기반 전자우편사서함 시스템을 구축했다. 발송기관이 해당 시스템을 이용해 고지서, 안내장 등 전자우편을 전송하면 수신자는 모바일 앱을 통해 우편물을 수령할 수 있다. 수신자가 모바일 앱을 설치하지 않은 경우에는 공공알림문자나 종이 우편물로도 받을 수 있다. 이처럼 우편물 유통체계에 블록체인 기술을 적용하게 되면 우편 내용의 변경·복제, 우편물 유통이력의 위변조를 방지할 수 있어 모바일 고지에 대한 신뢰도를 높일 수 있다.

공공기록물을 관리하는 국가기록원도 블록체인 공공선도 시범사업의 일환으로 '신뢰기반 기록관리 플랫폼'을 구축했다. 국가기록원은 전자기록물이 폭증하고 있는 데다 기술적 한계로 전자기록물의 진본성과 무결성을 보장하는 업무가 지연되고 있는데, 앞으로 스마트 계약을 이용해 업무를 얼마나 효율화할 수 있을지에 대해 연구할 계획이다.

글로벌 IT 기업들은 거의 예외 없이 미래를 대비하는 핵심 기술로서 블록체인을 적극적으로 수용하고 있다. 전 세계 클라우드 시장의 1위 사업자인 아마존은 블록체인 클라우드 서비스를 선보였으며,

이를 이용하면 클릭 몇 번만으로 확장 가능한 블록체인 네트워크를 간편하게 구축하고 관리할 수 있다.

구글, 마이크로소프트, 세일즈포스 등도 블록체인 서비스를 제공하고 있다. 이탈리아 자동차 제조사 람보르기니는 세일즈포스 블록체인을 이용해 차량 인증 시스템을 구축했다. 이를 통해 차량 수리, 소유주 변동 등의 이력 데이터를 블록체인에 저장함으로써 위변조를 방지한다.

삼성전자는 블록체인 지갑을 이용해 모바일에서 안전하게 암호화폐 등의 가상자산을 관리하고 다양한 블록체인 기반의 애플리케이션을 사용할 수 있도록 지원하고 있다. 또한 갤럭시 S10 이후의 휴대폰에 적용된 프라이빗 쉐어(Private Share) 기능은 신용카드나 비밀

삼성 블록체인 월렛[35]

번호, 사진, 동영상, 녹음 파일 등의 콘텐츠 공유 시 블록체인 기술을 이용해 제한된 사람에게 제한된 권한만 부여해 개인정보를 보호한다.

앞으로 TV, 에어컨, 냉장고, 세탁기 등의 가전기기에도 블록체인 기술이 활용될 전망이다. 2021년 6월 중국 가전기업 창홍(ChangHong)이 제안한 '블록체인과 사물인터넷을 이용한 보안 표준'이 국제 표준으로 승인됐다. 삼성전자와 LG전자도 글로벌 블록체인 기업들과 협력하거나 블록체인 프로젝트에 참여하면서 자사 제품에 블록체인 기술을 적용해 나갈 예정이다.

블록체인이 모든 비즈니스에 적합한 것은 아니다

유의할 점은 블록체인이 모든 종류의 비즈니스 모델에 적합한 것은 아니라는 사실이다. 어떤 경우에는 블록체인이 아니라 클라우드만 이용하거나 상황에 따라서는 독자적인 서버 및 데이터베이스로 시스템을 구축하는 것이 더 나은 선택일 수도 있다.

만일 어떤 비즈니스 모델에서 투명성, 신뢰성, 추적성의 요소가 극단적으로 중요하지 않은 경우라면 그런 비즈니스 모델에는 블록체인이 필요하지 않을 가능성이 크다고 봐야 한다. 블록체인이 적합한 분야에 블록체인을 적용하는 것이 중요하다.

시장에는 블록체인을 과대평가하는 사람도 있고 과소평가하는 사람도 있다. 암호화폐는 블록체인의 일부일 뿐이다. 균형 잡힌 관점은 모든 분야가 블록체인화 할 필요는 없으며 블록체인에 적합한 분야가 있다고 보는 시각이다.

아마존, 마이크로소프트, 페이스북, 구글 등의 글로벌 대기업들이 블록체인 기술에 꾸준히 투자하고 있다는 사실에 주목해야 한다. 특히 아마존과 마이크로소프트는 기업고객이 블록체인을 손쉽게 활용할 수 있도록 자사 클라우드에서 다양한 블록체인 서비스와 여러 파트너 업체의 솔루션을 제공하고 있으며 서비스를 계속 늘려가고 있다.

블록체인 기술이 중요한 이유는 특정 분야에서 이를 활용해 비즈니스 가치를 높이고 결국 고객에게 새로운 가치를 제공할 수 있기 때문이다. 그럴 가능성이 큰 분야라면 블록체인을 적극적으로 활용하는 방안을 검토해야 하며, 그렇지 않다면 무작정 신기술을 사용하겠다는 식으로 블록체인을 사용할 필요는 없다고 봐야 할 것이다.

7. 미래의 삶과 비즈니스에 대전환을 가져올 첨단 디지털 기술들

컴퓨터비전: 기존 광학 이론을 초월하는 첨단 카메라·영상 기술

최신 카메라·영상 기술은 첨단 하드웨어에 인공지능 및 컴퓨터비전(Computer Vision)과 같은 소프트웨어 기술을 결합함으로써 한층 탁월한 기능을 제공하고 있다. 이에 앞장서고 있는 대표적인 기업이 바로 구글이다. 구글은 인공지능을 이용해 하드웨어 한계를 뛰어넘는 카메라 성능을 선보이고 있다.

구글은 직접 개발한 스마트폰 픽셀(Pixel)을 공개하면서 '소프트웨어가 정의하는 카메라(Software-defined Camera)'라는 개념을 선보였다. 이는 사용자가 사진을 찍을 때 순간적으로 여러 장의 이미지를 촬영한 후 인공지능 기술로 빠르게 합성해 최적화하는 기술로 지금까지의 광학 이론을 초월하는 결과물을 만들어내 큰 화제가 됐다.

첨단 카메라·영상 기술을 적극적으로 도입해 혁신하는 분야도 늘어나고 있다. 그간 스포츠 방송 생중계에는 중계차, 대형 카메라, 엔지니어 및 지원 인력 등 막대한 자원과 비용이 투입되어야 했다. 하지만 픽셀롯(Pixellot)의 시스템을 이용하면 자동으로 방송 생중계가 가능하다. 픽셀롯은 2013년 설립된 이스라엘 스타트업으로 인공지능 기반의 방송 시스템을 전 세계에 제공하고 있다.

픽셀롯의 시스템은 경기장에 장비만 설치해 놓으면 여러 개의 카메라가 자동으로 경기 장면을 추적하고 편집한 후 영상을 송출하는 방식으로 100% 자동화된 스포츠 생중계를 제공한다. 하이라이트 장면도 자동으로 만들어주고 하프타임에 광고도 삽입해준다.

픽셀롯의 시스템을 이용하면 비용을 대폭 절감할 수 있어 도입 사례가 계속 늘어나고 있다. 픽셀롯의 시스템은 매달 9만 시간이 넘는 분량의 스포츠 영상을 자동으로 제작하고 있으며, 2022년 기준 72개 국가에서 총 200만 개 이상의 경기를 중계했다. 물론 아직 시스템

픽셀롯의 카메라[36]

이 완벽한 것은 아니다. 스코틀랜드 축구팀의 경기를 중계하면서 인공지능 볼 추적 기술이 대머리 심판의 머리를 축구공으로 착각해 혼동하는 해프닝이 발생하기도 했다.

자율주행차는 첨단 카메라·영상 기술의 대표적인 각축장이다. 자율주행차에서 카메라는 차량 주변 환경을 계속 감지하면서 모든 시각 데이터를 획득하는 중요한 센서다. 최근에는 좀 더 신속한 데이터 처리를 위해 카메라 하드웨어 자체적으로 일차적인 데이터를 분석한다. 그렇게 함으로써 취득한 모든 데이터를 상위 시스템으로 전송할 필요 없이 카메라 차원에서 이미지를 분석하고 필요 없는 데이터를 제거함으로써 처리 속도를 개선할 수 있게 됐다.

오토파일럿 기능을 가진 테슬라 차량에는 8개의 카메라가 탑재돼 있다. 이들 카메라를 이용해 차량을 중심으로 최대 250미터까지 360도 시야를 감시한다. 만일 카메라가 고장 나거나 이물질에 오염되면 오토파일럿 기능을 켤 수 없게 된다.

카메라가 인공지능의 눈으로 작용하고 점점 더 똑똑해짐에 따라 앞으로 흥미로운 서비스가 많이 등장할 것이다. 하지만 한편으로는 사생활 침해나 범죄에 악용될 가능성도 늘어나게 된다. 그러므로 개발자는 기술의 올바른 활용과 리스크에 대해 항상 고민해야 하고, 사용자도 기술의 기본적인 작동구조를 어느 정도 이해하고 리스크에 주의를 기울일 필요가 있다.

실내 공간정보: 로봇과 드론이 실내에서 작동하기 위한 필수요소

최근 지도 업체들이 가장 주목하는 분야는 실내 공간정보를 제공하는 것이다. 대형 쇼핑몰, 경기장, 공항, 물류센터 등 넓은 실내 공간에서 사용자에게 정확한 위치 정보와 유용한 콘텐츠를 함께 제공함으로써 수익을 창출할 수 있기 때문이다. 또한 실내 공간정보는 로봇, 드론 등과 같은 자율머신(Autonomous Machine)들이 실내에서 자율주행, 자율비행을 하기 위해 필수적인 요소다.

영국에 본사를 둔 블리파(Blippar)는 증강현실(AR: Augmented Reality) 분야의 대표적인 스타트업이다. 블리파는 여러 브랜드와 제휴해 마케팅 캠페인을 증강현실 기술로 구현해주는 사업 모델로 수익을 올리고 있다. 블리파는 증강현실 기반의 '실내 비주얼 포지셔닝 시스템(Indoor Visual Positioning System)'을 선보였다. 블리파 시스템의 특징은 증강현실 전문기업으로서 블리파가 강점을 가진 컴퓨터비전 기술을 적극적으로 활용함으로써 비컨(Beacon, 블루투스 기반의 근거리 무선통신 장치)과 같은 추가적인 장치 없이 사용자에게 위치정보를 제공할 수 있다는 점이다.

블리파의 시스템은 카메라를 통해 사용자의 이동 경로에 있는 특정 사물을 인식하고 이를 통해 방향과 정보를 제공하는 방식으로 실내 환경을 탐색할 수 있도록 해준다. 블리파는 스마트폰이나 웨어러블 카메라를 이용하는 사용자의 위치, 사용자가 향하는 방향과

VIO(Visual Inertial Odometry, 시각적 관성 거리계)로 측정한 값을 자사의 포즈 추정 엔진(Pose Estimation Engine)과 통합함으로써 사용자의 실내 움직임을 추적한다. VIO는 특정 공간에서 사용자의 위치를 실시간으로 추적하는 기술로 애플의 증강현실 기술인 AR킷(ARKit)에서도 사용하고 있다.

무엇보다 블리파의 실내 비주얼 포지셔닝 시스템은 단순히 위치 정보만 제공하는 게 아니라 증강현실 콘텐츠 형태로 여러 정보를 함께 제공해 사용자에게 유용하다고 볼 수 있다. 이를 이용하면 공항, 쇼핑몰, 경기장 등과 같은 대형 실내 공간에서 저렴한 비용으로 실내 공간정보를 제공해줄 수 있다는 장점이 있다.

히어(HERE Technologies)는 전 세계 200여 개 국가에서 지도 및 교통정보를 제공하는 글로벌 기업이다. 히어는 2015년까지 노키아의 소유였으나 이후 BMW, 아우디, 다임러 등 독일 자동차 기업 3사와 인텔이 공동 소유하고 있다.

히어는 실내지도 분야의 협력을 위해 네이버랩스와도 제휴를 맺었다. 네이버랩스는 네이버 산하의 연구소로 주로 사람들의 실생활과 밀접한 로봇을 연구하고 있는데, 주요 프로젝트 중 하나가 실내 자율주행 로봇이다. 일반적으로 실내 자율주행 로봇은 지도 생성, 위치 파악, 경로 생성, 장애물 회피 등의 다양한 기능을 로봇 하나에서 직접 수행하기 때문에 제작 비용이 높은 편이다. 하지만 네이버랩스의 실내 자율주행 로봇 어라운드(AROUND)는 저가의 센서와 낮은 사양의 컴퓨터만으로도 작동할 수 있도록 설계됐다.

어라운드의 작동 구조에 있어 주목할 만한 점은 클라우드를 이용해 자율주행과 관련된 기능을 분산 처리한다는 점이다. 먼저 이를 위해서 정교한 고성능 센서를 탑재한 매핑로봇이 실내를 자율주행하며 공간 데이터를 수집한다. 이를 통해 생성된 고정밀 3차원 실내지도가 클라우드에 업로드되면, 이후 어라운드는 클라우드를 통해 제공되는 실내지도를 이용해 위치정보를 파악하고 목적지까지의 경로를 생성하게 된다. 네이버랩스는 이러한 역할을 담당하는 클라우드를 '맵 클라우드(Map Cloud)'라고 부른다.

지도 생성은 매핑로봇이, 지도 제공은 맵 클라우드가 담당하도록 기능을 분산했기 때문에 어라운드는 실내 자율주행 시 장애물 회피 등 꼭 필요한 기능만 담당하면 된다. 이를 통해 자율주행 로봇의 원가를 절감할 수 있게 됐다.

알프스알파인(Alps Alpine)은 실내에서 드론이 정확하고 안전하게 비행해 미션을 완수할 수 있도록 위치정보를 제공하는 실내 내비게이션 시스템을 공개했다. 이 시스템은 위치정보를 브로드캐스트하는 RF(Radio Frequency) 장치와 메시 네트워크를 기반으로 작동한다.

이 시스템을 이용하면 드론이 좁은 문을 통과해 자율비행을 할 수도 있다. 알프스알파인은 실내 내비게이션 시스템의 정확도를 30cm 이내로 구현하는 것을 목표로 하고 있다. 이 시스템과 드론에 탑재된 컴퓨터비전 기술을 결합해 사용하면 정확도를 더욱 개선할 수 있으며 시스템 구축 비용도 절감할 수 있다.

앞으로 이러한 시스템은 쇼핑몰, 창고 등의 실내에서 드론의 자율비행을 위해 사용될 것이며, 건물 전체가 아닌 필요한 비행경로에만 네트워크를 구축함으로써 비용 측면에서도 효율적으로 활용할 수 있을 것으로 예상된다.

이처럼 실내 공간정보를 제공하는 업체들은 컴퓨터비전, 증강현실, 클라우드, RF 네트워크 등 각자가 강점을 가진 기술을 기반으로 실내 공간정보를 생성하고 있다. 하지만 아직 실내 공간정보 시장은 초기 단계에 불과하기 때문에 앞으로 이들 기술이 더욱 고도화되고 로봇, 인공지능, 빅데이터 기술이 적극적으로 통합됨에 따라 더욱 정교하고 풍부한 정보의 제공이 가능해질 것으로 전망된다.

시장을 키우는 것은 기술 자체라기보다는 응용 서비스다. 조만

간 실내 공간정보 기술을 기반으로 한 다양한 서비스들이 등장할 것이다. 특히 실외 공간정보와 실내 공간정보가 유기적으로 연결됨으로써 사용자가 실외와 실내를 오고 가더라도 끊임없이 공간정보를 제공받을 수 있게 될 것으로 기대된다.

자율주행: 물류 혁신의 미래를 담당할 자율주행트럭

글로벌 자동차제조사들이 자율주행 기술에 얼마나 많은 투자를 하고 있는가를 단적으로 보여주는 것으로, 2022년 8월 현대자동차그룹이 국내 자율주행 스타트업 포티투닷(42dot)의 지분 73.3%를 4,277억 원에 매입해 자회사로 편입한 사례를 꼽을 수 있다. 또한 현대자동차그룹은 미국에 로봇 AI연구소를, 국내에 글로벌 SW센터를 설립하기로 하고, 사내에서 가장 탁월한 정예 소프트웨어 인력을 선발해 핵심 기술 개발에 투입하기로 했다.

전기차와 자율주행 기술은 밀접한 관계를 맺고 있다. 자율주행차가 꼭 전기차일 필요는 없지만, 대부분의 전기차는 자율주행 기술을 점점 더 많이 채용하고 있으며 둘의 궁합도 잘 맞는다. 전기차 시장은 지난 수년간 크게 도약했고 앞으로는 더 큰 시장을 형성할 예정이다. 영국은 2030년, 미국과 유럽에서는 2035년부터 석유로 움직이는 내연기관차의 판매가 금지된다. 전기차 시장이 확대될수록 자율주행 기술의 발전과 상용화도 함께 확대될 것으로 전망된다.

승용차 부문의 자율주행 기술 고도화가 계속 진행되고 있는 가운데, 여기에서는 가장 먼저 자율주행 시대를 맞이하게 될 차량으로 꼽히는 트럭에 대해 살펴보자. 트럭은 주로 고속도로 구간을 위주로 장시간 이동하기에 자율주행 기술의 구현이 상대적으로 쉬운 편이다. 또한 비용 절감, 안전, 환경보호 등 자율주행트럭의 이점이 명확하기에 물류기업과 트럭 소유주로서는 매력적이지 않을 수가 없다. 더욱이 팬데믹으로 인해 비대면 문화와 배달 수요가 급증하면서 자율주행트럭에 대한 관심이 많이 늘어나고 상용화 속도도 빨라지게 됐다.

　　알파벳(구글의 모회사)의 자회사 웨이모(Waymo)는 미래 자율주행차 시장에서 가장 강력한 플랫폼 기업이 될 것으로 예상되는 후보 중 하나다. 웨이모는 자율주행트럭의 주행 정보 수집을 위해 2017년부터 미국 애리조나, 캘리포니아, 조지아 등지에서 시험 주행을 진행했다.

　　웨이모는 뉴멕시코, 텍사스 등으로 자율주행트럭의 테스트를 확대하고, 오토네이션(AutoNation) 및 UPS와 제휴를 맺고 배송도 진행하고 있다. 미국의 자동차 판매 업체인 오토네이션은 웨이모 차량으로 자동차 부품을 운송한다.

　　웨이모는 승용차처럼 트럭도 자율주행을 학습하고 있으며 기본은 동일하지만 제동, 회전, 사각지대 등에서 기술적 차이가 있다고 밝혔다. 웨이모는 자사의 자율주행트럭으로 공장, 물류센터, 항구, 터미널 등을 연결하고 화주 및 물류업체 시스템과 통합하는 것을 목표로 하고 있다.

웨이모의 자율주행트럭[38]

자율주행트럭을 개발하고 있는 스타트업 아이크(Ike)는 기술력에서 상당한 인정을 받은 기업으로 애플, 구글, 우버 출신들이 2018년 설립했다. 아이크는 DHL, NFI, 라이더(Ryder) 등과 같은 대형 물류업체와 제휴를 맺고 미국 고속도로에 레벨4의 자율주행트럭 1천여 대를 배치한다고 밝혔다.

참고로 자율주행 레벨4는 '고도 자동화(High Automation)' 단계로, 자율주행 시스템이 특정 조건에서 주행과 관련된 모든 제어 및 비상 상황에 대한 대처를 수행하는데 레벨3과 달리 운전자가 잠을 자거나 운전석을 떠날 수도 있는 기술 수준을 나타낸다.

아이크의 레벨4 자율주행트럭은 일반 도로 구간에서는 사람이 운전하고 고속도로 구간에서는 자율주행 시스템이 담당하는 방식으로 작동한다. 이에 관련해 아이크는 트럭 운전이 힘든 일이기 때문에 사람은 더 복잡하고 가치 있는 일에 집중하고 장거리 고속도로 주행은 자신들이 담당하겠다는 비전을 제시했다.

아이크는 인공지능, 컴퓨터비전 등으로 만들어진 하드웨어 및 소프트웨어 솔루션을 제공하고 고객의 요구사항에 맞춰 트럭을 제작할 것이며, 솔루션은 클라우드 기반의 SaaS(Software as a Service) 구독 모델로 제공해 트럭 소유자가 연간 이용료를 지불하는 방식으로 하겠다는 계획을 밝혔다. 그런데 이후 아이크는 독자적인 사업을 하는 대신 2020년 12월 자율주행 배송업체 누로(Nuro)에 인수되는 길을 택했으며, 누로와 함께 지역 배송을 가속하는 임무를 수행하겠다는 입장을 내놓았다.[39]

글로벌 위치기술 전문기업 톰톰(TomTom)은 트럭의 고속도로 자율주행을 위한 '하이웨이 파일럿(Highway Pilot)' 플랫폼을 선보였다. 하이웨이 파일럿은 속도 제어, 차선 유지, 차선 진입 등과 같은 주행 기능을 자동으로 수행한다. 운전자가 시스템을 켜면 차량 흐름에 따라 차량의 속도를 맞추면서 법적 제한 속도를 준수하고 앞 차량과 필요한 거리를 유지한다.

이를 위해 하이웨이 파일럿은 다양한 카메라를 통해 교통 상황을 지속해서 감지하면서 도로, 교통 표지판, 보행자, 움직이는 물체 및 움직이지 않는 물체 등 모든 것을 인식한다. 또한 미래 수송을 위해 '군집주행(Platooning)' 표준도 개발하고 있다. 군집주행은 자율주행 차량이 다른 차량과의 네트워킹을 통해 소위 군집의 일부로 작동하는 개념이다.

다른 차량에 비해 특히 트럭은 자율주행 기술을 이용하면 비용 효율성이 높아질 수 있기 때문에, 여러 기업이 자율주행트럭 기술 개발 및 상용화에 노력을 기울이고 있다. 앞서 살펴본 업체들 외에도 코디악(Kodiak Robotics), 투심플(TuSimple), 팬텀오토(Phantom Auto), 아인라이드(Einride), 개틱(Gatik) 등 많은 기업이 자율주행트럭 기술 개발에 뛰어든 상태다.

국내에서도 우정사업본부가 화물트럭을 대상으로 정기적인 운행 구간에서 도로 사정과 물류 현황에 맞는 자율주행 기술 개발 및 실증을 하겠다고 밝혔다. 일단은 5G 통신 및 자율주행 레벨 2.5~3단계 수준의 기술을 기반으로 하는데, 추후 기술 완성도를 고려하여 군집주행도 검토하고 있다.

투심플과 캘리포니아 샌디에고 대학(University of California San Diego)의 연구에 따르면, 투심플의 레벨4 자율주행트럭이 122개의 배송 임무를 수행하면서 총 6,700마일을 주행한 데이터를 분석한 결과 연료 소비를 10% 이상 절감하고 CO2 배출량도 상당히 줄인 것으로 나타났다. 자율주행트럭의 또 다른 이점으로, 고속도로에서 대형 차량의 사고 발생 시 운전자의 안전에 치명적인 경우가 많은데 자율주행트럭은 사고를 줄이고 안전을 강화하는 효과도 있다.

이처럼 자율주행트럭의 이점은 명백하며 최근 업계의 관심이 크게 높아진 상태이기에 기술의 발전 및 법제도가 마련되는 국가들을 위주로 점차 자율주행트럭이 상용화될 것으로 예상된다.

행동인터넷(IoB): 사용자의 행동·관심사에 대한 통찰력을 획득하는 기술

사람들의 행동을 파악하고 특정 행동을 유도하기 위해 데이터를 수집하고 활용하는 것을 행동인터넷(IoB: Internet of Behaviors)이라고 한다. 용어에서 알 수 있듯이 사물인터넷(IoT: Internet of Things)에서 유래한 신조어다.

사물인터넷이 사물들로 연결된 인터넷을 의미한다면, 행동인터넷은 사람들의 행동으로 연결된 인터넷을 의미한다. 사물인터넷과 행동인터넷은 서로 다른 것이 아니라 사물인터넷의 연장선에 행동인터넷이 있다고 봐야 한다. 사물인터넷이 데이터를 수집하고 정보로 전환하는 것이라면, 행동인터넷은 해당 정보를 지식으로 전환하는 것이다. 즉 행동인터넷은 행동 데이터를 수집, 분석, 예측하는 인터넷이며 데이터를 활용해 행동의 변화를 가져오는 걸 목적으로 한다.

사물인터넷에서 장치가 인터넷에 연결되어 각종 센서를 통해 데이터를 계속 수집하듯이, 행동인터넷에서는 직원, 고객 정보와 행동 데이터가 계속 수집된다. 행동인터넷은 팬데믹과도 관련이 있다.

팬데믹 시대에는 직장에서 마스크를 착용하고 체온을 재고 손을 소독하는 일이 필수적인 의식이었다. 그에 따라 그러한 절차를 지키는지 감시하기 위해 카메라, RFID 태그, 각종 센서, 인공지능 등 다양한 기술로 사람들의 행동 데이터를 수집하고 분석하는 기업들이 증가하게 됐다. 물론 데이터 수집의 양적·질적 증가 추세는 그리 새로운 일이 아니지만, 감염병 예방이라는 명분으로 민감한 데이터 수집에 정당성을 부여함으로써 이 같은 추세가 더욱 심화된 것이다.

행동인터넷은 특정 행동을 장려하거나 억제하며 보건위생뿐만 아니라 커머스, 보안, 프로세스 개선 등 다양한 분야에서 사용될 수 있다. 행동인터넷에 적극적인 기업은 조직 내부뿐만 아니라 공공 데이터, SNS 콘텐츠, 위치정보 등 여러 소스에서 데이터를 수집, 통합, 처리한 후 비즈니스에 반영한다. 이는 기업과 구성원의 관계, 기업과 고객과의 관계, 구성원들 간의 상호작용 등에 지속해서 영향을 미치게 된다.

행동인터넷은 '행동과학(Behavioral Science)'이 적용된 사물인터넷이다. 행동과학은 사회 및 조직에 영향을 미치는 인간 행동을 체계적으로 규명하기 위한 노력으로 감정(Emotions), 의사결정(Decisions), 동료애(Companionship) 등의 심리적 요소와 기술과의 관계를 복합적으로 다룬다.

기술은 인간 행동에 변화를 가져올 수 있는데, 예를 들어 사용자가 체중 감량을 위해 다이어트 앱을 사용하는 경우를 생각해보자. 사용자의 신체 상태, 운동량, 식단 등을 고려해 다이어트 앱은 사용자가 원하는 몸무게와 체형을 만들기 위한 행동 수정을 제안한다. 이 같은 개인화를 위해서는 데이터 수집이 필수적이다.

행동과학의 이해하기 쉬운 사례로 인슈어테크(InsurTech, 보험과 기술의 결합, Insurance Technology의 합성어)의 대표적인 서비스 UBI(Usage-Based Insurance, 운전습관연계 보험)를 꼽을 수 있다. UBI가 적용된 자동차보험은 차량속도, 운전거리, 운전시간 등을 측정하고 운전습관을 분석해 안전운전 여부를 판단한 후 이를 보험료 산정에 반영한다. 국내에서는 업체에 따라 안전운전 할인 특약과 같은 명칭을 사용하기도 한다.

UBI를 통해 보험사는 사고 위험이 적은 고객을 유치함으로써 손해율을 줄일 수 있다. 사용자는 보험료 할인을 받기 위해 UBI를 지원하는 네비 앱이나 OBD(On-Board Diagnostics, 운행기록 자기진단) 장치를 사용하면서 안전운전을 위해 노력하게 된다. 더불어 사회적으로는 안전운전이 늘어나 교통사고를 줄이는 효과가 있다. 북미 보험사 올스테이트(Allstate)의 드라이브와이즈(Drivewise), 현대자동차의 블루링크(Bluelink)와 연계된 현대해상화재보험의 UBI 특약, T맵의 운전습관 점수와 연계된 DB손해보험의 UBI 특약 등이 출시됐다.

기업들은 사용자의 행동, 관심사에 대한 통찰력을 얻기 위해 사물인터넷 장치에서 점점 더 많은 행동 데이터를 수집하고 있다. 이를 통해 광범위한 행동 패턴을 찾아냄으로써 정교한 소비자 타겟팅을 할 수 있기 때문에 이 같은 추세가 더욱 확산될 전망이다.

최근 들어 행동인터넷에 기반한 스타트업들도 점차 증가하고 있다. 인공지능과 행동 알고리즘을 적용해 소비자 선호도에 대한 시간 기반 예측을 제공하는 브레이니파이(Breinify), 에너지 절약을 위한 가정용 스마트 계량기와 서비스를 제공하는 준(June), 당뇨병과 같은 만성질환의 의료 참여를 강화하는 힐럼(Healum), 알코올과 마약 등 다양한 중독으로부터 회복을 촉진하기 위해 기분 모니터링과 맞춤형 권장사항을 제공하는 피벗(Pivot) 등이 주목할 만하다.

물론 이들 기업이 모두 사업적으로 성공하지는 못할 것이다. 신기술을 기반으로 하는 스타트업 대부분은 실패하고 소수만이 성공한다. 시장이 원하는 기술 및 비즈니스를 효과적으로 결합한 기업이 승자가 될 것이다.

행동인터넷에서 단지 기술 및 비즈니스 측면만 고려해서는 안된다. 행동인터넷은 기업이 설정한 목표와 내용에 따라 윤리적, 사회적으로 상당한 영향을 미칠 수 있으므로 이에 대한 이해관계자들 간의 충분한 논의도 함께 이뤄져야 할 것이다.

3장

은행도 IT 기업으로
변신하는
디지털 금융 시대

"금융은 돈이 마침내 사라질 때까지
이 사람 저 사람 손으로 돌리는 예술이다."

─로버트 사르노프(Robert W. Sarnoff, 미국 RCA 전 CEO)

1. 이미 우리는 거의 '현금 없는 사회'에 살고 있다

───────────── 디지털 지갑(Digital Wallet) 또는 전자 지갑 (Electronic Wallet)은 PC, 스마트폰, 태블릿, 스마트워치 등과 같은 디지털 기기에서 실행되는 금융 거래 애플리케이션으로, 다양한 결제 방식을 지원하며 이를 위한 결제정보와 비밀번호를 안전하게 저장하는 기능을 수행한다.

모바일 지갑(Mobile Wallet)이라는 용어도 있는데, 디지털 지갑이 PC를 포함해 모든 종류의 디지털 기기를 대상으로 하는 것에 비해 모바일 지갑은 스마트폰이나 웨어러블 기기에서 사용되는 것이라는 점에서 차이가 있다. 그런데 현실에서는 디지털 지갑과 모바일 지갑이 종종 같은 의미로 사용된다.

디지털 지갑이 있으면 물리적 지갑이나 신용카드, 현금의 휴대가 필요 없어 이용자 입장에서 편리할 수밖에 없다. 디지털 지갑 제공 업체는 이용자의 금융정보를 분석해 이용자에 맞는 금융상품을 추천함으로써 광고 수익이나 수수료 수익을 올릴 수 있고, 이용자의 정보를 다른 업체에 팔아 추가적인 수익을 올리기도 한다.

디지털 지갑은 어떤 기술을 사용하는가?

일반적으로 디지털 지갑에 보관되는 정보는 신용카드, 체크카드, 계좌, 휴대폰 등과 같은 직접적인 결제정보를 비롯해 디지털 지갑에 따라서는 멤버십 카드, 기프트 카드, 쿠폰, 예약 티켓(비행기, 호텔, 콘서트 등), 신분증, 운전면허증도 저장할 수 있으며 더 많은 금융정보를 저장하고 이용하는 방향으로 계속 진화하고 있다.

국내에서는 디지털 지갑이라는 용어 대신 간편결제라는 용어를 더 많이 사용하는 편이며, 이미 시중에 다양한 종류의 앱이 출시되어 활발히 사용되고 있는 상태다. 여러 간편결제 서비스들의 치열한 경쟁 속에서 각자 경쟁자와는 다르다고 주장하고 있으나, 실상은 다들 엇비슷한 기능을 제공한다.

그렇기 때문에 간편결제 서비스의 성공 포인트는 다양한 기능의 제공보다는, 일차적으로 온라인과 오프라인을 통틀어 최대한 많은 곳에서 결제를 지원해야 하고, 쿠폰 할인 또는 포인트 적립 등 혜택을 많이 제공할수록 사용자 확보 및 유지에 유리하고, 말 그대로 최대한 간편하게 결제할 수 있어야 하고, 마지막으로 사용자 입장에서 보안상 신뢰할 수 있다는 믿음이 있어야 한다. 이러한 특징을 더 많이 갖춘 간편결제 서비스가 시장에서 성공을 거두었다.

간편결제 서비스는 온라인에서 상품을 주문하고 결제할 때 해당 간편결제를 선택하면 화면이 나타나는 식으로 진행되는데, 오프라인에서는 결제의 편의성을 위해 다음과 같은 3가지 기술 방식 중에서 일부 또는 전부를 제공한다: ① 카메라로 바코드를 스캔하여 결제하는 QR코드 방식 ② 상대 기기와 전자기 신호로 연결해 정보를 전송하는 NFC(Near Field Communication, 근거리 무선통신) 방식 ③ 결제 정보를 자기장으로 변환해 단말기에 전송하는 MST(Magnetic Secure Transmission, 마그네틱 보안전송) 방식.

QR코드 방식은 그저 바코드를 카메라로 찍으면 되는 것이라서 스마트폰 이용자라면 다들 한 번쯤 이용해봤을 것이다. NFC 방식은 안전하지만 결제하려면 NFC 단말기가 반드시 필요한 반면에, MST 방식은 단말기 교체 없이 기존 단말기로 결제가 가능한 데다 삼성페이가 기본적으로 지원해 국내에서 이용하는 사람들이 많은 방식이다.

디지털 결제 시장의 강자와 국내외 주요 간편결제 서비스

애플페이(Apple Pay)

애플이 2014년 도입한 대표적인 디지털 지갑 서비스로, NFC를 기본적으로 지원하며 전 세계 70개가 넘는 국가에서 대부분의 신용카드를 연동해 사용할 수 있다. 까르푸, 코카콜라, 월그린 등 여러 업체의 로열티 카드(국내의 멤버십·포인트 카드와 흡사)를 지원하며 지하철, 시내버스 등 국가에 따라 대중교통 시스템에서도 이용 가능하다.

2021년 기준 애플페이는 연간 6조 달러의 거래액을 달성해, 온오프라인 통합 결제액 규모에서 세계 1위를 차지한 신용카드 업체 비자에 이은 세계 2위의 결제 규모를 달성했다.[1] 참고로 알리페이가 3

위, 마스터카드는 4위를 차지했다.

애플은 2022년 말부터 아이폰에서 비접촉식 결제 탭투페이(Tap to Pay)를 지원한다고 밝혔는데, 이는 아이폰을 NFC 결제 단말기로 이용하는 기능이다. 이 기능을 사용하면 추가 하드웨어 없이 비접촉식 신용카드나 다른 디지털 지갑을 아이폰에 가져다 대는 것만으로 결제가 가능하다. 이는 애플이 2020년 1억 달러에 인수한 캐나다 스타트업 모비웨이브(Mobeewave)의 기술을 기반으로 하고 있다.

아이폰을 카드 단말기로 이용하는 애플의 탭투페이[2)]

구글월렛(Google Wallet)

구글은 원래 구글월렛이라는 명칭의 서비스를 2011년 선보였으나, 2015년 안드로이드페이(Android Pay)를 선보이면서 결제 기능을 안드로이드페이로 이관했다. 2018년 구글은 안드로이드페이를 구글페이(Google Pay) 브랜드로 변경한다고 발표했다. 그런데 구글페이가 기대만큼 성장하지 않자 구글은 다시 구글페이를 '포괄적인 디지털 지갑'으로 전환한다면서 구글월렛 브랜드를 부활시켰다.

그러므로 현재의 구글월렛은 2011년 구글월렛이 아니라 2022년부터 새롭게 출시된 것이다. 이 모든 과정은 구글의 혼란스러운 브랜드 관리와 장기적인 계획 부재를 보여준다. 구글은 "이것이 우리의 미래입니다"라면서 힘주어 소개한 서비스를 갑자기 폐쇄하는 것으로 유명한 기업이다. 앞으로 구글월렛이 어떤 행보를 보여줄지는 좀 더 지켜봐야 할 것 같다.

페이팔(PayPal)

페이팔은 원래 판매자와 구매자를 중계하는 과정에서 거래의 안전성을 제공하는 에스크로(Escrow) 서비스로 1999년 출시됐는데, 2002년 이베이가 15억 달러에 인수한 이후 이베이 결제 시스템으로 사용되면서 거래 규모가 크게 확대됐다. 국내에서도 직구 소비자들이 해외 쇼핑몰 결제 시 종종 이용하는 서비스다. 간편결제의 원조로 여전히 많은 사람이 이용하고 있지만, 결제 규모 면에서 애플페이는 물론이고 구글월렛에도 한참 뒤처진 상태가 됐다.

벤모(Venmo)

벤모는 친구들 간에 편리하게 돈을 보내고 받을 수 있어 2030 세대가 애용하는 서비스다. 특히 공과금, 임대료, 식료품 등 각종 청구서를 여러 사람이 분할해 결제할 수 있는 '소셜 결제(Social Payments)' 서비스를 지향하고 있다. 벤모는 2009년 소액 송금 서비스로 시작됐는데, 2012년 브레인트리(Braintree)가 2,620만 달러에 인수하고 2013년 페이팔이 브레인트리를 8억 달러에 인수하면서 페이팔의 자회사가 됐다.

어펌(Affirm)

미국의 대표적인 BNPL(Buy Now Pay Later, 후불결제) 서비스로, 지금 당장 물건을 사고 물건값은 나중에 낼 수 있도록 해주는 소비자 대출의 일종이라고 볼 수 있다. 신용등급이 낮거나 당장 금전이 없는 소비자가 수수료를 부담하고 이용할 수 있어 2030세대를 중심으로 큰 인기를 끌어 주식 상장까지 했다. 아마존과 협업해 아마존 결제 수단 중 하나로 선택할 수 있으며 최대 48개월 할부까지 지원한다.

어펌을 이용한 후불결제 화면[3]

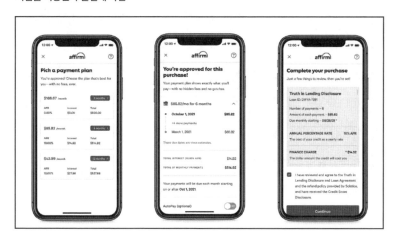

국내에서는 쿠팡이 '나중결제'라는 명칭으로 최대 11개월 할부가 가능한 BNPL 서비스를 개시했는데 현금깡 등에 악용돼 할부 제공을 중단한다고 밝히기도 했다.

알리페이(AliPay)

중국 알리바바그룹은 페이팔을 모델로 2004년 알리페이를 출시했는데, 2013년 페이팔을 제치고 당시 기준으로 세계 최대의 디지털 결제 플랫폼이 됐다. 중국 결제 시장에서 과반이 넘는 점유율과 13억 명이 넘는 사용자를 갖고 있다. 일본, 한국, 싱가포르, 베트남 등 여러 아시아 국가를 비롯해 미국, 캐나다와 유럽에도 진출했다. 2020년 중국과 인도의 국경 분쟁으로 인해 인도 정부에 의해 금지된 중국 앱 188개 목록에 포함됐다.[4]

삼성페이(Samsung Pay)

삼성페이는 국내에서 높은 위상을 자랑하지만 글로벌 존재감은 미미하다. 주요 국가들에서 NFC 단말기 보급이 많이 이뤄진 것과 달리, 국내에서는 삼성페이가 지원하는 MST 방식의 인기로 인해 오히려 NFC 단말기 보급이 뒤처진 상태가 됐다. 하지만 MST 방식은 보안상 한계가 있어, 삼성전자도 해외에서는 MST 대신 NFC 방식을 활성화하는 방향으로 나아가고 있다. 보안 이슈를 고려할 때 앞으로는 국내에서도 NFC 방식이 주류가 될 것으로 전망된다.

네이버페이(Naver Pay)

국내 최대의 인터넷 검색 포털 네이버의 금융 플랫폼 전문 자회사 네이버파이낸셜의 간편결제 서비스다. 원래는 네이버 스마트스토어의 결제 시스템으로 시작됐으나 6만여 개 이상의 다양한 결제처를 확보하고 금융상품도 출시하면서 2021년 연간 거래액 44조 188억 원, 결제 건수 11억 9,300만 건을 달성해 국내 1위의 간편결제 서비스가 됐다.

카카오페이(Kakao Pay)

카카오톡을 기반으로 하는 간편결제 서비스로 2021년 연간 거래액 17조 4,536억 원, 결제 건수 9억 700만 건을 달성했으며 네이버페이와 치열하게 경쟁하고 있다. 네이버가 주로 금융기관과 협업하는 방식으로 사업을 추진하고 수익을 올리는 전략을 추진하는 반면에, 카카오는 은행, 증권 등 금융기관을 자회사로 두고 직접적으로 금융사업을 하는 전략을 추진하고 있다.

토스(Toss)

국내 핀테크 스타트업 중에서 가장 성공한 기업으로 꼽히는 비바리퍼블리카가 운영하는 종합 금융 플랫폼으로 간편송금, 간편결제를 비롯해 잡다할 정도로 거의 모든 금융 서비스를 제공하는 방향으로 서비스를 추진하고 있다.

특히 토스는 리워드(Reward) 앱 기능을 제공한다. 다른 말로 국내에서는 앱테크(App Tech, 애플리케이션과 재테크의 합성어)라고 하는데, 이는 앱을 활용해 돈을 버는 것을 뜻한다. 클릭 몇 번으로 푼돈을 벌 수 있어 '디지털 폐지줍기'라고도 한다. 토스는 만보기, 광고 보기, 퀴즈 참여 등을 통해 토스 포인트를 보상으로 제공하고 다양한 마케팅을 공격적으로 진행해 2030세대 이용자를 많이 확보할 수 있었다.

페이코(Payco)

네이버와 분리된 NHN에서 신사업의 일환으로 2015년 출시한 간편결제 서비스다. 네이버페이와는 관련이 없다. 국내 간편결제 서비스 중에서는 후발주자에 속하지만, 공격적인 투자와 마케팅을 통해 국내의 대표적인 디지털 결제 플랫폼 중 하나로 자리를 잡았다. 신용카드, 체크카드, 계좌, 휴대폰으로 결제가 가능하며 티머니, 삼성페이와 연동해 이용하는 것도 가능하다. 애플 앱스토어, 애플뮤직, 아이클라우드 등에서 페이코 포인트로 결제할 수도 있다.

또한 페이코는 제휴 쇼핑몰에 따라 쿠폰을 제공하고, 쇼핑적립 기능도 있어 페이코를 경유해서 쇼핑하면 결제금액의 일정 비율을 페이코 포인트로 적립해준다. 특이사항은 해피머니, 컬쳐랜드, 북앤라이프 등의 3대 상품권으로 페이코 포인트를 충전하고 현금화할 수 있어 뽐뿌와 같은 쇼핑 커뮤니티 사용자들이 애용하는 서비스라는 점이다.

디지털 지갑, 간편하나 위험과 피해는 무제한이다

이용자 입장에서 디지털 지갑은 사용하기 간편하지만, 한편으로는 보안 문제를 지니고 있다. 일반적으로 디지털 지갑은 복잡한 암호화와 보안 기능을 사용해 기술적으로는 안전하다고 볼 수 있지만, 가장 큰 문제는 '사람의 무지와 부주의'다. 화면 잠금을 하지 않거나 간단한 비밀번호를 사용한 스마트폰을 분실하거나 도난당하거나 사기당하면 금융 범죄의 피해자가 될 수 있다.

가장 심각한 경우는 보이스피싱 등에 의해 악성 앱이 설치되는 상황인데, 그럴 경우 범죄자가 사용자 스마트폰의 모든 기능을 제한 없이 이용할 수 있게 된다. 결국 모든 금융정보가 털리고 막대한 금전적 피해를 당할 수도 있다. 오픈뱅킹 제도로 인해 하나의 금융기관에서 고객의 모든 금융정보를 조회하고 이체도 할 수 있게 됐는데, 오픈뱅킹은 사용자에게 편리함을 제공해주지만 한편으로는 사이버 범죄자들에게 날개를 달아주었다.

그렇다고 오픈뱅킹과 같은 흐름을 막을 수는 없고 막아서도 안 될 것이다. 그보다는 사기나 해킹 등의 범죄로 인해 사용자 피해가 발생할 경우 일차적인 책임을 보안 책임이 있는 금융기관이 지도록 하는 것이 바람직하다. 즉, 사용자의 부주의나 일부 책임이 있었다고 하더라도 고의성이나 중대 과실이 없는 경우 금융기관이 책임을 지도록 하는 것이다.

참고할 만한 유사 제도가 있다. 신용카드 도난이나 분실 시 즉시 신고하면 부정사용이 발생해도 전액 보상을 해주게 되어 있는 제도다. 다만 정당한 사유 없이 신고를 지연하거나 피해조사를 위한 협조를 거부하는 등의 경우에는 보상에서 제외될 수 있고, 신고 시점 이전에 발생한 부정사용 금액에 대해서는 일정 금액의 보상처리 수수료를 납부해야 한다.

이러한 보상 제도가 존재하는 이유는 신용카드 회사가 착해서 그런 게 아니라, 정책적으로 금융소비자 보호를 위해 강제하고 있기 때문이다. 이런 제도를 운용한다고 해서 신용카드 회사에 영업이익 대비 대단한 손해가 발생하는 것도 아니며 보험이나 적립금 등과 같은 방법으로 손해를 미리 대비하거나 완화할 수도 있다.

물리적 지갑을 잃어버리거나 도난당하면 지갑 안의 현금을 모두 잃을 수 있겠지만, 신분증은 재발급 받으면 되고 신용카드는 분실신고만 하면 부정사용으로 인한 피해를 막을 수 있어 상대적으로 피해는 제한적이다. 반면에 사용자의 안드로이드폰에 악성 앱이 설치되면 디지털 지갑은 물리적 지갑과는 비교할 수 없을 정도로 큰 피해를 발생시킬 수 있다. 운영체제 특성상 아이폰은 악성 앱으로 인한 위험은 없는 편이므로 기술적 이해도가 낮은 사용자라면 아이폰을 사용하는 것만으로 적어도 기술적 해킹의 위험에서는 꽤 안전해진다고 볼 수 있다. 단 이 경우라도 (당연한 얘기이지만) 속아서 스스로 이체하는 경우는 막을 수 없다.

신뢰 자본: 네트워크화된 사회에서 신뢰는 얼마나 중요한가?

스마트폰을 이용한 간편결제의 확산은 '현금 없는 사회'와 밀접한 관계를 맺고 있다. 우리나라를 비롯해 스웨덴, 영국, 뉴질랜드 등 여러 국가에서 은행 점포와 ATM(Automated Teller Machine) 축소 등 현금 없는 사회로 변화하는 현상이 곳곳에서 나타나고 있다. 한국은행은 현금 없는 사회로 진입한 국가들에서 국민의 현금 접근성 약화, 취약계층의 금융 소외 및 소비 활동 제약, 공적 화폐유통시스템의 약화와 같은 문제점이 발생했다고 분석했다.[5]

모든 사람이 신용카드와 간편결제를 사용하는 것은 아니므로 국가에 따라 상업은행의 현금취급 업무 의무화, ATM 운영업체에 대한 감독 강화, 화폐유통시스템 통합관리 협의체 설치 등으로 대응하고 있다. 국가 차원에서 "모든 국민의 화폐 사용에 어떠한 불편도 초래해서는 안 된다"는 인식을 바탕으로 고령층, 취약계층을 위해 현금 접근성을 유지하는 것은 꼭 필요한 정책으로 볼 수 있다.

그렇지만 한편으로 현금 없는 사회로의 변화는 결코 막을 수 없는 필연적인 흐름이다. 아마 젊은 세대 상당수는 지난 수년간 현금을 한 번도 써본 적이 없을 것이다. 스마트폰으로 모든 게 가능하기 때문에 일부러 불편하게 현금 사용을 고집하지 않고서야 굳이 현금을 써야 할 이유가 없기 때문이다.

현금 없는 사회와 그 이상의 혁신적인 미래 금융을 실현하기 위해서 가장 중요한 것은 무엇일까? 첨단 기술의 활용 및 이에 대한 충분한 검증과 더불어, 가장 중요한 토대로서 신뢰성을 증진하기 위해 금융소비자를 보호하는 제도가 무엇보다 먼저 마련되어야 한다.

모든 기업은 보안 투자를 아깝게 생각하며, 어떻게든 원가와 비용을 절감하려고 하고, 작은 손해라도 보지 않으려 하는 습성을 갖고 있다. 이것은 기존 금융기관뿐만 아니라 핀테크 기업도 마찬가지다. 그게 잘못된 것도 아니다(모두 다 그렇다면 그게 디폴트다). 그게 기업의 본성이기 때문이다. 그렇기 때문에 정부가 규제 철학을 분명히 하고 올바른 정책을 집행해 균형을 맞춰야 하는 것이다.

금융소비자의 고의성이나 심각한 실수가 입증되지 않을 경우 그 책임은 금융기관이 져야 하며 입증의 책임도 금융기관이 지는 게 맞다. 그럴 경우 금융기관은 금융소비자의 무지나 실수로 인해 자사에 손해가 발생하지 않도록 시스템 구축을 하게 될 것이다. 또한 보안 취약성으로 인해 여러 문제가 발생하지 않도록 적절한 투자를 할 것이고, 이는 결국 디지털 금융에 대한 신뢰(시스템에 대한 신뢰와 피해 발생 시 보상을 받을 수 있다는 신뢰) 상승으로 이어질 것이다. 그러면 결국 금융기관, 정부당국에게도 이익이 될 수밖에 없다.

신뢰 연구의 대가인 프랜시스 후쿠야마(Francis Fukuyama)는 "신뢰는 사회적 자본으로서 국가 번영을 위해 중요한 요소"라고 주장한 바 있다.[6] 한편으로는 이런 주장이 낡은 견해라는 주장도 있다. 신뢰가 사회 발전의 필수요소는 아니며 기술의 발전으로 신뢰의 중요성이 덜해졌다는 주장이다.

해외 사회학자들이 낮은 신뢰 사회이면서 성공한 국가로 꼽는 대표적인 사례가 한국이다. 물론 그런 측면도 있다. 하지만 아무리 양보해도 금융 분야의 발전은 사회적 신뢰 없이는 불가능하다고 볼 수 있다. 이는 금융 분야의 국가경쟁력 조사에서 매번 한국이 중하위권

에 속하는 낮은 점수를 받는 것을 봐도 알 수 있다.[7]

지금도 그렇지만 미래에는 지금보다도 훨씬 더 많은 것이 연결된 네트워크화된 사회가 될 것이다. 그럴 경우 사회적 신뢰가 높은 국가가 경쟁에서 유리할 수밖에 없다. 신뢰가 부족할 경우 다양한 안전장치가 필요하고 이는 결국 비싼 거래 비용의 발생으로 이어진다. 기술, 법 제도와 더불어 사회적 신뢰는 신뢰 자본으로서 긴밀한 관계를 맺고 있으며 우리 사회가 지속적이고 바람직한 경제발전을 위해 특히 유념해야 할 요소가 아닐까 한다.

2. 금융 서비스를 드라마틱하게 개선하는 AI 핀테크

————————— 금융은 모든 상거래 및 각종 서비스와 깊은 관계를 맺고 있기 때문에 그 중요성이 나날이 커지고 있다. 지금까지 전 세계적으로 수많은 핀테크(Fintech, Finance와 Technology의 합성어) 스타트업이 시장에 등장했으며, 일부는 거액의 투자를 유치하고 대기업에 인수합병되거나 상장에 성공했다.

최근에는 특히 금융산업에서 인공지능을 이용해 금융 서비스의 운영 효율성을 드라마틱하게 개선하는 것에 대한 관심이 커지고 있다. 인공지능을 이용하면 데이터 수집 및 분석, 고객 맞춤화된 제품 기획, 프로세스 자동화 등 여러 측면에서 핀테크를 고도화할 수 있기 때문이다. 최근에는 전략적 의사결정, 소비자 구매 행동 이해, 디지털 거래 경험 개선, 고객 통찰 등에 인공지능을 활용하는 일이 늘어나고 있다.

AI 핀테크의 가장 대표적인 사례는 챗봇(Chatbot)을 통해 금융 상품을 상담하고 더욱 향상된 고객 경험과 고객 서비스를 제공하는 것이다. 인공지능 상담사라 할 수 있는 챗봇을 이용하면, 고객이 과거처럼 대기하지 않아도 되며 고객에게 발생한 문제를 빠르게 해결해 줄 수 있다.

인공지능을 이용하면 스마트폰 금융 앱에서 제공하는 개인화·맞춤화 기능도 크게 향상된다. 고객의 수입과 지출, 재정 상태에 따라 비용 절감 등 개인화된 조언을 제공하고 상품을 추천할 수도 있다. 고객 데이터가 많이 축적되면 이를 통해 고객의 행동을 예측해 고객에게 도움이 되는 제안을 하거나 또는 문제가 발생하기 전에 예방 조치를 취할 수도 있어 금융기관과 사용자 모두에게 이익이 될 수 있다.

금융산업은 특히 큰 법적 책임이 따르는 분야이기 때문에 보안, 규제 측면에서도 고려해야 할 요소가 많다. 금융기관은 사이버 범죄자의 목표가 될 가능성이 높으므로 인공지능을 통한 데이터 분석으로 숨겨진 패턴을 찾아 의심스러운 이상 징후, 새로운 유형의 사기 거래를 빠르게 탐지해 대응함으로써 문제를 예방하거나 완화할 수 있다. 규제 준수를 관리하고 분석, 보고하는 데도 AI 핀테크가 활용된다.

복잡한 서류 없이 기업 대출 가능한 AI 금융 서비스

펀드박스(Fundbox)는 미국 샌프란시스코에 본사를 둔 스타트업으로 소상공인 및 중소기업을 대상으로 대출 및 신용정보를 제공하는 플랫폼이다. 소상공인 및 중소기업의 입장에서 B2B(Business-to-

Business) 거래를 하다 보면 다른 기업에 제품이나 서비스를 판매한 후 대금을 지급받지 못한 외상매출채권을 가진 상황에서 현금이 부족해 자금 회전에 어려움을 겪는 경우가 종종 발생한다.

기존 금융산업에서는 이런 상황에서 제품을 판매한 공급기업이 외상매출채권을 담보로 은행에서 대출을 받고, 구매기업이 만기일에 대금을 결제하여 대출금을 상환하는 외상매출채권 담보대출 제도가 존재한다. 하지만 이를 이용하기 위해서는 복잡한 서류 제출 및 금융기관의 승인 과정과 각종 절차를 거쳐야 한다.

반면에 펀드박스는 "Fund your company's future."라는 슬로건을 내세우며 기존 금융거래 방식을 대폭 개선했다. 외상매출채권을 가진 기업이 펀드박스에 대출을 신청하면 몇 분 내에 결과를 통보받을 수 있으며 다음 영업일에 즉시 금액을 이체해준다. 기업은 몇 가지 기본 정보를 입력하고 사용 중인 회계 소프트웨어 또는 은행 계좌를 펀드박스와 연결하기만 하면 된다. 펀드박스를 이용해도 기업의 신용 점수에 부정적인 영향은 없다.

또한 펀드박스를 이용해 신용 대출을 받을 수도 있다. 소규모 사업체를 운영하다 보면 약간의 추가 현금이 필요한 상황, 또는 제품 판매가 미진하거나 계획되지 않은 긴급한 비용이 발생하는 상황 등 현금 흐름에 문제가 발생할 수 있다. 펀드박스는 이런 기업을 대상으로 간편하고 신속하게 추가 운전 자금을 빌려준다.

기업은 펀드박스에 최대 15만 달러까지 크레딧을 신청할 수 있다. 대출을 신청하면 3분 이내에 결과를 알 수 있으며 다음 날 돈을 인출할 수 있다. 기업은 빌린 돈을 12주 또는 24주 상환 계획에 따라 분할해 상환할 수 있으며 조기상환해도 위약금은 없다. 상환한 금액만큼 사용가능한 크레딧이 보충되는데 이는 마치 마이너스 통장과 흡사한 개념이라고 볼 수 있다.

펀드박스를 이용한 즉시 대출[8]

기존에 자금이 필요한 소상공인이 신용대출을 받기 위해서는 금융기관에 각종 서류뭉치를 제출하고 심사를 기다려야 했다. 그렇게 하고도 불명확한 이유로 거절당하는 경우가 적지 않았으며 진행 절차에 소요되는 시간도 상당해 막상 필요할 때는 대출받기 어려운 경우가 많았다.

펀드박스는 이러한 금융거래 관행을 첨단 기술로 개선하는 데 초점을 맞추고 있다. 펀드박스는 기업고객이 사용하는 회계 소프트웨어와 연동한 후 머신러닝 기반의 데이터 분석을 통해 빠르게 기업의 신용을 판단한다. 이는 전통적인 금융기관과는 완전히 다른 접근방법과 기술을 사용하는 것이다. 이를 위해 펀드박스는 인튜이트(Intuit), 프레시북스(FreshBooks) 등과 같은 주요 회계 소프트웨어 업체들과 파트너십을 맺었다.

펀드박스는 2013년 설립됐는데 성공적인 비즈니스 성장세를 인정받아 알리안츠X(Allianz X, 보험으로 유명한 알리안츠 그룹의 디지털 전문

투자사), 더 프라이빗 쉐어 펀드(The Private Shares Funds), 스파크 캐피털(Spark Capital) 등 여러 투자자로부터 시리즈D 투자까지 총 5억 5,000만 달러 이상의 투자를 유치했다.

펀드박스처럼 핀테크 기반 소상공인 대출 비즈니스를 하는 업체로 렌드쓰라이브(LendThrive), 캐비지(Kabbage), 온덱(OnDeck), 블루바인(BlueVine) 등이 있다. 국내에서는 펀다(Funda)와 같은 업체가 머신러닝 기반 소상공인 매출 데이터 분석을 통해 대출 서비스를 제공하고 있는데, "사모펀드는 개인에게 대출형 투자를 할 수 없다"는 규제로 인해 자금 조달이 쉽지 않아 해외에 비해 그리 활성화되지 못한 상태다.

금융과 신기술의 접목으로 새롭게 열리는 미래의 금융

어드밴스AI(ADVANCE.AI)는 싱가포르를 기반으로 하는 AI 핀테크 스타트업으로, 금융기관 및 기업고객에게 AI 핀테크 플랫폼을 공급하는 것을 주된 사업으로 삼고 있다. 어드밴스AI는 은행 및 금융 서비스, 지불결제, 의료, 여행, 공유경제, 전자상거래, 사물인터넷 등 여러 분야를 지원하고 있다.

어드밴스AI는 여러 AI 서비스를 묶어 제공하는 원스톱(OneStop) 플랫폼을 중심으로 얼굴 인식(얼굴 비교, 검색, 사기꾼 탐지 포함), 신분증 위변조 탐지, 문서 처리(문자 인식, 정보 추출 등)를 통한 자동 회계 등 인공지능 기반 다양한 서비스를 제공한다.

또한 어드밴스AI는 금융기관, 정부기관, 통신기업 등을 대상으로 하는 빅데이터 및 인공지능 컨설팅을 제공한다. 어드밴스AI의 데이터과학 팀이 고객과 함께 이전에 축적된 데이터를 분석·평가하고 비즈니스를 개선할 수 있는 영역을 찾아 솔루션을 제안한다. 잠재고객 파악, 수익 증대, 비용 최적화, 사기 탐지, 위험 관리 등을 위해 다양한 기술을 적극적으로 활용한다.

어드밴스AI의 솔루션을 이용하면 대출 신청자가 신청서를 제출할 때 신원 확인, 고용 여부 확인, 신용 기록 등 데이터에서 불일치를 감지해 사기 여부를 탐지할 수 있다. 이를 위해 딥러닝 기술을 이용하는데 비즈니스 과정에서 축적되는 데이터를 기반으로 학습을 강화함으로써 정확성을 계속 발전시켜 나간다.

어드밴스AI는 리드 생성(Lead Generation) 솔루션도 제공한다. 리드는 '기업이 판매하는 제품에 관심을 가진 소비자'이며, 리드 생성이란 '새로운 리드를 얻는 것'을 의미한다. 리드 생성은 최근 디지털 마케팅의 중요한 관심사 중 하나다. 기업고객은 어드밴스AI의 리드 생성 솔루션을 이용해 데이터 교차 검증을 수행하고 소비자에 대한 통찰력을 얻을 수 있다. 이처럼 어드밴스AI는 인공지능 기술로 기업고객의 데이터에서 소비자의 관심사를 더욱 정확하게 찾아냄으로써 기업고객의 마케팅을 강화한다.

어드밴스AI는 2019년 10월 사업을 인도로 확장하고 벵갈루루와 델리에 신규 지사를 설치했다. 인도는 아시아에서 가장 잠재력이 높은 핀테크 시장이다. 어드밴스AI는 위험 관리, 디지털 대출, 사기 방지, 프로세스 자동화 등에서 두각을 나타내고 있으며 2021년 9월 소프트뱅크 비전펀드2가 주도한 4억 달러의 시리즈D 투자를 유치하기도 했다.

그간 아시아는 북미, 유럽에 비해 상대적으로 금융산업의 발전이 더딘 편이었는데, 최근 금융과 신기술의 결합이 금융산업의 발전을 크게 촉진하는 추세다. 특히 인공지능은 아시아 핀테크 스타트업들이 주로 활용하는 대표적인 기술이다.

2022년 3월 어드밴스AI는 필리핀에서 금융포용성(Financial Inclusion, 개인과 기업이 금융상품과 서비스에 유용하고 편리하게 접근하는 상태)을 높이기 위한 대체 신용점수 모델을 추진한다고 밝혔다. 필리핀에서는 금융 인프라 부족으로 인해 성인의 50% 미만만 신용 기록이 있으며 또한 모든 사람에게 신용점수를 부여할 수 있는 여건도 마련되어 있지 않은 상태다. 하지만 신용도를 파악할 수 없으면 금융 서비스를 제대로 이용할 수 없어 많은 사람이 금융 서비스에서 소외되고 있다.

금융포용성의 확대는 전 세계적인 추세이기 때문에, 앞으로 개인의 소셜미디어 활동 현황, 온라인 거래 내역, 스마트폰 이용습관, 웹 브라우저 데이터 등을 통해 산출한 대체 신용점수를 통해 더욱 많은 금융 취약계층이 금융 서비스를 이용할 수 있을 것으로 기대된다.

보험 업계의 구글이 되려는 핀테크 기업

폴리시바자르(Policybazaar)는 인도의 온라인 보험 스타트업으로 시작해 7억 달러 이상의 투자를 유치하고 2021년 11월 인도 증시에 상장된 아시아의 대표적인 핀테크 기업이다. 2019년 11월 중국의 텐센트가 1억 5,000만 달러를 투자하고 2021년 3월 소프트뱅크 등이 7,500만 달러를 투자해 화제가 되기도 했다. 참고로 한국 IP 주소에서는 폴리시바자르 사이트 접속이 막혀 있다.

폴리시바자르는 인도 최대의 보험 비교 포털로서 보험 업계의 구글로 불린다. 폴리시바자르는 보험이 필요한 소비자가 여러 보험 상품의 가격, 품질, 이점에 대한 정확한 정보를 파악하고 이를 바탕으로 간편하게 보험 상품을 구매할 수 있는 서비스를 제공한다. 폴리시바자르는 사업 초기 주로 보험 상품을 취급했는데, 이후 다양한 금융 상품을 취급하는 방향으로 사업을 확장했다. 폴리시바자르는 생명보험, 건강보험, 자동차보험을 비롯해 자녀, 은퇴를 대비하는 투자 상품도 취급한다. 또한 절세를 위해 가장 효과적인 금융 상품을 추천하는 서비스도 제공한다.

폴리시바자르는 다양한 보험 및 투자 상품을 간단히 비교할 수 있는 서비스를 기본으로 상품을 구매, 관리, 공유할 수 있는 기능도 제공한다. 앱을 통해 모든 구매 내역과 신용 및 재무 점수를 확인할 수 있고 보험을 청구하거나 갱신하는 기능도 제공한다. 즉, 폴리시바자르 앱 하나로 여러 금융기관의 다양한 금융 상품을 구매, 관리, 갱신하는 토털 금융 서비스를 제공하는 것이다.

폴리시바자르는 2017년을 기점으로 거래 건수가 대폭 증가했는데, 흥미로운 점은 고객과의 전화 상담을 처리하는 시스템에 아마존의 클라우드를 활용하고 있다는 점이다. 폴리시바자르가 이용하는 '아마존 폴리(Amazon Polly)'는 딥러닝을 사용해 텍스트를 음성으로 재생해주는 TTS(Text-to-Speech, 음성합성) 서비스를 제공한다. 기존 TTS가 기계음으로 고객에게 불쾌함을 유발했다면 아마존 폴리는 고급 딥러닝 기술로 실제 사람과 흡사한 음성합성을 제공해준다.

폴리시바자르는 2017년부터 고객과의 상담에 챗봇도 활용하고 있다. 피비(PBee)라는 이름의 챗봇은 구글의 '다이얼로그플로우(Dialogflow)' 기술로 만들어졌다. 다이얼로그플로우는 음성 및 텍스트 기반 대화 인터페이스를 구축하는 데 사용하는 AI 플랫폼이다. 다이얼로그플로우를 활용하면 자연어를 이해하는 챗봇을 비교적 손쉽게 만들 수 있다. 이 기술은 안드로이드폰, 구글 홈 등에 탑재된 구글 어시스턴트에도 사용되고 있으며 컴캐스트, 도미노피자, 메르세데스-벤츠 등 여러 기업의 챗봇 개발에도 활용됐다.

금융 사기 및 각종 금융 범죄를 탐지하는 인공지능 시스템

피처스페이스(Featurespace)는 '적응형 행동 분석(Adaptive Behavioral Analytics)' 분야를 선도하고 있는 유망 핀테크 스타트업 중 하나다. 피처스페이스의 시스템은 금융 데이터를 실시간으로 모니터링하면서 이상한 점을 찾아내고 기존에 알려지지 않은 새로운 금융 사기, 자금 세탁, 기타 의심스러운 활동을 탐지한다. 기존에 파악된 패턴뿐만 아니라 새로운 패턴을 발견해내기 때문에 '적응형'이라는 용어를 사용한다.

피처스페이스의 시스템은 영국 케임브리지 대학에서 개발한 머신러닝 소프트웨어를 기반으로 하고 있다. 피처스페이스의 시스템은 이상 행동을 탐지하기 위해 복잡한 행동 데이터를 분석하는데, 특히 머신러닝을 기반으로 경고의 우선순위를 지정하고 의심스러운 활동을 실시간으로 탐지한다는 측면에서 경쟁력이 있다. 이를 통해 위험을 자동으로 식별하고, 정상적인 고객 활동은 거절하지 않으면서 새로운 사기 공격을 차단한다.

피처스페이스의 시스템은 인공지능의 학습을 기반으로 하는 적응형이기 때문에 데이터가 많이 공급될수록 정확도가 높아지고 운영 효율성이 개선되는 특징을 갖고 있다. 피처스페이스의 시스템은 해당 분야에서 세계 최고 수준으로 평가받고 있다. 현재 피처스페이스는 영국, 유럽, 미국, 남미 등 여러 지역의 금융기관과 협력해 서비스를 제공하고 있다. 이 같은 성공을 바탕으로 피처스페이스는 2008년 설립 이후 인사이트 파트너스(Insight Partners), 하이랜드 유럽(Highland Europe) 등 여러 투자자로부터 1억 달러가 넘는 투자를 유치했다.

피처스페이스는 7가지 머신러닝 솔루션으로 구성된 자사의 적응형 행동 분석 시스템을 'ARIC 리스크 허브(Risk Hub)'라고 명명하고 다양한 신종 금융 범죄로 인해 어려움을 겪고 있는 금융기관들에 서비스를 제공하고 있다. 피처스페이스는 자사의 서비스가 기존 방식보다 약 70%가량 개선되었으며, 이를 통해 사기 및 각종 금융 범죄로 인해 발생하는 비용의 상당 부분을 절감할 수 있다고 주장한다.

지금까지 주목할 만한 서비스와 사례를 통해 디지털 기술, 그중에서도 특히 인공지능으로 인한 금융산업의 변화에 대해 살펴보았다. AI 핀테크는 대출 결정, 고객 지원, 사기 탐지, 신용 위험 평가, 보험, 자산 관리 등 여러 분야에서 비즈니스 효율성과 고객 만족을 동시에 달성하고자 한다.

앞서 살펴본 펀드박스, 피처스페이스 등은 국내에 거의 알려지지 않았으나 해외에서는 상당한 주목을 받는 핀테크 기업들이다. 이들은 기존 금융기관이 갖고 있지 못한 첨단 기술을 공급하거나 또는 금융소비자와 여러 금융기관을 연계하는 서비스 플랫폼이 되는 전략으로 업계를 공략하고 있다. 전자든 후자든 기존 금융기관이 부족하거나 하기 어려운 분야를 공략한다는 점에서 주목할 필요가 있다. 특히 인공지능을 활용한 금융산업의 혁신은 이제 막 시작된 수준에 불과하기 때문에 앞으로 더욱더 혁명적인 변화를 경험하게 될 것으로 기대된다.

3. 디지털 금융 시대의 돈: 가상자산, 디파이, 중앙은행 디지털화폐

———————— 가상자산(Virtual Asset)에 대해 자금세탁방지국제기구(FATF)는 '거래가 가능하고 결제 또는 투자 목적으로 사용할 수 있는 디지털화된 가치수단'이라고 정의하고 있다. 국제통화기금(IMF), 유럽은행감독청(EBA), 유럽증권시장감독청(ESMA)은 '암호화와 블록체인 기술을 기반으로 하는 금융자산'으로 정의했다.

가상자산에 대해 부정적이며 전혀 가치가 없어 규제돼야 한다고 밝힌 바 있는 유럽중앙은행(ECB)은 '금융청구권, 금융부채, 재산권을 보유하지 않으며 디지털 형태로 기록되는 새로운 유형의 암호화된 자산'으로 정의했다.[9] 이들 정의를 종합해서 가상자산을 간략히 표현하면 '암호화·블록체인 기술을 기반으로 하는 디지털 금융자산'이라 할 수 있다.

이처럼 가상자산이라는 용어는 국제적으로 합의된 명확한 표준 정의가 없기 때문에 사용하는 맥락에 따라 서로 다른 의미를 지닐 수 있으며, 국가와 시장 환경에 따라 아예 다른 용어를 사용하기도 한다.

현재 업계와 학계에서는 가상자산을 비롯해 암호화폐 (Cryptocurrency), 디지털자산(Digital Asset), 암호자산(Crypto Asset), 가상화폐(Virtual Currency), 암호토큰(Crypto Token) 등 다양한 용어가 사용되고 있다.

일반적으로 암호화폐가 업계와 학계에서 가장 많이 쓰이는 용어다. 대중은 가상화폐라는 용어를 주로 사용하고 익숙한데, 가상이라는 단어가 '실체 없음'의 느낌이 들어 업계에서는 그리 선호하지 않는 편이다. 우리 정부와 한국은행은 '화폐'라는 단어 사용을 극도로 경계해 가상자산이라는 용어를 사용한다. 여기에서는 가장 포괄적인 표현이라 할 수 있는 가상자산이라는 용어를 주로 사용하겠다.

메인넷 보유 여부에 따라 코인과 토큰을 구분한다

가상자산은 자체 메인넷(Mainnet, 독립적인 블록체인 네트워크 플랫폼) 보유 여부에 따라 그 성격을 구분할 수 있다. 먼저 메인넷에 대해 살펴보면, 메인넷에는 비트코인(BTC), 이더리움(ETH), 퀀텀(QTUM), 리플(XRP), 네오(NEO), 이오스(EOS), 클레이튼(KLAY) 등이 있다. 이 중 클레이튼은 카카오 자회사 그라운드엑스에서 만든 국산 메인넷이다.

원래 메인넷은 테스트넷(Testnet, 실제 가동 전에 실험해보는 일종의 베타 테스트 단계)과 대비되어 실제 사용자에게 배포하는 버전의 네트워크를 뜻하는 용어였다. 테스트넷을 통해 부족한 부분과 문제점을 확인하고 수정 과정을 거쳐 정식 메인넷을 출범하게 되는 것이다.

이와 같은 맥락에서 해외에서는 독자적인 블록체인 네트워크의 하위 개념으로 메인넷, 테스트넷이라는 용어가 사용되는 반면에, 국내에서는 메인넷이 독자적인 블록체인 네트워크를 뜻하는 용어로 사용되고 있어 개념상 차이가 있다. 또한 국내에서도 전문가에 따라 다른 주장들이 존재한다.

이처럼 블록체인 기술과 관련해서는 국제 표준 정의가 불분명한 상태에서 업계, 학계, 지역, 전문가, 커뮤니티에 따라 여러 다른 주장과 견해가 존재하는 데다, 그것 또한 계속 역동적으로 변하고 있다. 그러므로 과거와 현재를 최대한 객관적으로 다양성의 관점에서 파악하고, 그것을 기반으로 미래의 '가능성'을 판단할 수 있을 뿐이다. 절대적인 진리라고 할 게 없는 분야가 바로 블록체인과 가상자산 업계다. 여기에서는 국내와 해외 현황을 종합적으로 판단해 하나의 기본적인 가이드를 제공하고자 한다. 다시 메인넷과 관련된 얘기로 돌아가 보자.

다른 블록체인 네트워크에 종속되지 않고 자체 메인넷을 기반으로 독립적인 생태계를 구성하고 있는 가상자산을 '코인(Coin)'이라고 한다. 이처럼 코인은 단독적이고 독립적인 블록체인 네트워크와 결합돼 있다. 반면에 자체 메인넷 없이 다른 블록체인 네트워크상에서 특정 용도로 사용하기 위해 만들어진 가상자산을 '토큰(Token)'이라고 한다. 예를 들면, 이더리움 생태계에는 특정 비즈니스 목적에 따라 애플리케이션별로 다양한 토큰이 존재한다.

코인은 상이한 블록체인 네트워크와 고유의 작동 방식에 따라 구축되어 있기 때문에 가상자산 거래소를 통해 교환되어야 하는 반면에, 동일한 블록체인 네트워크에 기반해 만들어진 토큰들은 내부 애플리케이션을 통해 교환이 가능하다.

그런데 이처럼 코인과 토큰을 기술적으로 구분할 수 있다고 하더라도, 실제로는 코인과 토큰을 혼동해 사용하는 경우가 많으므로 그런 현실을 감안해 이해할 필요가 있다. 모든 사람이 기술 원리를 이해하고 코인, 토큰이라는 용어를 사용하고 있는 것은 아니기 때문이다.

가상자산이 '디지털 금(Gold)'이라는 주장

가상자산은 컴퓨터 저장공간에 디지털 형태로 존재하는데 이는 기존 금융기관에 보관 중인 주식, 예금, 채권 등과 크게 다르지 않다. 해당 자산들도 사실은 실물이 아니라 디지털 형태로 해당 금융기관의 데이터베이스에 기록되어 있기 때문이다. 하지만 가상자산은 디지털로 기록된 금융자산일 뿐만 아니라 중요한 특징이 하나 있다.

그것은 자산의 소유권을 증명하기 위해 의존하는 법적 실체나 금융기관이 없으며, 모든 것이 블록체인 네트워크의 알고리즘에 의해 처리된다는 것이다. 가상자산의 소유권, 거래내역은 특정 금융기관의 컴퓨터가 아니라 블록체인 네트워크에 참여한 수많은 컴퓨터에 의해 처리되고 동기화되어 저장된다. 앞서 블록체인 설명에서 살펴본 것처럼, 가상자산에 대한 기록을 저장하는 공간이 바로 블록이고 그것이 체인으로 연결되어 있어 블록체인이라고 한다.

가상자산은 사용 목적에 따라 다음과 같은 몇 가지 유형으로 구분된다.

- **플랫폼 코인**(Platform Coin): 초기 블록체인 기술을 이용한 비트코인이 단지 거래 정보만 저장할 수 있었던 것과 달리, 이를 개선하여 거래 정보뿐만 아니라 스마트 계약, 디앱 개발 등에 이용할 수 있도록 만들어진 블록체인 플랫폼에서 사용되는 가상자산
- **결제 코인**(Payment Coin): 상거래에서 상품이나 서비스의 대가로 지불하는 결제수단으로 사용하기 위해 만들어진 가상자산
- **스테이블 코인**(Stable Coin): 가상자산은 높은 가격 변동성의 문제로 인해 일상에서 사용하기 곤란한데, 이런 문제를 해결하고자 달러와의 연동 등의 방법으로 가치가 거의 변동되지 않고 안정적으로 유지되도록 설계된 가상자산
- **유틸리티 토큰**(Utility Token): 게임, 메타버스, 콘텐츠 등 서비스에서 사용하는 가상자산으로, 하나의 서비스를 위해 블록체인 플랫폼을 만드는 것은 비효율적이기 때문에 주로 이더리움 디앱으로 개발되는 경우가 많음
- **증권형 토큰**(Security Token): 자금 조달을 목적으로 하는 증권 속성을 가진 토큰으로 시세 차익, 배당 등 약정된 수익조건을 가진 가상자산

가상자산은 가치 저장소나 교환 매체로 만들어졌지만, 실제 상거래에서의 결제는 오랫동안 활성화되지 못했다. 결제가 가능한 매장이 극소수라는 이유도 있겠지만, 그보다 본질적인 이유는 가상자산이 지닌 높은 변동성으로 인해 물품을 구입하는 시점과 결제하는 시점의 짧은 시간차에도 가치가 달라질 수 있어 상거래에 적합하지 않기 때문이라고 볼 수 있다.

이에 대해 가상자산 옹호자들은 가상자산을 이용해 즉각적으로 결제하는 게 어렵다고 해서 큰 문제가 되는 것은 아니며, 금 또한 즉각적으로 사용할 수 없지만 가치 저장소로서 오랫동안 지위를 유지하고 있는 것처럼 가상자산도 금과 같은 성격을 띠고 있다고 주장한다.[10]

가상자산의 원조는 익히 알려진 비트코인(Bitcoin)이다. 2008년경 글로벌 금융위기 상황에서 중앙집중적으로 작동하는 기존의 전통적인 금융시스템과 규제당국에 대한 반감으로 등장했다. 비트코인의 경우 높은 변동성에도 불구하고 10년간의 추이를 보면 결과적으로 그 가치가 크게 상승한 게 사실이다.

문제는 이것이 앞으로도 계속 이어질 것인가 하는 점이며 여전히 의구심은 사라지지 않고 있다. 또한 투기성이 매우 높다는 사실도 여전하다. 가상자산이 디지털 금이 될 수 있는 잠재력이 있다고 하더라도, 그것을 확신하기에는 여전히 데이터가 부족하며 가상자산을 경험하고 연구한 기간이 너무 짧다. 즉, 가상자산의 특성을 이해하고 가치를 증명하기 위해서는 시간이 더 필요하다고 볼 수 있다. 지금은 어떤 장밋빛 비전도 그저 비전일 뿐이다.

유틸리티 토큰은 특정 서비스에서 사용하는 가상자산이기에, 만일 해당 서비스가 활성화되고 토큰을 이용할 정도로 충성스러운 고객층을 확보하고 있다면 성공할 가능성이 있다. 유틸리티 토큰의 대표적인 사례로 P2E(Play to Earn, 놀면서 돈 벌기) 게임을 꼽을 수 있다.

국내 유명 게임사 위메이드는 자사가 개발하고 서비스하는 글로벌 버전의 온라인 게임 미르4에서 드레이코(DRACO)라는 명칭의 유틸리티 토큰을 선보였다. 유저가 게임을 하면서 드레이코를 획득하고 이를 이용해 게임 내에서 사용하는 아이템을 구매할 수 있도록 한 것이다. 하지만 드레이코에서도 역시 가격 급락, 과공급, 매크로 증가 등으로 인해 여러 문제가 발생했다.

여전히 이러한 유틸리티 토큰의 성패를 논하기는 아직 이르다. 앞으로 여러 기업에서 자사의 서비스와 결합된 유틸리티 토큰(코인이라고 표기하는 업체도 있다)을 선보일 예정이기에 운용 결과를 보고 검증할 필요가 있다.

왜 대부분의 코인이 실패하거나 사기로 끝나는 것일까?

중앙집중적인 금융시스템과 규제당국에 대한 의존성을 제거하는 것, 이것이야말로 블록체인과 가상자산 분야에서 가장 중요하게 생각하는 근본적인 신념과 같은 것이다. 사실 가상자산의 모든 빛(비전)과 그림자(사기)가 여기에서 비롯된다고 볼 수 있다.

코인이 메인넷을 기반으로 한다는 점을 좀 더 깊게 살펴보자. 다른 블록체인 네트워크에 종속되지 않는 독자적인 플랫폼을 갖고 있다는 것은 자신만의 생태계를 구축할 수 있다는 점에서 그 자체로 무한한 가능성을 갖고 있어 꽤 매력적이라고 볼 수 있다.

하지만 진짜 현실로 들어가 보면, 실행력 없이 환상적 비전만 내세운 메인넷이 엄청나게 많고 비슷한 수준의 메인넷들이 치열하게 경쟁하기 때문에 압도적인 실행력과 위험관리 없이 독립적인 메인넷을 성공시키는 건 몹시, 아주 몹시 어려운 일이다. 당연하게도 메인넷이 실패하는데 그에 기반한 코인이 성공할 수는 없는 노릇이다.

대부분의 코인이 실패로 끝나거나 사기로 판명되는 이유가 바로 여기에 있다. 환상적인 비전에도 불구하고 그것을 뒷받침하는 실행력과 위험관리 역량이 없는데, 이것은 결국 시작부터 실패할 운명이 예고된 것과 마찬가지라고 볼 수 있는 것이다.

또 다른 이유도 있다. 가상자산의 시작인 비트코인에서 보듯이, 대부분의 가상자산은 여러 개발자가 협업해서 개발하는 오픈소스 방식으로 만들어졌다. 오픈소스이기 때문에 누구든지 코드를 살펴보거나 복사해 이용할 수 있다. 그에 따라 특별한 개선점도 없으면서 명칭만 다른 수많은 가상자산이 등장했고, 결국 수만 개에 달하는 가상자산이 시장에 난무하게 됐다. 고만고만한 수만 개의 가상자산 중 극히 일부만 생존할 것이라 보는 것은 충분히 합리적인 예측이다.

가상자산이 지닌 높은 변동성 문제를 해결하고자 스테이블코인이 등장했지만, 2022년 5월 테라폼랩스(개발자 권도형과 티몬 창업자 신현성이 함께 설립한 기업)의 스테이블코인 테라(UST)와 자매 코인 루나

(LUNA) 사태가 터졌다. 사람들은 스테이블코인이 단어 자체의 의미처럼 안정적일 것으로 생각했지만, 그러한 믿음에 커다란 손상이 발생했고 가상자산 전반에 대한 불신이 증대됐다.

테라루나 사태의 교훈은 가상자산이 중앙집중적인 금융시스템과 규제당국에 대한 불신을 강조하고 의존성을 벗어나는 것의 가치(금융의 민주화)를 설파하고 있지만, 이것이 한편으로는 가상자산 분야가 아마추어와 사기꾼들의 놀이터가 됐고 투자자들이 어떠한 법적 보호도 받지 못한다는 사실을 명백히 증명했다는 점이다.

이처럼 법적 규제와 투자자 보호 장치가 미비한 상태에서 가상자산 업계에서는 많은 문제가 발생했고 앞으로도 발생하겠지만, 가상자산 시장 자체가 완전히 사라질 가능성은 거의 없어 보인다. 미국

루나 코인은 48시간 만에 99% 가치가 하락해 0.0002달러가 됐다[11]

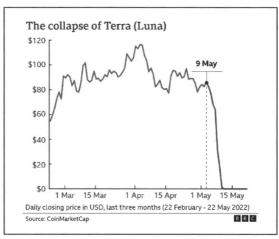

에서 두 번째로 큰 대형 은행 뱅크오브아메리카(Bank of America)는 보고서를 통해 "가상자산은 성장의 잠재성과 변동의 위험성을 동시에 지닌다"면서 가상자산의 잠재력을 여전히 믿고 있다고 밝혔다.[12]

하지만 거래량 기준 세계 2, 3위에 해당하는 대형 가상자산 거래소 FTX가 2022년 11월 파산 신청을 하면서 가상자산 분야는 또다시 시험대에 놓이게 됐다. 더욱이 이번 사태는 시장 불황이나 불가피한 상황 때문이 아니라, 고객이 맡긴 자산을 마음대로 유용한 위법 행위로 인한 문제라서 더욱 파장이 클 수밖에 없다. 신뢰를 강조하며 성장한 가상자산 업계가 불신의 산실이 된 것이다.

종합적인 가상자산 트렌드를 보면, 가상자산 시가총액은 극심한 변동성을 보이면서 상승과 하락을 반복하고 있으며 가상자산의 시장 상황에 따라 개인 투자자는 물론이고 금융기관도 가상자산에 대한 관심과 투자 태도를 계속 바꾸어 왔다는 사실을 알 수 있다.

골드만삭스(Goldman Sachs), 씨티은행(Citibank), UBS, 모건스탠리(Morgan Stanley) 등과 같은 대형 글로벌 금융기관들은 여러 가상자산 기업에 수억 달러에 달하는 투자를 집행한 상태다. 글로벌 가상자산 펀드의 운용자산은 지난 수년간 계속 증가하는 추세에 있다.

앞으로 가상자산에 대한 기존 금융기관의 투자와 사업 진출이 늘어나고 가상자산 업계와 기존 금융기관과의 협업이 늘어나면서, 즉 가상자산 업계가 제도권으로 편입되면서 투자자 보호와 같은 중요한 문제들이 점차 해결될 것으로 전망된다. 전통적인 금융기관에 대한 반감으로 만들어진 가상자산이 전통적인 금융기관과의 연계로 생존 가능성이 높아진다는 점은 아이러니하다고 볼 수 있다.

이처럼 가상자산은 다양한 측면을 갖고 있다. 디지털 금의 잠재력을 가진 동시에, 가상자산의 상당수는 결국 사업적으로 실패했거나 디지털 사기로 판명되고 있다. 그렇다고 가상자산 전체를 사기로 보는 것은 합리적인 견해가 아니다. 가상자산의 미래는 유동적이며 잠재적 가능성과 리스크로 판단할 수 있을 뿐이다.

가상자산을 둘러싼 여러 잡음과 문제점에도 불구하고 블록체인과 가상자산은 기술적 유의미함 및 비즈니스 잠재력을 가진 게 사실이며, 그중 일부(어쩌면 극히 일부)는 대중화에 성공해 우리 삶에 커다란 영향을 미칠 가능성이 있다. 블록체인과 가상자산에 비판적인 사람들도 있는 반면에, 금융산업에 상당한 변화를 가져올 것이라고 믿고 그런 미래를 위해 노력하는 사람들도 적지 않다. 그렇기 때문에 우리는 계속 가상자산을 지켜보면서 그 미래를 가늠해볼 필요가 있는 것이다.

금융기관 없이 금융거래 가능한 디파이의 잠재력과 위험성

디파이(DeFi)는 탈중앙화 금융(Decentralized Finance)의 약자로, 블록체인을 기반으로 가상자산을 이용하는 분산화된 금융 서비스를 뜻한다. 기존 금융기관 없이 다양한 금융 서비스를 이용할 수 있다는 점에서 관심을 받고 있다. 가상자산에 투자하는 개인과 기관투자자가 증가하면서 가상자산 시장에 유동성이 풍부해졌고, 그에 따라 다양한 디파이 서비스들이 등장하게 됐다.

기존에는 은행, 증권사, 보험사처럼 중개를 담당하는 금융기관을 중심으로 금융 서비스의 제공과 금융 거래가 이뤄졌지만, 디파이 서비스를 이용하면 이더리움의 디앱과 같은 프로그래밍이 가능한 블록체인의 애플리케이션을 통해 금융기관의 중개 없이 금융 거래가 가능하다. 디파이 서비스는 예치, 대출, 파생상품, 보험 등 다양한 영역으로 계속 확대되는 추세다.

- **예치:** 디파이 서비스에서 가장 큰 비중을 차지하고 있으며, 가상자산을 디파이 서비스에 예치하면 높은 이자(보통 10~20%)나 거래 수수료의 일부를 보상으로 제공하는데 이를 '이자 농사(Yield Farming)'라고도 부름
- **대출:** 신용조회나 승인 없이 대출이 가능하며, 가상자산을 담보로 맡기고 스테이블 코인을 즉시 지급받을 수 있음
- **가상자산·파생상품 거래:** 기존 방식에 비해 거래 수수료가 상대적으로 낮은 디파이 서비스를 통해 상장되지 않은 가상자산이나 파생상품 거래가 가능함
- **보험:** 보험사와 가입자가 디파이 서비스를 통해 직접 거래할 수 있는데, 가입자는 스테이블 코인으로 보험료 납부가 가능하며 보험금 청구와 수령이 자동화되어 있음

디파이 시장 규모는 2018년 2.8억 달러에서, 2021년 11월 1,075억 달러로 정점을 찍고, 2022년 6월 490억 달러 규모가 됐으며, 향후 디파이에 대한 기관투자자들의 관심이 커진다면 시장 규모가 최대 1조 달러까지 커질 것으로 전망됐다.[13]

디파이 서비스에서는 중개 역할을 담당하는 별도의 금융기관이 없기 때문에 이용자 간 신뢰를 보증할 수 있는 시스템이 중요하며, 이를 위해 이더리움의 스마트 계약을 주로 사용한다. 스마트 계약은 이더리움 플랫폼의 중요한 장점 중 하나로, 특정 조건이 충족되면 자동으로 계약이 실행되도록 구현되어 있다.

디파이 서비스에서는 안정적인 서비스 제공을 위해 달러와 같은 법정화폐와 연동하거나 가상자산을 담보로 발행된 스테이블 코인을 거래수단으로 활용한다. 특히 디파이 서비스는 전통적인 금융기관과 달리 신용평가와 같은 절차가 없고 거래 수수료 등 비용을 절감할 수도 있어, 전통적인 금융기관의 이용이 어려운 개인에게는 특별한 의미를 지닐 수 있다. 하지만 상품 안전성이 부족하고 규제가 없거나 미비한 상태라서 해킹 발생 시 책임 소재가 불분명하고 사고 발생 가능성이 높다는 단점도 존재한다.

테라루나 사태와 글로벌 경기침체의 영향으로 가상자산과 디파이에 투자하던 대형 헤지펀드 쓰리애로우캐피털(3AC)을 비롯해 미국 최대 가상자산 대출업체 셀시우스네트워크(Celsius Network), 가상자산 중개업체 보이저디지털(Voyager Digital), 가상자산 대출 데이터센터 운영업체 컴퓨트노스(Compute North), 국내 1세대 블록체인 벤처

캐피털 블록워터캐피털 등 디파이와 연관된 여러 업체가 파산했다.

한때 170만 명의 고객을 보유했던 셀시우스네트워크는 파산 직전 CEO와 CSO가 최소 1,700만 달러가 넘는 가상자산을 현금화한 것으로 법원 기록에서 확인됐다. 셀시우스네트워크는 2022년 5월까지만 해도 30억 달러의 기업가치로 6억 9,000만 달러의 투자를 유치했으며, 6월 파산 직전까지 기존 금융기관의 '안전한 대안'이라고 홍보하면서 17%의 이자를 이더리움으로 지급하는 상품을 팔았다.[14]

하지만 테라루나 사태로 인해 가상자산에 대한 불신이 급증하며 뱅크런(Bank-run, 예금자들이 돈을 찾기 위해 일거에 몰려드는 사태)이 발생했고 유동성 위기가 발생하면서 결국 파산했다. 셀시우스네트워크는 고객들에게 47억 달러 규모의 빚을 지고 있는 것으로 나타났다.

이처럼 디파이는 그 잠재성에도 불구하고 위험성이 몹시 큰 상태로, 향후 디파이 시장의 안정화와 적절한 규제 도입 여부를 보면서 서비스 이용 여부를 판단하는 게 합리적이라고 봐야 할 것이다.

중앙은행 디지털화폐: 공론화되기 시작한 미래 화폐

2010년대 중반 비트코인과 암호화폐 기술이 주목받으면서, 2015년 영국 중앙은행이 CBDC(Central Bank Digital Currency, 중앙은행 디지털화폐)라는 용어를 최초로 사용했다. IMF, BIS 등의 국제기구는 CBDC 용어를 명칭 그대로 '중앙은행이 발행하는 디지털 형태의 화폐'로 정의하고 있다. CBDC는 국가 차원의 정책 사안이기 때문에 여기에서는 한국은행 디지털화폐 연구팀의 공식 보고서와 유럽중앙은행(ECB)의 공식 견해를 중심으로 살펴보도록 하겠다.[15] [16]

2015년 이후 세계 각국의 중앙은행이 CBDC 연구에 들어간 상태인데 그 배경으로 현금 이용의 감소세, 디지털 경제의 가속화, 가상자산과 스테이블 코인의 등장 등을 꼽을 수 있다. 특히 각국 중앙은행은 민간 스테이블 코인의 확산에 대한 정책 대응의 일환으로 CBDC 도입의 필요성을 거론하고 있다. 만일 전 세계적으로 통용 가능한 스테이블 코인이 실물 및 금융 전반으로 확산되는 경우에는 각국의 금융시스템과 중앙은행에 상당한 영향을 미칠 가능성이 높기 때문이다.

하지만 중앙은행이 지닌 특유의 보수성과 신중함으로 인해, 수년째 외부적으로는 CBDC 도입의 필요성이 크지 않으며 실제 발행과 무관한 순수한 연구 목적이라는 점을 강조하는 경우가 대부분이다. 다만 기존 금융 인프라가 미비한 일부 신흥국(바하마, 동카리브, 나이지리아 등)에서는 CBDC를 도입하거나 시범 발행을 하려는 움직임이 나타나고 있다.

주요국의 현황을 살펴보면 한국을 비롯해 EU, 일본, 러시아 등은 CBDC에 대한 모의실험을 추진 중이며 미국, 영국, 캐나다, 호주, 노르웨이 등은 핵심 중장기 과제로 인식하고 기초연구를 진행 중이다. 중국은 CBDC 시범운영을 통해 주요국 중 최초로 도입 가능성을 보이는 상태다.

유럽중앙은행은 2023년 가을까지 '디지털 유로 프로젝트'의 조사

단계를 진행한다. 유럽중앙은행은 사람들의 지불 방식이 점점 더 디지털화되고 파괴적인 변화를 겪고 있어, 시대에 맞게 재정적 안정성을 보장하려면 중앙은행 통화에 쉽게 접근할 수 있어야 하는데 이를 위해 디지털 유로를 개발하는 것이라고 밝혔다.

크리스틴 라가르드(Christine Lagarde) 유럽중앙은행 총재는 "디지털 유로는 익명성을 추가한 CBDC로 설계됐으며, 발행 주체인 중앙은행은 수집된 데이터를 사용하지 않고 유럽 시민들의 개인정보 보호를 최우선시할 것"이라고 밝혔다. 또한 디지털 유로 중개자에 기존 은행들이 포함되지만, 디파이는 포함하지 않는다고 설명했다.

유럽중앙은행은 디지털 화폐가 많은 사람에게 금융 혁신 및 금융 포용성(Financial Inclusion, 금융포용 또는 포용금융이라고도 한다)을 위한 풍부한 기회를 제공하지만, 한편으로는 다음과 같이 적어도 3가지 위험을 내포하고 있다고 밝혔다.

첫째, 현금 사용이 줄어들면 유로 자체에 대한 신뢰가 손상될 수 있다. 특히 다른 주요국이 국경 없이 사용할 수 있는 CBDC를 도입하고 이것이 유럽에까지 확산될 경우에는 더욱 그럴 수 있다.

둘째, 디지털 환경에서 안전하고 위험하지 않은 디지털 지불에 대한 사람들의 요구는 민간 부문에서 충족되어야 하는데, 민간 부문이 강력한 중앙은행 화폐의 역할을 수행할 수는 없는 노릇이다. 또한 민간 부문이 난립하면 무엇이 화폐인지에 대한 혼란이 야기될 수 있다.

셋째, 민간 부문의 디지털 금융 서비스는 소수의 빅테크(Big Tech,

첨단 기술을 기반으로 사업하는 대형 IT 기업) 플랫폼이 지배하는 경향이 있다. 빅테크는 기존의 대규모 고객 기반을 통해 빠르게 사업을 확장할 수 있지만 더불어 시장 남용행위의 위험을 증가시킨다. 또한 빅테크 대부분은 유럽이 아닌 곳에 본사가 있기 때문에 유럽 결제 시장이 비유럽 기술에 의해 지배될 가능성이 커진다.

결국 이러한 위험성을 고려해 유럽중앙은행은 유럽 자체적으로 안정적이고 신뢰할 수 있는 지불 시스템을 구축해야 하며 이를 통해 디지털 시대에 중앙은행 화폐의 역할을 유지해야 한다고 주장한다. 더불어 디지털 유로가 유럽인 일상 생활의 일부가 되어야 하며 추가적인 가치를 제공하기 위해 프로젝트를 진행 중이라고 밝혔다.

그런데 아이러니하게도 유럽중앙은행은 2022년 9월 디지털 유로의 프로토타입 개발에 미국 아마존을 포함한 5개 기업을 선정했다. 아마존은 유로를 디지털화하는 작업을 수행할 예정이다. 유럽중앙은행은 빅테크의 지배력에 대항하기 위해 디지털 유로를 만든다고 밝혔는데, 한편으로는 빅테크에 의존할 수밖에 없는 현실을 반영한 것이라고 볼 수 있다.

CBDC와 관련해서는 운영 구조를 어떻게 가져갈 것인가, 기술적으로 중앙집중형 서버 또는 블록체인 방식 중 어떤 것을 선택할 것인가, 익명성을 어느 정도까지 제공할 것인가, CBDC 발행 근거에 대한 법적 기반을 어떻게 마련할 것인가 등과 같은 중대한 여러 이슈가 존재한다. 하지만 주요국 중앙은행들 대부분이 이에 대해 연구만 하고 있을 뿐 최종적인 결론은 나오지 않은 상태다. 아직 CBDC

도입 결정조차 이뤄지지 않은 상태이지만, 도입 결정을 하더라도 실제 발행까지는 상당한 시간이 소요될 것으로 전망된다.

디지털 유로의 핵심 원칙을 통해 CBDC의 가야 할 방향을 이해하자

마지막으로 CBDC가 가야 할 방향을 이해하기 위해 유럽중앙은행이 공식적으로 밝힌 '디지털 유로의 핵심 원칙'을 살펴보자. 앞으로 한국은행을 비롯해 여러 중앙은행이 이를 참고해 원칙을 만들 것으로 예상된다. 유럽중앙은행이 디지털 유로 프로젝트에서 최우선으로 삼고 있는 3가지 핵심 원칙은 다음과 같다.

첫째, 사용자의 요구(폭넓은 수용, 사용 편의성, 저렴한 비용, 빠른 처리, 보안 및 소비자 보호 등)에 부응해야 한다.

둘째, 디지털 결제에 대한 접근이 제한된 사람들에게 혜택을 주어 재정적 통합을 지원해야 한다.

셋째, 강력한 개인정보 보호를 제공하고 사람들이 공개할 정보의 양을 선택할 수 있어야 한다.

중앙은행은 시민의 이익을 위해 화폐 및 지불 시스템의 무결성(Integrity, 일관성 있는 실현)을 제공할 책임이 있다. 디지털 경제에서 화폐의 성격과 형태는 변할 수밖에 없으며, 중앙은행은 이에 대응하기 위해 CBDC를 신중하게 설계하고 충분한 안전장치를 만들어 점진적으로 도입함으로써 올바른 공익적 역할을 수행해야 할 것이다.

4. 디지털 창작물의 소유권을 증명하는 NFT

———————— 디지털 콘텐츠는 무한 복제가 가능한 데다 소유권을 증명하기도 어렵다. 하지만 블록체인 기술에 기반을 둔 NFT(Non-Fungible Token, 대체불가능토큰)를 이용하면 특정 디지털 콘텐츠에 대한 소유권과 작품 정보를 저장하고 거래할 수 있다. 이를 통해 그림, 영상, 음악 등 다양한 무형 창작물을 NFT로 거래할 수 있는 서비스들이 등장했다.

NFT를 통해 창작물을 '토큰화'한다는 것은 디지털 인증서로 창작물의 소유권을 증명하고 거래할 수 있다는 뜻이다. 토큰이란 화폐 대신 사용할 수 있는 동전처럼 생긴 주조물로, 카지노 칩이나 90년대에 사용된 버스 토큰 등이 대표적인 사례인데 NFT에서도 같은 의미로 쓰인다.

나만의 디지털 자산: NFT란 무엇이고 어떻게 작동하는가?

NFT는 암호화폐와 마찬가지로 블록체인에 저장된다. NFT는 디지털 콘텐츠의 저작권과 소유권을 증명하는 용도로 사용되는 블록체인 기반의 기술로, 토큰마다 고유한 인식 값이 부여되어 상호 대체가 불가하기에 NFT라 불린다. 대체 불가 유일성은 디지털 자산의 가치화를 가능하게 하며 거래소에서 유통될 수 있어 투자 자산으로서의 성격을 가지게 된다.

앞서 블록체인 기술에서 살펴본 것처럼, 블록체인은 자산에 대한 소유 기록을 빠짐없이 저장하고 있는 일종의 장부다. 블록체인에서는 전 세계 수많은 컴퓨터가 중앙 서버 없이 서로 동등한 입장에서 연결되어 작업을 처리한다. NFT는 블록체인을 기반으로 작동하기 때문에 소유·거래 기록을 위변조하는 게 불가능하다.

NFT는 작품 정보를 저장하고 있으면서 유일무이한 ID를 가진 증명서와 같은데, 창작물의 구매자는 소유권에 대한 증명서로서 NFT를 발급받게 된다. NFT에서는 소유권 이전 계약이 체결되지 않는 한 전송이 불가능하므로 소유권이 안전하게 보장된다. 소유자는 NFT를 이용해 창작물에 대한 소유권을 어디서든 쉽고 명확하게 증명할 수 있다. 그래서 원본의 증명이 어려운 디지털 세상에서 NFT가 일종의 '등기부 등본'과 같은 역할을 담당할 수 있는 것이다. 블록체인의 가장 중요한 특징인 투명성과 신뢰성을 활용한 대표적인 사례라고 볼 수 있다.

NFT는 처음에 이더리움을 기반으로 시작됐고 이후 다른 블록체인 플랫폼으로 확산됐으나 여전히 이더리움을 기반으로 하는 경우가 주류를 이룬다. 기술적으로는 이더리움 표준 ERC(Ethereum

Request of Comment)-721에 의해 NFT가 발행된다. ERC-721은 이더리움 블록체인에서 대체할 수 없거나 고유한 토큰을 작성하는 방법을 설명하는 공개 표준이다.[17] 대부분의 토큰은 대체할 수 있지만 ERC-721에 따라 만들어진 토큰은 대체할 수 없다.

NFT의 특징을 살펴보면, 거래 내역이 블록체인에 공개적으로 기록되어 있으므로 쉽게 추적이 가능하고 디지털 소유권 증명이 필요할 때 고유 값을 지닌 토큰이 증명서 역할을 하기에 이를 통해 소유권 증명이 가능하다. NFT 거래소를 통해 쉽게 거래할 수 있으며 창작자가 원본에 대한 에디션을 몇 개 발행했는지도 쉽게 알 수 있다.

NFT 거래는 오픈씨(OpenSea), 니프티게이트웨이(Nifty Gateway), 파운데이션(Foundation) 등과 같은 NFT 전문 오픈마켓 거래소에서 주로 이뤄지고 있다. 이 중 오픈씨가 한때 점유율 97% 이상을 차지

오픈씨에 등록된 NFT 작품[18]

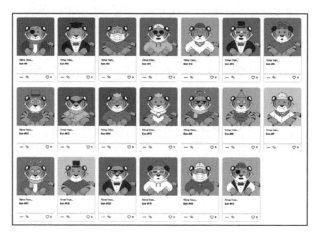

해 시장을 지배했는데, 계속 여러 업체가 NFT 거래 사업에 뛰어들고 있어 앞으로 경쟁이 치열해지면서 시장 상황에 변화가 발생할 것으로 전망된다.

NFT에 대한 대중의 관심이 폭발하게 된 계기

NFT는 2017년경 처음으로 등장했는데 이후 표준이 정립되고 여러 프로젝트가 생겨났다. 그러던 중 NFT에 대한 미디어와 대중의 관심이 폭발하게 된 계기는 2021년 3월 〈Everydays: The First 5000 Days〉라는 NFT 작품이 크리스티 경매를 통해서 6,934만 달러에 팔리면서부터다. 해당 작품은 비플(Beeple)로 알려진 미국의 디지털 아티스트 마이크 윈켈만(Mike Winkelmann)이 5,000일 동안 하루도 빠짐없이 찍은 디지털 사진들을 조합해 만든 것이다.

이 사건은 NFT 역사에 깊이 새겨질 중요한 것인데, 생존 작가의 작품 중에서는 제프 쿤스(Jeff Koons), 데이비드 호크니(David Hockney)에 이어 3번째로 비싼 가격이라는 사실로 인해 여러 미디어에서 소개돼 세계적인 화제가 됐다. 같은 시기 테슬라 CEO 일론 머스크(Elon Musk)와 사실혼 관계였던 가수 그라임스(Grimes)의 디지털 아트 10개가 NFT 거래소 니프티게이트웨이에서 경매에 부쳐졌는데 시작 20분 만에 580만 달러 이상을 벌어들여 이 또한 화제가 됐다.

NFT에 기반한 디지털 아트는 기존 예술품과 달리 인터넷과 디지털 기기를 통해 전 세계인이 한꺼번에 즉각 체험할 수 있는 예술 형

크리스티 경매 사이트에 소개된 <Everydays: The First 5000 Days> [19]

식이다. 또한 예술의 양과 다양성을 기하급수적으로 증가시킬 뿐만 아니라 누구든지 저렴하게 예술을 즐기고 소유할 수 있는 보편적인 접근을 가능하게 할 것이라는 기대가 있다.

이후 트위터 공동창업자 잭 도시(Jack Dorsey)의 첫 번째 트윗이 290만 달러, 뉴욕타임스 경제면에 실린 "블록체인으로 이 칼럼을 구매하세요!(Buy This NFT Column on the Blockchain!)" 칼럼이 56만 달러에 팔렸다는 뉴스가 연이어 전해지면서 NFT에 대한 시장의 관심이 크게 높아졌다.[20]

'지루한 원숭이 요트 클럽'을 통해 보는 NFT의 성공요인

　수많은 NFT 작품 중에서 대표적인 성공사례로 지루한 원숭이 요트 클럽(BAYC: Bored Ape Yacht Club), 크립토펑크(CryptoPunks), 미비츠(Meebits) 등을 꼽을 수 있다. 최고의 NFT 작품 중 하나로 꼽히는 BAYC는 원숭이 아바타가 그려진 10,000개의 NTF 컬렉션으로 2021년 4월 첫 발행 후 BAYC NFT의 매출이 총 10억 달러를 넘어섰다. 저스틴 비버(Justin Bieber), 지미 팰런(Jimmy Fallon), 스눕 독(Snoop Dogg), 에미넴(Eminem), 기네스 펠트로(Gwyneth Paltrow), 마돈나(Madonna), 네이마르(Neymar), 패리스 힐튼(Paris Hilton) 등 여러 유명

지루한 원숭이 요트 클럽 NFT[21]

인사가 BAYC NFT를 소유한 것으로 알려져 있다.

컬렉션에서 가장 비싼 NFT는 당시 기준으로 무려 359만 달러(369ETH)에 판매되기도 했다. 그런데 여기에서 굳이 BAYC NFT만 구분해 별도의 꼭지로 다루는 이유는 단지 BAYC가 높은 가격에 판매되었기 때문만은 아니다.

BAYC NFT에서 주목할 만한 점은 그것이 단지 못생긴 원숭이를 그린 디지털 이미지의 소유권을 제공하는 데 그치는 게 아니라, NFT 명칭에 포함된 것처럼 요트클럽의 회원 카드라는 중요한 기능을 제공한다는 점이다. BAYC NFT를 소유하면 유명인사들이 참여하는 클럽의 회원이 될 수 있다는 커다란 매력을 제공한다. 또한 BAYC NFT를 소유한 사람은 자기 원숭이에 대한 완전한 상업화 권리를 갖는다. 즉, 모든 영화, 음악, TV, 책, 미디어 프로젝트에 자기 원숭이를 사용할 수 있다는 점도 흥미로운 특징이다.

2021년 초 BAYC를 개발한 유가랩스(Yuga Labs)는 BAYC를 일종의 문화 화폐로 만들기 위해 기존의 성공사례와 커뮤니티를 조사하고 연구했다. 그리고 원숭이를 '고뇌에 시달리는 암호 억만장자(Crypto Billionaires)'로 설정하는 배경 스토리를 만들었는데, 이는 BAYC 브랜드 세계를 구축하는 데 매력적인 요소로 작용했다.

BAYC NFT 성공의 교훈은 NFT가 단지 디지털 아트의 소유권을 증명하는 데 그치지 않고, 소유자가 상업적 권한을 갖고서 이를 기반으로 하는 모든 종류의 파생상품을 판매할 수 있으며 1만 명이라는 한정된 인원만 참여하는 클럽하우스의 ID 카드로 이용하도록 만들었다는 점에 있다.

또한 NFT 보유자만 초대하는 각종 이벤트에 참석할 수 있고, NFT 보유자만 구매할 수 있는 자체 상품도 출시됐다. NFT 보유자는 프로젝트 자금의 사용에 대한 의견을 개진할 수 있고 여러 자선단체에 수백만 달러의 기부도 이뤄졌다. NFT 보유자를 대상으로 하는 다양한 프로젝트가 진행 중이라서 앞으로 새로운 혜택이 추가될 예정이다.

이처럼 BAYC 사례를 통해 NFT 보유자로 이뤄진 생태계와 커뮤니티를 구축하는 것이 NFT의 성공에 매우 중요한 요소임을 알 수 있다. 그렇지만 앞으로 프로젝트에 어떤 문제가 발생하면 언제든지 BAYC NFT 가격이 폭락하고 생태계가 무너질 수 있다는 점에서, 한때의 성공이 확고한 미래를 약속하는 것은 아니며 NFT의 모든 것이 유동적이라고 봐야 할 것이다.

BAYC의 성공을 모방해 국내에서는 방송가에서 천재 해커로 알려진 이두희 개발자(멋쟁이사자처럼 대표)가 만든 메타콩즈가 선보여 한때 인기를 끌었다. BAYC의 초창기 멤버였던 한국계 미국인이 만든 '참을성 없는 호랑이들의 소셜 클럽(Impatient Tiger Social Club)' 등과 같은 유사 프로젝트들도 공개됐다.

하지만 메타콩즈는 프로젝트 운영 부진, 해킹 피해, NFT 판매비 횡령, 임금 체불, 무분별한 파생 NFT 발행 논란과 함께 소송전이 벌어지면서, 한때 초기 가격 대비 100배가 올라 최고가 약 3,000만 원을 기록했던 NFT 1개 가격이 40만 원대까지(더 떨어질 수도 있다) 폭락하면서 어려움을 겪게 됐다.

제품 및 서비스에 NFT를 적극적으로 도입하는 기업들

시장조사기관 베리파이드 마켓 리서치(Verified Market Research)에 따르면, NFT 시장 규모는 2021년 113억 2,000만 달러였으며 2022년에서 2030년까지 연평균 33.7% 성장해 2030년에는 시장 규모가 2,319억 8,000만 달러에 달할 것으로 전망됐다.[22] NFT가 미술, 음악, 영화, 스포츠, 그 외 각종 디지털 컬렉션, 특히 게임 분야와 결합됨에 따라 크게 성장할 것으로 전망된 것이다.

미국 최대의 가상자산 거래소 코인베이스(Coinbase), 미국 대형 온라인 커뮤니티 레딧(Reddit)도 NFT 거래소 사업에 뛰어든다고 밝힌 상태다. 미국 게임 소매업체 게임스탑(GameStop)도 게임 아이템, 아바타 등을 NFT로 거래할 수 있는 NFT 거래소 사업을 추진 중인 것으로 알려졌다. 국내 게임업체 넷마블, 엔씨소프트를 비롯해 대형 게임업체 다수가 NFT 사업에 진출했거나 앞으로 사업을 진행할 예정이다.

카카오의 블록체인 자회사 그라운드엑스는 클립드롭스(Klip Drops)라는 명칭의 NFT 거래 서비스를 2021년 12월 정식으로 선보인 후 회화, 조각, 미디어아트 등 미술품부터 웹툰, 애니 등 서브컬처에 이르기까지 다양한 작품을 연이어 소개했다. 또한 국내 4대 가상자산 거래소 업비트, 빗썸, 코인원, 코빗 모두 NFT 시장에 뛰어든 상태다.

카카오엔터테인먼트는 2022년 1월 클립드롭스에서 웹툰 '나 혼자만 레벨업' NFT를 공개했는데 1분 만에 완판돼 화제가 되기도 했다. 나 혼자만 레벨업은 북미, 일본 등에서 큰 인기를 얻어 누적 조회수 142억 회를 달성한 작품으로 웹소설이 원작이다. 이처럼 기존 콘텐츠를 통해 확보한 팬층을 NFT 작품의 소비자로 만드는 전략은 앞으로도 계속 유효할 가능성이 크다.

'나 혼자만 레벨업' NFT 작품[23)]

LG전자는 2022년 2월 미국 디지털 아트 플랫폼 기업 블랙도브 (Blackdove)와 파트너십을 맺고서 글로벌 시장에 공급하는 디지털 사이니지 디스플레이를 통해 블랙도브의 작품을 제공한다고 밝혔다. 블랙도브는 전 세계 50여 개 국가에서 NFT 기반 고화질 디지털아트를 제공하고 있으며 400명이 넘는 유명 작가들의 작품을 확보한 업체다. 이에 대해 LG전자는 글로벌 미술 시장에서 지배적인 매체로 부상한 디지털 아트를 Full HD(1920 x 1080)에서 8K(7680 x 4320)에 이르는 해상도의 화질로 탁월한 고품질 맞춤형 디스플레이 솔루션을 제공할 것이라고 설명했다.

삼성전자는 CES 2022에서 NFT 플랫폼이 탑재된 스마트TV를 공개했는데, 이를 이용하면 TV에서 NFT 작품을 감상하고 구매할 수 있다. SM, JYP, 하이브 등 국내 엔터테인먼트 업체들 또한 자사 아티스트들의 IP 기반 콘텐츠를 NFT화하겠다고 밝혔다. 골드만삭스, 씨티그룹과 같은 금융기관도 NFT 등 디지털 자산 기반의 상품을 추진 중이며 신한은행, 국민은행, 우리은행 등도 NFT 사업을 추진 중이다.

메타버스, 블록체인, 암호화폐, NFT 결합으로 만들어지는 서비스

메타버스에 블록체인이 결합된 서비스라 할 수 있는 디센트럴랜드(Decentraland)는 이더리움 블록체인을 기반으로 가상 부동산을 구매할 수 있는 가상현실 플랫폼이다. 디센트럴랜드는 가상 부동산과 디지털 아티스트가 함께 만들어가는 가상경제를 구현했다.

사용자는 가상세계에서 다른 사용자들과 채팅, 게임, 여타 상호작용을 하면서 부동산을 사고팔고, 콘텐츠와 애플리케이션을 만들고 경험하면서 수익을 창출할 수 있다. 디센트럴랜드에서는 랜드(LAND)라는 가상토지 소유권을 나타내는 NFT가 사용되며, 랜드 및 여러 가상상품을 구매하기 위해 마나(MANA) 암호화폐가 사용된다.

디센트럴랜드는 2015년부터 개발되기 시작했고 2017년에

ICO(Initial Coin Offering)로 2,600만 달러를 모금했다. 2020년 2월 일반에 공개된 후 디센트럴랜드재단이 관리하고 있다. 디센트럴랜드는 처음부터 VR 헤드셋을 지원하지는 않았지만, 2021년 12월 디센트럴랜드 VR 프로젝트가 제안된 후 2022년 4월 첫 번째 베타 버전이 출시되면서 본격적인 메타버스 플랫폼으로 진화 중이다.

2021년 말과 2022년 초에 걸쳐 아디다스, 삼성, PwC(Pricewaterho useCoopers) 등과 같은 유명 기업들이 디센트럴랜드에서 부동산을 구매했다. 2022년 3월 디센트럴랜드는 DKNY, 타미힐피거(Tommy Hilfiger), 돌체앤가바나(Dolce & Gabbana), 에스티로더(Estée Lauder) 등의 여러 패션 브랜드가 참여하는 메타버스 패션위크를 개최했다.[24] 패션 산업이 메타버스에 본격적으로 발을 들이기 시작한 것이다.

패션위크 초대에 응답한 사용자가 개막일에 참석 링크를 클릭하면 패션위크 공간으로 순간이동해 참여할 수 있었다. 메타버스 패션위크에서 참여한 여러 브랜드는 런웨이 쇼, 디지털 매장, 다양한 쇼핑 기회를 제공했다. 초청 연사 강연, 기술 데모, 런웨이 및 쇼핑 등 VIP 특별 이벤트도 개최했다.

메타버스 패션위크에서 주목할 만한 점은 가상 옷장과 실제 옷장을 일치시킬 수 있었다는 점이다. 메타버스 패션위크에서는 사용자가 브랜드의 디지털 의류와 함께 동일한 실물 의류를 주문할 수 있었다. 디센트럴랜드에서 즉시 디지털 의류를 착용하고 실물 의류는

디센트럴랜드가 개최한 메타버스 패션위크[25]

택배로 배송 받는 방식이었다. 실물 의류 주문은 디지털 지갑을 설정한 다음 NFT 바우처를 구매하고 브랜드의 웹사이트에 방문해 실물 의류를 요청하는 방식을 사용했다.

　메타버스와 블록체인을 결합한 다른 서비스로 복셀(Voxels)이 있다. 복셀은 여러 면에서 디센트럴랜드와 유사한 서비스로, 디센트럴랜드와 마찬가지로 이더리움 블록체인을 기반으로 만들어졌다. 복셀의 원래 명칭은 크립토복셀(Cryptovoxels)이었는데 2022년 5월 리브랜딩을 통해 이름을 바꿨다. 복셀은 리브랜딩의 이유가 "암호화폐에 익숙하지 않은 사람까지 수용하기 위해서"라고 밝혔다.

　복셀에서는 가상토지를 구입하고 건물을 짓고 경제활동을 할 수 있고 영화를 보거나 음악을 듣는 것도 가능하고, 콘텐츠를 오픈씨나 니프티게이트웨이 같은 NFT 거래소에서 사고팔 수 있게 만들어졌다.

이외에도 더샌드박스(The Sandbox), 플레이댑(PlayDapp), 엑시인 피티니(Axie Infinity), 스타아틀라스(Star Atlas), 엔진코인(Enjin Coin), 라디오카카(Radio Caca), 메타히어로(Meta Hero), 드비전네트워크(Dvision Network) 등 시장에서 주목받는 여러 서비스가 메타버스와 NFT를 결합한 형태로 사업을 진행하고 있다.

새로운 소비문화: NFT 시장은 어떻게 전개될 것인가?

디지털 자산의 NFT화를 민팅(Minting)이라고 하는데 민팅 서비스를 이용하면 누구든지 간단하게 민팅이 가능하다. 예를 들면, 이더리움 지갑을 보유한 상태에서 오픈씨에 디지털 자산을 등록하고 민팅을 진행한 후 민팅 비용을 납부하면 오픈씨에서 이더리움 지갑으로 고유 값이 부여된 NFT 정보를 전송해준다.

이는 누군가 살 의향이 있는 디지털 자산을 소유한 사람과 기업에 무한한 기회를 제공해줄 수 있다. 단지 개인이라도 재미있거나 매력적인 디지털 자산이 있다면 누구든지 민팅을 해서 팔 수 있는 것이다. 엔터테인먼트, 영화, 스포츠, 패션, 게임, 메타버스 등 여러 분야의 기업들이 NFT 관련 비즈니스에 진출하는 이유도 보유한 디지털 자산을 NFT화하여 수익을 올리기 위해서다. 국내에서도 다수의 상장기업이 NFT 비즈니스 진출을 밝힌 상태다.

이제 더 이상 NFT는 디지털 자산의 소유권을 증명하는 용도로만 쓰이지 않는다. 최근에는 소유한 NFT 컬렉션을 담보로 투자 또는 대출을 하거나, 패션 기업이 브랜드 충성도 구축을 위해 NFT 기반 수집품을 출시하기도 하며, 메타버스에서 부동산 소유권을 증명하는 데 사용하기도 한다. 기술 및 과학 분야의 지식재산권 거래에도 NFT를 사용하려는 움직임이 있다.

앞으로 NFT가 디지털이라는 특성에 맞게 온라인 커뮤니티 문화와 결합함에 따라 NFT 기반의 상거래, 소셜 네트워크 등을 포함해 팬의 충성도가 서로 상승효과를 발휘할 수 있도록 생태계를 구축한다면 강력한 소비문화를 만들어낼 수 있을 것으로 예상된다.

물론 NFT에 대한 회의적인 시각도 적지 않다. 단지 꼬리표에 불과한 디지털 파일을 비싼 가격에 거래하는 것에 대한 비판, 원작자 허락 없이 작품을 도용해 NFT화하는 문제, 블록체인 기술이 작동하는 과정에서 막대한 전기를 소모하기 때문에 발생하는 환경 파괴 문제 등이 그것이다.

그럼에도 NFT가 지닌 잠재력에 강력히 동조하며 사업화를 추진하는 기업들, 작품에 대한 가치를 인정받을 수 있어 시장 확대를 기대하는 아티스트들, 자신이 좋아하는 콘텐츠와 아티스트에게 열광하는 MZ세대의 기대 심리 등을 고려할 때, 비록 앞으로 부침을 겪더라도 장기적으로는 NFT 시장이 지속해서 성장할 가능성이 높다고 볼 수 있다.

5. 마이데이터: 내 데이터의 주인은 나

어떤 금융기관의 것이든 간에 금융 앱을 이용해본 사람이라면 아마도 마이데이터(MyData) 안내 화면을 본 적이 있을 것이다. 마이데이터란 여러 곳에 분산된 개인신용정보를 정보주체(사용자)의 요구에 따라 통합 조회하고 관리할 수 있는 서비스를 뜻한다. 마이데이터는 데이터의 양이 증가하고 중요도가 커짐에 따라, 정보주체의 자기정보 결정권을 보장하고 데이터경제를 활성화하기 위해 도입됐다.

유럽의 '일반 데이터 보호규정'을 보면 마이데이터가 보인다

유럽연합(EU)은 2018년부터 정보주체에게 개인정보 이동권과 자기결정권을 부여하는 GDPR(General Data Protection Regulation, 일반 데이터 보호규정)을 시행하기 시작했다. 국내의 마이데이터는 먼저 시행된 유럽의 GDPR를 참고해 만들어졌기 때문에 GDPR을 통해 마이데이터의 현황과 발전 방향을 이해할 수 있다. 이전에 데이터경제를 다루면서 간단히 GDPR을 소개한 바 있는데, 여기에서는 좀 더 구체적인 내용을 살펴본다.

GDPR에는 개인정보 처리와 관련해 컨트롤러(Controller), 프로세서(Processor), 프로파일링(Profiling), 가명처리(Pseudonymisation), 감독기구(Supervisory Authority) 등과 같은 여러 용어가 등장한다.[26]

컨트롤러는 개인정보의 목적과 수단을 결정하는 주체로 자연인, 법인, 정부부처 및 관련기관, 기타 단체 등이 될 수 있다. 프로세서는 컨트롤러를 대신하여 개인정보를 처리하는 주체로 컨트롤러의 지시를 따른다. 컨트롤러는 반드시 구속력 있는 서면 계약에 의해 프로세서를 지정하여야 한다.

프로파일링은 개인의 특징을 분석하거나 예측하는 등 해당 개인의 특성을 평가하기 위해 행해지는 모든 형태의 자동화된 개인정보 처리를 뜻한다. GDPR은 자동화된 개인정보 처리를 하는 경우 추가적인 보호 조치를 요구한다.

가명처리는 추가적 정보의 사용 없이는 더 이상 특정 정보주체를 식별할 수 없도록 처리하는 것을 뜻한다. 추가적 정보는 분리 보관하며 이를 이용해 개인 식별을 할 수 없도록 기술적, 관리적 조치를 취해야 한다.

GDPR은 EU 회원국마다 업무 수행 및 권한 행사에서 완전한 독립성을 가지는 하나 이상의 감독기구 설립을 의무화하고 있다. 감독기구는 컨트롤러 및 프로세스와 협력하면서 지침 마련, 자문, 신고 접수, 민원 처리, 조사, 인증 등과 같은 업무를 수행한다.

GDPR은 정보주체의 기본권과 자유 및 개인정보보호에 대한 권리를 보장하고 EU 내에서 개인정보의 자유로운 이동을 보장하는 것을 목적으로 한다. 이를 위해 기업은 개인정보를 처리함에 있어서 다음과 같은 7가지 원칙을 준수해야 한다.

- **합법성·공정성·투명성 원칙**: 개인정보는 정보주체와 관련하여 합법적이고 공정하며 투명한 방식으로 처리되어야 한다.
- **목적 제한의 원칙**: 개인정보는 특정되고 명시적이며 적법한 목적으로 수집되어야 하며, 그러한 목적과 양립하지 않는 방식으로 처리되지 말아야 한다.
- **개인정보 최소처리 원칙**: 개인정보는 처리되는 목적과 관련하여 적정하고 관련성이 있으며 필요한 범위로 제한되어야 한다.
- **정확성의 원칙**: 개인정보는 정확해야 하고, 필요한 경우 최신성을 유지해야 한다.
- **보유기간 제한의 원칙**: 개인정보는 처리목적을 위해서 필요한 기간 내에서 정보주체를 식별할 수 있는 형태로 보유되어야 한다.
- **무결성과 기밀성의 원칙**: 개인정보는 적정한 기술적 또는 관리적 조치를 이용하여 개인정보의 적정한 보안을 보장하는 방식으로 처리되어야 한다.
- **책임성의 원칙**: 컨트롤러는 개인정보보호원칙에 대하여 책임성을 갖춰야 하며, 그에 대한 준수 여부를 증명할 수 있어야 한다.

정보주체는 자신의 개인정보에 대해 접근권, 정정권, 삭제권, 처리 제한권, 개인정보 이동권, 반대권, 프로파일링을 포함한 자동화된 의사결정의 대상이 되지 않을 권리 등을 보호받는다. GDPR은 정보주체의 권리를 확대·강화하고 기업의 책임성을 규정했다는 점에서 의의가 있는데, 이는 단순한 지침이 아니라 법적 구속력을 가지며 모든 EU 회원국에 적용된다.

GDPR 준수를 위해서는 서버의 물리적 보안부터 민감한 데이터 관리, 규정 위반 시 즉시 보고 등 매우 광범위한 여러 요구사항을 충족해야 해서, 이를 지원하는 솔루션도 시장에 여럿 출시된 상태다. 시큐리티(SECURITI), 네트릭스(Netwrix), 트러스트아크(TrustArc), 에어클로크(Aircloak Insights) 등 여러 기업이 소프트웨어를 통해 GDPR 규제 준수를 지원하는 솔루션을 출시했다.

특히 시큐리티는 인공지능을 이용해 GDPR 관련 업무를 모니터링, 추적, 문서화, 자동화할 수 있는데, RSAC(대표적인 사이버보안 컨퍼런스)에서 전 세계 보안 스타트업을 대상으로 열린 2020년 이노베이션 샌드박스 콘테스트(Innovation Sandbox Contest)에서 가장 혁신적인 스타트업으로 선정되기도 했다.

'일반 데이터 보호규정'이 빅테크 기업의 저승사자라 불리는 이유

무엇보다 GDPR에서 주목할 만한 점은 처벌 수위가 상당히 높다는 것이다. 만일 기업이 일반적인 위반을 했다면 연간 전 세계 매출액의 2% 또는 1,000만 유로(약 137억 원) 중 큰 금액을 과징금으로 납부해야 한다. 심각한 위반의 경우에는 연간 전 세계 매출액 4% 또는 2,000만 유로 중 큰 금액을 과징금으로 납부해야 한다.

연간 매출액의 4%라는 과징금은 순이익이 낮은 기업의 입장에서는 사업이 휘청거릴 정도의 금액이다. GDPR을 지키지 못하면 유럽에서 사업은 포기해야 하는 것이다. GDPR 시행 후 4년 동안 총 1천여 건에 달하는 과징금이 부과됐으며 거액의 과징금 부과 사례도 쏟아지고 있다.

메타(구 페이스북)는 메신저 앱 왓츠앱의 GDPR 위반으로 아일랜드에서 2억 2,500만 유로의 과징금을 부과받았으며, 이후에도 개인정보 침해 사건으로 1,700만 유로의 과징금을 부과받았다. 메타는 프랑스에서도 쿠키 동의 인터페이스가 GDPR을 위반했다는 이유로 6,000만 유로의 과징금을 부과받았다.[27]

구글은 아일랜드에서 유튜브의 쿠키 동의에 문제가 있다는 이유로 9,000만 유로의 과징금을 부과받았으며, 아마존은 룩셈부르크에서 개인정보 무단 수집 및 광고 활용이 GDPR을 위반했다는 이유로 무려 7억 4,600만 유로, 한화로 1조 원이 넘는 과징금을 부과받아 업계를 놀라게 했다. 아마존은 GDPR이 주관적이고 검증되지 않은 해석에 의존하고 있다며 반발했다. 빅테크뿐만 아니라 의류업체 H&M, 이탈리아 통신업체 TIM, 영국항공, 호텔체인 메리어트 등 수많은 기업이 거액의 과징금을 부과받았다.[28]

국내 도입된 마이데이터의 주요 내용과 두 가지 기본 원칙

국내에서도 데이터의 경제적·사회적 가치가 커지고 정보주체의 개인정보 자기결정권에 대한 목소리가 높아지면서 2020년 데이터 3법 개정과 함께 금융 분야 마이데이터가 도입됐다. 이후 정부 가이드라인 마련 및 시스템 준비 기간을 거쳐 2022년 1월 5일부터 마이데이터 사업이 본격 시행됐다.

앞서 살펴본 GDPR이 소비자의 권리 보장과 이를 침해한 기업에 대한 처벌에 초점을 맞추고 있다면, 마이데이터는 소비자의 데이터 권리를 법적으로 보장하는 동시에 기업이 적절한 법적 테두리 내에서 데이터를 활용한 사업을 할 수 있는 권리 보장과 함께 의무를 부과하고 있다는 점에서 GDPR과는 미묘하게 컨셉의 차이가 있다.

관련 법령과 금융위원회의 가이드라인에 따르면, 마이데이터는 정보주체의 개인신용정보 전송요구권 행사에 따라 일정한 방식으로 본인의 정보를 통합하여 제공하는 사업(본인신용정보관리업)을 의미한다.[29] 즉, 마이데이터는 데이터의 사업적 관점에 더 초점을 두고 있다.

마이데이터 사업자는 개인신용정보를 대량 집적하는 산업 특성상 엄격한 보안체계를 갖추어야 하며, 고객을 이해상충으로부터 보호하는 절차가 필요하기 때문에 허가산업으로 운영한다. 마이데이터 사업자의 최소 자본금은 5억 원으로 하되 금융회사 출자요건(50% 이상)은 적용하지 않으며 클라우드 전산설비 이용을 허용하는 등 진

입장벽을 낮추었지만, 정보보호 및 보안 의무는 부여했다. 다만, 시장 환경 변화에 따라 허가요건은 향후 변경될 수 있다.

마이데이터는 민감한 개인정보를 다루고 고객 이익을 침해할 우려가 있다는 이유로 법령을 통해 몇 가지 의무를 부여하고 있다. 마이데이터 사업자는 이해상충 방지 내부관리규정 마련, 스크린 스크레이핑(화면에 보이는 데이터를 자동으로 수집하는 것) 금지, 정기전송 비용 부담, 전송내역 기록 작성 및 보관, 전송 기록 정보주체 통지, 손해배상책임 이행 책임보험 또는 준비금 적립 의무를 지며 전송 요구 강요나 부당하게 유도하는 행위 등을 해서는 안 된다.

결국 마이데이터는 사업자가 개인으로부터 데이터에 대한 권한을 위임받아 혁신적인 맞춤형 금융 서비스를 제공하기 위한 제도라고 볼 수 있다. 마이데이터 운영에 있어서 사업자가 잊지 말아야 할 중요한 두 가지 기본원칙은 다음과 같다.

첫째, 개인정보 자기결정권의 보장이다. 고객의 개인정보 자기결정권 행사를 실질적으로 보장하는 것이야말로 마이데이터가 탄생한 이유이자 핵심 개념으로, 고객의 개인정보 자기결정권 행사를 최대한 보장하는 것을 원칙으로 모든 절차를 진행해야 한다.

둘째, 고객 이익 우선이다. 마이데이터 사업자는 고객의 전송 요구에 따라 고객의 개인신용정보를 대량으로 수집할 수 있으며 또한 고객으로부터 개인정보 자기결정권의 행사도 위임받을 수 있다. 그에 따라 마이데이터 사업자와 고객 이익이 상호 충돌할 우려가 있으므로, 마이데이터 사업자는 마이데이터 서비스를 운영하면서 고객 이익을 가장 우선해야 한다.

금융소비자 입장에서 안전하게 마이데이터 이용하기

고객의 입장에서 마이데이터를 이용하면 은행의 예금계좌 입출금 내역, 신용카드 거래 내역, 보험 계약 정보, 증권 투자 내역 등 각종 금융정보를 한 곳에서 통합해 조회하고 관리할 수 있다. 나아가 고객의 금융정보를 빅데이터, 인공지능 기술로 분석함으로써 고객의 신용 및 재무 상태에 맞는 재무 컨설팅과 금융상품을 추천받을 수도 있다.

현재 신한은행, 하나은행, KB국민은행, 비씨카드, NH투자증권, 현대캐피탈 등 기존 은행, 카드, 증권사, 캐피탈(여신전문금융) 등을 비롯해 핀크, 카카오페이, 페이코 등과 같은 핀테크 업체들까지 많은 곳에서 마이데이터 서비스를 제공하고 있다. 마이데이터 사업 초기에는 서비스 차별화가 크지 않겠지만, 점차 각자의 장점을 바탕으로 특화된 서비스로 발전하게 될 것이며 또한 그래야만 할 것이다.

예를 들어, 현대캐피탈은 자동차 금융기업답게 자동차 자산 관리에 특화된 마이데이터 서비스를 출시했다. 현대캐피탈은 고객의 자금 상황을 고려한 최적의 차량과 그 차량의 이용 방법을 설계해주고 고객의 라이프스타일과 차량 주행패턴, 금융정보 등을 정밀 분석해 각각의 고객에게 최적화된 서비스로 발전시킬 계획이라고 밝혔다.

마이데이터를 이미 이용하고 있거나 앞으로 이용할 생각이 있는 소비자라면 유의해야 할 사항도 있다. 마이데이터는 고객의 입장에서 한꺼번에 금융자산을 편리하게 관리할 수 있다는 이점을 제공하지만, 그렇다고 필수적으로 이용해야만 하는 서비스는 아니다.

여러 금융기관에 다양한 금융자산을 보유하고 있으면서 자주 금융자산을 관리해야 한다면 마이데이터가 특히 유용하고 편리할 수 있겠지만, 그게 아니라면 가입에 신중할 필요가 있다. 해킹 당할 시 모든 금융자산 정보가 한꺼번에 유출될 수도 있기 때문이다. 또한 원치 않은 상품 추천이나 마케팅 등에 활용돼 오히려 불필요한 정보를 제공받거나 시간을 낭비할 수 있으므로 마케팅 동의에도 신중할 필요가 있다.

디지털 세상에서는 편리함이 증가하면 더불어 보안 위험도 함께 커진다. 보안성과 편리성은 '트레이드오프(Trade-off)' 관계에 있다는 걸 기억해야 한다. 마이데이터의 시스템 구조상 마이데이터 사업자가 고객의 금융정보를 여러 기관에서 받아오는 과정이 필연적으로 요구된다. 이 과정에서 예상치 못한 보안 문제가 발생할 수 있다. 어쨌든 마이데이터 사업자가 금융정보를 수집한다는 것은, 나의 금융정보를 이용하는 업체가 하나 더 늘어나는 것이기 때문에 여러 마이데이터 서비스에 가입하기보다는 꼭 필요한 서비스만 골라서 사용하는 것이 좋다.

만일 여러분이 마이데이터를 이용하고자 한다면 가입 이벤트 상품 등에 현혹되지 말고 가입하려는 서비스의 기능과 약관 내용을 꼼꼼히 살펴보는 것을 추천한다. 특히 본인의 금융정보가 어떻게 보호되고 어떤 범위까지 활용되는지 반드시 숙지할 필요가 있다. "권리 위에 잠자는 자는 보호받지 못한다"는 루돌프 폰 예링(Rudolf von Jhering, 1818~1892, 독일의 법학자)의 명언은 디지털 경제에서도 여전히 유효할 뿐만 아니라 어쩌면 매우 유효하다.

마이데이터 사업자가 마이데이터를 통해 취득한 개인정보를 돈받고 팔아 수익을 내는 사례는 이미 발생하고 있다. 2022년 10월 토스가 1인당 69,000원에 약 80만 명의 개인정보를 팔아 292억을 챙긴 것으로 드러났다.[31] 토스는 개인정보를 보험대리점과 보험설계사들에게 팔았는데, 마이데이터가 금융거래 내역과 자산 내역이 담긴 알짜 정보이기 때문에 높은 인당 수익을 올릴 수 있었다. 이처럼 기업은 어떻게든 개인정보로 수익을 올리려는 욕구가 강하므로 개인의 주의가 꼭 필요하다.

마이데이터는 더 많은 가입자를 유치하려는 금융기관들의 마케팅 경쟁에 힘입어 도입 3개월 만에 누적 가입자 2,596만 명(중복 포함)을 달성했다. 마이데이터는 보급 초기에 금융 데이터 위주로 확산되고 있는데, 앞으로는 금융 외에도 건강·의료, 소비·지출, 문화·관광·생활, 교육·취업, 교통 등 여러 분야로 확산될 예정이다. 더불어 이를 위한 데이터 개방, 데이터 형식과 전송방식 표준화가 계속 진행될 것이다.

앞으로 마이데이터를 기반으로 과연 어떤 혁신적인 융복합 서비스 모델이 등장하게 될까? 그것이 우리 금융소비자들에게 어떤 혜택을 제공하고, 또한 어떤 새로운 문제를 야기할지 지켜보자.

6. 가심비가 중요한, 똑똑하고 위험한 금융소비자

──────────── 1980~2010년 사이에 출생한 젊은 층을 뜻하는 MZ세대는 태어난 시기에 차이가 있지만 비슷한 문화적 특성을 보이고 있어 함께 묶어서 지칭하는 경우가 많다. 일반적으로 MZ세대는 기본적으로 스마트폰에 아주 익숙하고 소셜미디어에 사진, 글을 올리면서 자기를 드러내고 소통과 공정을 중시하며 좋고싫음을 분명히 표출한다는 특징을 보인다.

하지만 이런 MZ세대라는 용어와 해석에 대해 "MZ세대라는 용어에 공감하지 않으며 세대를 알파벳으로 구분해야 직성이 풀리는 꼰대 놀이"라는 주장도 있다. 사회 현상으로 존재한다면 그 실체를 인정할 필요가 있기에, 여기에서는 MZ세대의 양해를 구하며 MZ세대라는 용어를 굳이 사용하겠다.

테크셀레스터와 자이낸스: 새로운 금융소비자의 탄생

MZ세대는 디지털 채널 중심으로 소비 활동을 하고 맞춤형 개인화된 서비스를 선호한다. 재미를 추구하면서 동시에 경험과 사회적 가치를 중시하고, 실리를 추구하는 경향이 강하면서 동시에 저축보다 투자에 관심이 많다. 경제 불황, 낮은 경제 성장률, 부동산 가격 폭등으로 인해 '최초로 부모보다 못 살게 되는 세대'라고 불리며 자신만의 만족과 행복을 추구하는 경향을 보인다.

테크셀레스터(Tech-Celestor)라는 신조어는 기술(Technology), 유명인사(Celebrity), 투자자(Investor)라는 3가지 단어가 결합해 만들어진 용어로, 테크 스타트업에 투자하는 유명인사이면서 투자자인 사람을 뜻한다. 그들은 주로 성공한 스타트업 창업자이거나 배우, 스포츠 선수 등 IT, 엔터테인먼트, 스포츠 업계 출신이다.

비트코인과 도지코인(Dogecoin) 투자 행보로 악명을 떨친 테슬라 CEO 일론 머스크(Elon Musk), 스티브 잡스 영화의 주연을 맡기도 했으며 초기 스타트업 위주로 많은 투자를 한 배우 애쉬튼 커처(Ashton Kutcher), 아카데미상을 수상한 배우 윌 스미스(Will Smith), 아이언맨으로 유명한 배우 로버트 다우니 주니어(Robert Downey Jr.), 영화 〈데드풀〉로 잘 알려진 배우 라이언 레이놀즈(Ryan Reynolds), 유명 테니스

일론 머스크가 자신의 트위터에 직접 올린 이미지
(시바견은 도지코인의 상징물이다) [32]

선수 세리나 윌리엄스(Serena Williams) 등이 테크 스타트업에 투자하거나 가상자산 투자자로서의 행보를 보인 대표적인 사람들이다.

자이낸스(Zinance)는 1990년대 중반 이후 태어난 Z세대와 금융(Finance)을 결합해 만든 용어로, 모바일 기기에 능통하고 비대면 디지털 금융에 익숙하면서 고수익·고위험 투자를 하는 것에 거리낌이 없는 Z세대의 금융 활동을 뜻한다.

Z세대(Gen Z)는 미국에서 1996년에서 2010년 사이에 출생한 7,200만 명의 사람들을 지칭하는 용어로 시작됐으며, 1980년대 초반부터 2000년대 초반에 걸쳐 출생한 밀레니얼 세대(Millennials)와 함께 통틀어 MZ세대라 부르는 경우가 많다.

MZ세대는 가심비가 가장 중요하다는 점에서 기존 세대와 다르다

MZ세대는 2020년 기준 국내 총인구의 38.1%를 차지하며, 2030년에는 생산연령 인구(15~64세)의 약 60%를 차지하게 될 것으로 예상된다.[33] MZ세대는 무엇보다 모바일을 필두로 한 IT 기기에 친화적인 세대로, 태어났을 때부터 인터넷과 IT 기기를 접하면서 자라 '디지털 네이티브(Digital Native, 디지털 원어민)'라고도 불린다.

MZ세대는 자산과 소득이 높지 않은 편이지만, 자신의 취향과 관심사를 투자에 연계하고 재미·간편함을 추구해 주식, 부동산, 가상자산, 저작권, 미술품 등 다양한 투자 활동에 나서면서 트렌드를 이끌고 있다.

MZ세대는 합리적이고 실용적인 소비를 추구해 짠테크(짠돌이+재테크)라 불릴 정도로 구두쇠 같은 면모를 보이지만, 한편으로는 본인이 중요시하는 부분에 대해서는 돈을 아끼지 않는다. 소위 가성비(가격 대비 성능 비율)와 가심비(가격 대비 심리적 만족도)를 동시에 추구하는 이중적인 측면을 갖고 있는데, 두 가지가 충돌하는 경우 가성비보다는 가심비를 중요하게 꼽는 MZ세대가 많다.

가심비가 중요하기 때문에 MZ세대는 공연예술, 미술품 소비에도 많은 관심을 보여 반드시 보고 싶은 공연이 있을 경우에는 비용을 아끼지 않으며, 카드 할부나 대출을 받아 아트페어에서 마음에 드는 미술품을 사기도 한다. 같은 맥락에서 여행에도 진심이다. MZ세대에게 여행이란 반드시 가야 하는 것으로 삶의 일부다. 그래서 수년 동안 돈을 모아 퇴사한 후 여행을 떠나기도 하고, 1년에도 몇 번이나 틈만 나면 비행기를 타기도 한다.

금융 측면에서 보면 이들은 주로 인터넷은행을 이용하고, 해외 주식 투자의 주요 고객이면서 가상자산 거래소 이용자의 대다수를 차지하고 있다. MZ세대는 해외 주식과 가상자산 거래 고객의 65%를 차지하는 것으로 추정된다. 테크셀레브터는 SNS를 통해 MZ세대와 소통하거나 미디어를 통해 화제를 만들면서 MZ세대에게 영향을 미친다.

MZ세대는 재미와 고위험을 감수하면서 투자에 나서는 경향이 있기 때문에 가상자산에 대한 선호도가 높다. 가상자산 거래가 지닌 도박적인 중독성으로 인해 가상자산 거래소는 '정부가 손 놓은 24시간 도박장'이라고도 불린다. 성공하면 거액을 벌 수도 있는 심리에 기반한 가상자산 투자는 MZ세대와 떼려야 뗄 수 없는 깊은 관계를 맺고 있다. 인플레이션 시기에는 주춤하더라도 언젠가 계기가 생기면 또다시 MZ세대의 가상자산 투자 광풍이 불 수 있다.

서비스 충성도가 약하고, 실리를 추구하는 소비 패턴

생필품이 되어버린 음식배달 앱

MZ세대는 직접 요리를 해서 식사하기보다는 음식배달 앱의 이용과 맛집 투어를 즐기는 경향이 있다. 특히 음식배달 앱은 MZ세대의 생필품으로 자리매김해 지난 수년간 큰 성장을 이뤘다. 참고로 신한은행이 2022년 금융권 최초로 직접 음식배달 앱 '땡겨요'를 선보이고 서비스에 나선 이유도 앱을 통해 대단한 수익을 올리려는 이유라기보다는, 앞으로 중요한 고객층으로 자리매김할 MZ세대와의 접점을 마련하기 위한 이유가 크다고 볼 수 있다. 땡겨요는 출시 8개월만에 회원 수 100만 명, 월간 이용자 수(MAU) 59만 명을 기록했다.

흥미로운 사실은 MZ세대가 실리를 추구하고 필요에 따라 언제든지 사용하는 서비스를 바꾸는 특성을 보인다는 점인데, 이는 음식배달 앱 이용에서도 그대로 나타난다. 상당수의 MZ세대는 음식배달 앱 하나를 주로 이용하기보다는, 앱이 진행하는 프로모션 행사나 쿠폰, 할인 유무에 따라 3대 음식배달 앱(배달의민족, 요기요, 쿠팡이츠)을 자주 바꾸면서 사용한다. 그런 맥락에서 신규 앱인 땡겨요도 지자체와 전용 상품권을 출시하고 쿠폰을 제공하는 등의 프로모션을 통해 어렵지 않게 신규 고객을 확보할 수 있었다.

3가지 가격비교 서비스를 이용해 최저가로 산다

서비스 충성도가 약하다는 MZ세대의 특징은 온라인 쇼핑(모바일 쇼핑 포함) 시에도 그대로 나타난다. MZ세대는 웹에서 매력적인 상품을 발견하더라도 즉시 구매하기보다는 3대 가격비교 서비스(네이버 쇼핑, 다나와, 에누리)에서 가격비교를 한 후에 가장 저렴한 곳에서 구매한다. 특정 쇼핑몰에서만 구매하는 식의 충성도는 찾아보기 어렵다. 오프라인에서 발견한 상품도 즉시 구매하기보다는 온라인에서 가격비교 후 구매한다.

3가지 가격비교 서비스를 이용해보면 같은 쇼핑몰의 같은 판매자 상품이라도 가격에 차이가 발생한다는 사실을 알 수 있다. 동일

에누리 가격비교[34)]

한 경우도 있지만 약간씩 차이가 나는 경우가 많으며, 어떤 경우에는 꽤 많은 금액 차이가 발생하기도 한다. 이는 많은 쇼핑몰이 가격비교 서비스에 따라 프로모션 정책을 달리하기 때문이다. 그래서 하나의 가격비교 서비스 이용만으로는 최저가 구매를 보장하기 어렵기에, 똑똑한 소비자라면 3가지 가격비교 서비스에서 모두 비교해본 후에 최종 구매를 결정한다.

온라인 쇼핑 시 캐시백을 받는다

쇼핑몰 이용 시 구매적립 서비스를 이용하는 것은 똑똑한 소비자에게 필수적인 행위 중 하나다. 예를 들어, OK캐쉬백의 제휴쇼핑몰 메뉴를 보면 쇼핑몰 유형에 따라 OK캐쉬백 포인트의 적립 비율이 나와 있으며 이를 경유해 해당 쇼핑몰에서 상품을 구매하면 적립 비율만큼 포인트가 적립된다. OK캐쉬백 모바일 앱으로도 가능한데 PC와 달리 일부 쇼핑몰만 가능하다.

샵백(Shopback)에서는 국내 쇼핑몰뿐만 아니라 해외 쇼핑몰 이용 시에도 적립할 수 있다. 이들 캐시백 서비스는 제휴 쇼핑몰이 다 다르고 동일 쇼핑몰이라도 적립 비율이 다른 데다 계속 바뀌기 때문에, 가격비교 서비스와 마찬가지로 모두 확인한 후 적립 비율이 가장 높은 곳에서 구매해야 최대한 적립을 받을 수 있다. 또한 가격비교 서비스와 동시에 경유할 수는 없으므로, 가격비교 서비스를 경유해 할인 받는 게 나을지 아니면 캐시백 서비스를 경유해 적립 받는 게 나을지 잘 판단해야 한다.

OK캐쉬백, 샵백 외에도 아시아나 마일리지 적립몰, 신한카드 올 댓 제휴쇼핑몰, KB국민카드 라이프샵 제휴몰, 삼성카드 국내제휴몰 등이 있다. 아시아나 마일리지 적립몰을 경유해 쇼핑하면 아시아나 마일리지로 캐시백이 적립되며, 각 카드사의 제휴몰은 해당 카드사 의 신용카드나 체크카드로 결제해야만 하며 카드사 마일리지로 적 립된다. 여기에 소개한 카드사 말고도 상당수가 캐시백 서비스를 운 영 중이니 자신의 카드사 서비스 메뉴에서 찾아보면 된다.

상품권을 이용해 실질적인 할인 혜택을 받는다

여러 유명 온라인 쇼핑몰에서 세일 기간과 관계없이 항상 물품을 싸게 구입할 수 있는 대표적인 방법은 컬쳐랜드(문화상품권), 북앤라 이프(도서문화상품권), 해피머니 등과 같은 상품권을 이용하는 것이다. 이들 상품권은 보통 1만 원권, 3만 원권, 5만 원권 등으로 판매하고 있는데 종종 옥션, G마켓, 위메프, 티몬 등에서 6~8% 사이의 할인율 로 구매할 수 있다. 만일 상품권 구매 시에도 포인트가 적립되는 적 립형 신용카드나 체크카드를 보유하고 있다면 대략 1~2% 추가 혜 택이 생긴다.

11번가, 옥션, G마켓 등은 이들 상품권을 자사 캐시로 충전해 상 품 구매 시 이용할 수 있도록 해주는 기능이 있는데, 싸게 구매해 충 전해 놓고 결제할 때 이용하면 된다. 캐시 충전 기능을 제공하지 않 는 쇼핑몰의 경우에는 상품권 사이트를 경유하면 이용 가능할 수도 있으니, 쇼핑 전 상품권 이용 가능 여부를 확인해보자. 상품권을 현금화하는 방법도 많이 이용되고 있는데, 굳이 여기에서 설명하지는 않겠으니 궁금하다면 구글에서 검색해보기를 바란다.

간편결제를 통해 쿠폰, 카드 할인, 적립 혜택을 받는다

대표적인 간편결제 서비스인 페이코(PAYCO)의 경우 앱에서 일부 쇼핑몰에 한해 결제 시 할인을 제공하는 쿠폰을 제공한다. 미리 쿠폰을 받아 두고서 페이코로 결제하면 혜택을 받을 수 있다. 네이버는 네이버페이로 결제한 이용자들에게 상품에 따라 추가 적립 혜택을 주고 있으며, 유료 멤버십에 가입한 이용자에게는 최대 5%의 적립 혜택을 주고 있다. 멤버십데이에는 특정 카드 할인과 같은 혜택을 주기도 한다. 토스도 유료 멤버십 프로그램인 토스프라임에 가입한 회원에게는 결제 시 최대 4%의 적립 혜택을 제공한다.

소수점 주식투자를 하고, 운동화를 리셀하고, 문화 콘텐츠에 투자한다

MZ세대는 태어날 때부터 여러 디지털 기기를 이용하면서 수많은 정보와 콘텐츠에 노출되어 자란 세대이기에, 특히 직관적이고 편리하고 재미있는 디지털 금융을 선호한다. 운동화, 미술품, 명품, 음악 등 기존에는 금융의 영역이 아니었던 상품에도 재테크를 하는 등 금융상품에 대한 경계도 불분명하다. 개인화된 맞춤형 정보를 제공받을 수 있다면 개인정보도 기꺼이 제공하는 경향이 있다.

해외 주식에 소수점으로 투자한다

소수점 주식 거래(Fractional Share Trading)는 주식을 1주 단위가 아니라 소수점 단위로 매매하는 것으로, 원래 미국에서 배당 재투자 프로그램의 일환으로 시작된 것인데 2020년 들어 로빈후드(Robinhood), 찰스슈왑(Schwab Mobile), 피델리티(Fidelity Investments) 등과 같은 MZ세대가 선호하는 온라인·모바일 주식거래 서비스에서 본격 제공하면서 확산됐다.

미국 MZ세대들에게 선풍적인 인기를 끈 로빈후드[35]

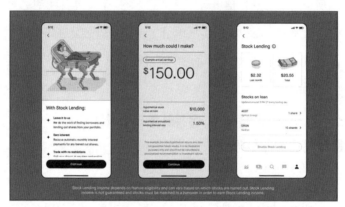

국내에서는 2022년 4월 토스증권이 실시간으로 구현한 해외주식의 소수점 매매 서비스를 시작했다. 기존에도 일부 증권사에서 해외주식 소수점 매매를 제공했지만, 기술적인 한계로 실시간 매매는 불가능했다. 토스증권은 미국 주식, ETP(Exchange Traded Product, 주식처럼 거래할 수 있는 상품), 리츠(REITs: Real Estate Investment Trusts, 부동
산 간접투자 상품) 대상으로 업계 최다 3,070개 종목에 대한 소수점 거
래를 제공하며, 이를 이용하면 최소 1,000원부터 입력된 금액에 맞
춰 주문이 가능하다. 미국 주식은 국내 주식에 비해 고가인 경우가
많기 때문에 MZ세대에게는 1주 구입도 부담이 될 수 있다는 점에서
소수점 거래 지원은 꽤 중요한 유인 전략이다.

카카오페이증권도 같은 시기 모바일트레이딩시스템(MTS)을 정
식 출시하면서 MZ세대가 선호하는 미국 우량 주식 24개(애플, 테슬라,
월트 디즈니, 비자, 마스터 카드, 맥도날드, 월마트, 넷플릭스, 나이키, 프록터앤갬
블, 유니레버, 펩시코, 어도비, 보잉, 모더나, UPS, 페이스북, 알파벳A, 마이크로소프
트, 엔비디아, 스타벅스, 록히드마틴, 코스트코, 골드만삭스)를 시작으로 소수점
거래 가능 주식을 확대하겠다고 밝혔다.

특히 카카오페이증권의 차별화 전략은 소수점 매매를 통해 소액
투자 서비스 제공뿐만 아니라, 이후에는 카카오톡의 선물 기능을 이
용해 친구, 가족, 지인에게 주식을 선물하고 함께 투자도 가능하게
만들겠다는 것이다.

리셀 플랫폼을 이용해 재테크한다

여론조사기관 해리스 폴(Harris Poll)에 따르면, 한국 성인 5명 중
거의 1명(18%)이 한정판으로 출시된 스니커즈를 구입했거나 향
후 12개월 이내에 구입할 계획이라고 응답했다.[36] 이들 5명 중 2명
(38%)은 투자를 위해 구입할 의향이 있다고 밝혔다. 또한 한국 성인

의 3분의 1 이상(36%)이 온라인 2차 시장에서 한정판 운동화, 수집품, 한정판 의류 또는 액세서리를 판매했거나 향후 12개월 이내에 판매를 고려하고 있는 것으로 나타났다.

MZ세대, 그중에서도 Z세대는 운동화, 의류를 통한 신종 재테크에 관심이 많은 것으로 알려져 있다. 글로벌 1위 리셀(Resell, 물건을 구입하여 다른 사람에게 다시 파는 것) 플랫폼 스탁엑스(StockX)는 2021년 9월 국내에 공식 진출하면서 한국 소비자를 위해 경기도 김포시에 상품 검수센터도 오픈했다. 스탁엑스는 한국어 서비스를 제공하며 스니커즈, 수집품, 전자기기, 한정판 의류와 액세서리에 이르기까지 12만 개 이상의 스탁엑스의 전 제품을 구매할 수 있도록 했다. 스탁엑스는 영국, 호주, 일본을 비롯해 200개국 이상에 진출한 상태다.

스탁엑스에서 판매되는 물건들[37]

특히 스탁엑스는 한국 시장에 진출하며 자사 검수센터가 99.95%의 정확도를 자랑한다고 밝히면서, 모든 판매 물건에 대해 숙련된 전문 검수자들이 방대한 데이터베이스를 활용해 진품인지 판단한 후 배송하며 이를 통해 중고거래 시장에서 고객 불안을 줄이고 투명성과 안정성을 보장한다고 설명했다.

국내 업체로는 네이버 크림(Kream)이 2022년 상반기 기준 점유율 70~80%를 차지하고 있으며, 이외에도 무신사 솔드아웃(Soldout), KT알파의 리플(Reple) 등이 시장에서 경쟁했으나 KT알파는 2022년 8월 서비스를 종료했다.

리셀 플랫폼에서는 상품의 희소성이 높을수록 리셀 가격이 높아지기 때문에 상품 확보가 핵심적인 서비스 경쟁력 중 하나다. 그러한 점에서 많은 거래자를 확보한 글로벌 플랫폼이 유리하지만, 네이버가 여러 업체를 인수합병하면서 몸집을 불리고 있어 향후 치열한 경쟁이 예상된다.

좋아하는 문화 콘텐츠에 투자해 수익을 얻는다

개인이 영화에 투자하는 건 쉬운 일이 아니다. 그런데 만일 좋아하는 영화나 콘텐츠에 투자해 수익을 얻을 수 있다면 어떨까? K콘텐츠 증권투자 플랫폼을 표방하는 펀더풀(Funderful)은 온라인 소액 공모 형태를 통해 누구든지 드라마, 영화, 뮤지컬, 음악, 공연, 전시, 여행 등에 투자할 수 있는 서비스를 제공한다. 투자가 필요한 팀이 관련 정보를 최대한 제공하고, 자금조달 과정에서 마케팅 효과도 얻을 수 있게 했다.

펀더풀이 2022년 3월 투자를 진행했던 마일즈 알드리지(Miles Aldridge, 영국의 패션 사진작가) 전시의 경우, 투자 모집 개시 약 6분 만에 목표 모집금액을 달성했는데 투자자의 약 76%가 MZ세대였다. 그중 Z세대는 약 17%였으며 평균 투자금액이 인당 124만 원으로 결코 적지 않은 금액이었다. 팬데믹 이후 첫 천만 영화가 된 〈범죄도시2〉의 후속작 〈범죄도시3〉도 공모를 진행했는데, 목표 모집금액 10억 원을 약 1시간 만에 모아 화제가 됐다. 영화 〈한산: 용의 출현〉의 홍보비 조달을 위한 공모에서는 펀더풀 역대 최단 시간인 3분 만에 투자 모집을 끝냈다.

이와 같은 방식의 문화 콘텐츠 투자는 단순히 보고 즐기는 수준을 넘어서 직접 콘텐츠를 선택해 투자하는 과정에서 게임과 같은 재미와 경험을 느끼고 재테크까지 할 수 있다는 점에서 MZ세대의 취향에 딱 들어맞는다. MZ세대에게는 취향, 재미, 경험이 중요하며 그 모든 것이 한편으로는 투자와 연관되어 있다고 볼 수 있다.

펀더풀이 진행한 아트북 투자 프로젝트[38]

아트테크 프로젝트
〈앙리 마티스 아트북 재즈〉

4장

키오스크는 시작일 뿐,
디지털 경제 시대 생존 위해
알아야 할 변화들

"소셜 및 디지털 미디어는 초고속 열차이며
그 초고속 열차는 집으로 돌아오지 않는다."

―하워드 슐츠(Howard Schultz, 스타벅스 명예회장)

1. 아마존화:
강력한 충성도와 기술력으로
무장한 시장파괴자

————————— 아마존의 사업 분야는 크게 전자상거래와 클라우드 부문으로 나눠 볼 수 있는데, 여기에서는 전자상거래 부문의 비즈니스 모델 및 기술에 관한 아마존의 경쟁력과 영향력을 위주로 살펴본다.

팬데믹 기간인 2021년 7월 아마존의 주가는 장중 최고가인 3,773달러를 기록했다(2022년 6월 1주당 20주로 분할하기 전의 주가). 사람들이 외부 활동을 하는 대신 집에서 온라인 쇼핑으로 모든 물건을 사들였기 때문에 기록적인 실적을 냈고 주가도 급등한 것이다. 그에 따라 창업자이자 이사회 의장인 제프 베조스(Jeff Bezos)의 재산도 2,110억 달러로 증가해 세계 1위 부자가 됐다.

이후 팬데믹이 수그러들면서 사람들이 오프라인 매장을 찾고 인플레이션, 우크라이나 전쟁 등으로 인해 성장세가 둔화하고 주가도 조정 받게 됐다. 거시적 불확실성에도 불구하고 2022년 5월 미국 금융사 시티그룹은 아마존이 여전히 인터넷 부문에서 최고의 선택이라며 목표 주가를 4,100달러로 제시했다.[1]

'아마존화(Amazonification)'는 아마존 현상을 설명하기 위해 등장한 용어다. 이에 대한 명확한 사전적 정의는 없지만, 아마존과 같은 파괴자가 시장에서 압도적인 성과를 낼 때 이에 영향을 받는 경쟁자나 다른 기업들도 아마존에 보조를 맞추기 위해 혁신적인 방법을 찾아야 한다는 의미를 담고 있다.

간단히 말해, 아마존이 손대는 거의 모든 산업이 파괴적 변화를 맞이하게 되는 양상을 뜻한다. 이 같은 현상을 불러오는 다른 기업으로 애플을 꼽을 수 있는데 애플도 손대는 분야마다 아마존화와 유사한 영향력을 행사한다. 아마존화를 이해하면 아마존과 동일한 업종에서 경쟁하는 업체들이 어떻게 변해야 하는지를 알 수 있고, 아마존을 롤 모델로 삼은 쿠팡과 같은 업체의 사업 전개 방향도 예측할 수 있다.

아마존의 핵심 경쟁력은 FBA 서비스와 유료 멤버십 프라임

아마존 전자상거래 부문의 최대 강점 중 하나는 바로 FBA(Fulfillment by Amazon)다. FBA를 이용하는 셀러는 아마존 풀필먼트 센터(Fulfillment Center, 기존 물류센터와 달리 다양한 서비스를 제공한다)에 상품을 보관하기만 하면 아마존이 해당 상품의 선별, 포장, 배송, 고객 서비스를 모두 담당한다.

기존 물류센터는 단지 유통 과정의 일부에 불과한 반면에, 아마존 풀필먼트 센터에서는 앞서 소개한 것처럼 기존에 셀러가 처리하던

대부분의 업무를 아마존이 대신 처리한다. 일정 수수료만 지불하면 아마존이 상품의 보관에서부터 배송, 교환, 반품까지 모두 처리하기 때문에 셀러는 오직 고객 확보와 사업 확장에만 집중하면 된다.

FBA는 유료 멤버십 프로그램 프라임(Prime)과 결합해 강력한 힘을 발휘하고 있다. 프라임 가입자 수는 2021년 4월 2억 명을 돌파했다. 셀러의 입장에서 FBA를 이용함으로써 어떤 혜택을 볼 수 있는지 좀 더 구체적인 내용을 3가지로 정리해보았다.

첫째, FBA로 등록된 상품은 프라임 고객 대상 익일 또는 당일 무료배송, 일반 고객 대상 25달러 이상 구매 시 무료배송이 가능하다. 즉, 프라임 고객은 단 하나의 상품만 구매하더라도 무료배송을 받을 수 있고 일반 고객은 단일 상품 가격이 25달러를 넘거나 아니면 상품 여러 개를 합쳐서 25달러만 넘으면 무료배송을 받을 수 있다.

이러한 무료배송 혜택으로 인해 소비자는 우선적으로 FBA 상품을 구매하게 되며 이는 셀러의 매출 증대로 이어지게 된다. 실제로 셀러 커뮤니티에서는 FBA 등록 후 매출이 크게 증대됐다고 밝힌 사례를 흔히 찾아볼 수 있다.

둘째, 아마존이 직접 고객 서비스(취소, 교환, 반품 등)를 제공함으로써 더욱 신속하고 만족스러운 서비스 제공이 가능하다. 아마존의 고객 서비스는 주로 라챗(Live Chat)으로 이뤄지는데 24시간 365일 제공되며 기다림 없이 빠르게 상담 가능하고 대부분 한 번의 채팅으로 거의 모든 애로사항이 해결되는 것으로 유명하다. 예를 들어, 배송받은 상품에 하자가 있다고 얘기하면 즉시 환불해주거나 재발송을 해준다.

대다수의 국내 쇼핑몰처럼 담당 부서나 셀러에게 확인한 후 알려준다고 하거나, 사진이나 동영상을 찍어 보내라고 하거나, 반품한 상품이 창고에 도착하면 이상 여부를 확인 후에 환불해준다는 식의 응대는 아마존 고객 서비스에서 찾아볼 수 없는 일이다. 아마존 상담원은 거의 모든 권한을 갖고서 상담 즉시 고객의 불만을 해결해준다. 예외적으로 간혹 상담원이 곧바로 상황 파악을 못 하거나 무리한 요구일 경우 즉각적인 해결이 안 되는 경우가 발생할 수 있다.

참고로 국내에서 아마존 수준의 고객 서비스를 제공하는 유통업체는 하나도 없다고 볼 수 있다. 한국의 아마존을 표방하는 쿠팡도 아마존 수준은 아니다. 소위 11마존(11번가+아마존)도 그저 위탁판매에 가까워 고객 애로사항이 즉각 해결되지 않기는 마찬가지다.

셋째, 이용이 간편하며 합리적인 수수료만 지불하면 된다. 아마존은 셀러가 사용하는 보관 공간 및 실제로 처리되는 주문 건에 대해서만 수수료를 청구한다. 배송비용은 수수료에 포함되어 있으며 추가 요금이 청구되지 않는다.

또한 셀러는 아마존 풀필먼트 센터에 보관된 상품을 활용해 다른 판매 채널의 주문을 처리할 수도 있다. 즉, 셀러는 재고를 아마존 풀필먼트 센터에 모아 관리할 수 있으며 필요할 때 언제든지 상품을 반출할 수 있다.

유통업체이면서 세계 3대 테크기업이 된 아마존의 탁월한 기술력

FBA 서비스가 비즈니스 모델이라면, 이를 성공적으로 운영할 수 있는 건 아마존이 인공지능, 로봇, 클라우드, 빅데이터 등과 같은 첨단 기술에 있어 탁월한 기술력을 갖추고 있기 때문이다. 아마존은 유통업체이면서 동시에 애플, 구글과 함께 세계 3대 테크기업 중 하나로 꼽히는 독특한 업체다.

아마존은 FBA 서비스를 구현하기 위해 많은 투자를 했다. FBA는 단순한 서비스가 아니기에 이를 실제 비즈니스로 구현하기 위해서는 현실적으로 많은 어려움이 따른다. 예를 들어, 수많은 셀러의 여러 상품을 풀필먼트 센터에 빠르게 입고한 후 재고를 실시간으로 관리해야 하고, 또한 이러한 풀필먼트 센터가 전국 각지에 존재하는데 만일 고객이 다양한 상품을 동시에 주문하게 되면 여러 풀필먼트 센터에 흩어져 있는 상품들의 최적 이동 경로를 계산해 최소한의 비용으로 최대한 신속하게 배송해야 한다.

경쟁 유통업체가 FBA의 비즈니스 원리를 파악한다고 해도 FBA와 같은 서비스를 쉽게 제공하지 못하는 이유가 바로 여기에 있다. 어설픈 시스템으로 서비스를 제공하다가는 엄청난 비용을 지출해야 하기 때문이다. 아마존은 FBA 서비스의 구현을 위해 수년 동안 MIT 출신 등 뛰어난 과학자와 엔지니어를 동원해 수학적 모델을 연구하고 최적의 시스템을 개발했다.

FBA와 관련된 아마존의 여러 투자 사례가 있지만 대표적인 것 중 하나가 로봇 기술에 대한 투자다. 아마존은 2012년 키바시스템즈 (Kiva Systems)를 7억 7천만 달러라는 거액에 인수했다. 2015년 아마존 로보틱스(Amazon Robotics)로 회사명을 변경했으며 이후 무려 52만 대 이상의 로봇을 풀필먼트 센터에서 활용하고 있다.[3]

풀필먼트 센터에서 운용되는 대표적인 아마존 로봇은 드라이브 유닛(Drive Unit)이라고 불리는 선반 이동 로봇이다. 드라이브유닛은 고객이 주문한 상품이 보관된 선반을 자동으로 찾아서 운반한다. 또 다른 핵심 로봇은 로보스토우(RoboStow)다. 로보스토우는 화물을 옮기는 로봇 팔인데, 최대 24피트(약 7.3m) 높이에 있는 3,000파운드(약 1,360kg) 중량의 화물을 이동할 수 있다. 또한 물품 분류를 효율적으로 수행하기 위한 용도로 페가수스 분류 봇(Pegasus Sort Bot)이라는

로봇도 투입하고 있다.

　이처럼 사람이 아닌 로봇 시스템에 의해 재고가 선반에 적재되고 운용됨으로써 아마존의 풀필먼트 센터는 기존 물류센터에 비해 40% 더 많은 재고를 저장하고 있다. 아마존은 로봇을 비롯해 인공지능, 클라우드, 빅데이터 기술 등을 종합적으로 활용해 풀필먼트 센터의 효율성과 안전성을 지속해서 높이고 있다.

　아마존 풀필먼트 센터에 새로운 로봇이 계속 도입되고 수많은 로봇이 운용되고 있기 때문에, 아마존은 이에 대한 교통정리와 효과적인 프로그래밍 및 관리를 위해 '흐름제어 전문가(Flow Control Specialist)'라는 새로운 직책을 도입하기도 했다.

차세대 헬스케어 시장을 정조준하는
아마존 온라인 약국 사업

프라임 가입자는 아마존 약국(Pharmacy) 서비스를 통해 조제약을 저렴한 가격으로 배송비 없이 하루 만에 받을 수 있다. 의약품 검색, 주문 내역, 처방전 내역 등을 손쉽게 확인할 수 있고 24시간 주7일 약사 상담도 제공한다.

미국의 보험 및 의료 산업은 복잡성과 고비용으로 악명이 높은데, 아마존 약국은 대부분의 보험을 지원한다. 아마존 약국은 사용자의 보험을 확인해 보험 플랜에 따라 자기부담금과 공제액을 산정해준다. 또한 사용자의 허락 없이 개인 의료정보를 외부 광고·마케팅 업체와 절대 공유하지 않는다는 점을 강조한다.

아마존 약국의 최대 강점 중 하나는 가격의 투명성이다. 기존에 소비자는 조제약 결제 시 비로소 비용을 알 수 있었다. 하지만 아마존 약국은 보험 적용 가격과 미적용 가격을 사전에 제공해 사용자의 판단에 도움을 준다.

아마존 약국은 사용자를 대신해 의사 및 보험사와의 행정 처리, 처방전, 약 조제, 배송 등의 전 과정을 처리해준다. 사용자는 약국에 방문할 필요 없이 원하는 날짜에 안전하게 포장된 조제약을 받아볼 수 있다. 이는 기존 소매 약국과 경쟁하는 것이어서 미국에서는 서비스 출시 이후 소매 약국 사업을 하는 업체들의 주가가 큰 폭으로 하락하기도 했다.

미국에서 이러한 온라인 약국 서비스가 가능한 이유는 매번 의사에게 처방전을 받아야 하는 한국과 달리, 미국에서는 처방전 리필제가 있기 때문이다. 처방전 리필제란 의사에게 처방받은 후에 다시 의사를 만나지 않아도 일정 기간 약을 받을 수 있는 제도다. 하지만 의사에게 리필을 요청하고 보험사가 가격을 결정하고 약국에서 약을 받는 과정은 사용자가 처리해야 하며 결코 간단하지 않다.

이러한 복잡한 과정을 소프트웨어 자동화로 처리하는 파머시 OS(PharmacyOS)라는 시스템을 만든 기업이 필팩(PillPack)이다. 필팩은 2013년 설립된 온라인 약국 스타트업으로 9,390만 달러에 달하는 투자를 받고 사업이 순항하며 업계에서 주목받았는데, 2018년 6월 아마존이 10억 달러에 인수했다. 현재 필팩은 아마존 약국의 일부로 운영되고 있다.

아마존이 이처럼 약국 사업에 진출한 이유는 아마존이 차세대 비즈니스로 헬스케어 시장을 정조준하고 있기 때문이다. 아마존은 약

필팩 앱과 패키지[5]

국 외에도 원격 진료, 의료 데이터 분석, 의료보험 판매 등 다양한 헬스케어 서비스에 진출했거나 진출할 예정이다.

그렇다면 국내의 온라인 약국 비즈니스는 어떤 상태일까? 국내에서는 그간 약사법에 따라 의약품의 약국 외 장소 판매 금지, 택배 배송 금지 상태였기 때문에 아마존과 같은 온라인 약국 서비스가 원칙적으로 불가능했다. 다만 팬데믹으로 인해 한시적인 비대면 진료와 약 배송이 허용됐는데, 이에 대해 진료업계와 의약업계의 입장 차이가 큰 상태라서 사회적 합의 및 법제도 개정에 따라 어떤 변화가 발생할지 지켜봐야 할 것이다.

아마존에 대한 고객 충성도가 높은 이유는 무엇일까?

아마존은 종이책 판매로 사업을 시작했지만 이제는 거의 모든 것을 팔면서, 하루 또는 몇 시간 내에 집 앞까지 배달하고, 고객 기대치에 많은 변화를 가져왔다. 무엇보다 아마존 프라임은 소비자에게 다양한 혜택을 제공하고 브랜드에 대한 강한 충성도(Loyalty)를 갖게 한다. 이제 소비자에게는 구매 용이성, 빠른 배송일자, 만족스러운 문제 해결에 있어서 아마존이 기준점이 됐다.

앞서 아마존의 강점에 대해 FBA 서비스를 위주로 살펴보았는데, 이 외에도 프라임 가입자는 다양한 엔터테인먼트 콘텐츠와 아마존 독자 콘텐츠를 무료로 감상할 수 있는 프라임 비디오(Prime Video), 상용 게임을 무료로 즐길 수 있는 프라임 게이밍(Prime Gaming),

2백만 개 이상의 곡을 무료로 감상할 수 있는 아마존 뮤직(Amazon Music), 홀 푸드 마켓(Whole Foods Market)을 통한 2시간 내 유기농 신선식품 배송, 무료 전자책을 제공하는 프라임 리딩(Prime Reading), 무제한의 사진 저장소를 제공하는 아마존 포토(Amazon Photos) 등 다양한 혜택을 누릴 수 있다. 이를 보면 아마존이 쿠팡, 네이버 등 국내 업체가 운영하는 멤버십 프로그램에 얼마나 큰 영향을 미쳤는지 알 수 있다. 이것이 바로 아마존화다.

아마존에 대한 고객 충성도가 높은 이유는 무엇보다 아마존이 강력한 생태계를 구축하고 있고, 소비자 입장에서 아마존을 이용함으로써 얻을 수 있는 결과가 무엇인지 정확히 알 수 있고, 아마존 이용 과정에서 문제가 발생할 시 아마존이 문제를 빠르고 만족스럽게 해결해줄 것이라는 신뢰를 갖고 있기 때문이다.

아마존처럼 성공적인 비즈니스를 구축하고 싶은가? 그렇다면 아마존처럼 강력한 생태계와 고객 충성도를 구축하면 된다. 이처럼 아마존의 성공 비법은 단순하면서도 어려운 일이다.

2. 로봇과 인공지능이 일하는 스마트 물류센터

───────────── 앞서 살펴본 아마존의 성공사례에서 알 수 있듯이 물류센터에 로봇, 인공지능, 빅데이터, 사물인터넷 등과 같은 첨단 기술을 접목하게 되면 많은 이점을 얻을 수 있다. 작업량을 최적화하는 것은 물론이거니와 작업자의 오류 감소, 부상 위험 감소, 비효율적인 작업 감소, 작업량의 정확한 측정 및 이를 통한 인력 요구사항의 효율적 관리 등 여러 분야에서 향상이 이뤄진다.

첨단 스마트 물류센터에서는 로봇과 사람들이 함께 작업해 물품을 분류, 운반, 보관한다. 로봇은 물품을 운반하거나 선반에 보관하는 데 주로 이용되며 사람은 판단이 필요한 작업을 주로 수행한다. 특히 아마존과 알리바바는 첨단 기술을 적극적으로 이용해 첨단 스마트 물류센터를 운영하는 대표적인 기업들이다.

전자상거래 시장이 갈수록 커지면서 월마트, 신세계, 롯데 등 여러 국내외 유통업체들은 스마트 물류센터 솔루션의 도입·확대 및 비대면화를 더욱 가속화하고 있다. 스마트 물류센터는 정해진 미래다. 다만 초기 투자비용 및 운영비용을 면밀히 고려해야 하고, 무엇보다 자사의 비즈니스에 적합한 솔루션을 도입하는 것이 중요하기 때문에 이를 위해 세부 기술요소들에 대해 신중히 평가해야만 만족스러운 도입 효과를 누릴 수 있을 것으로 판단된다.

스마트 물류센터에서는 자율주행 무인운반 로봇이 일한다

물류센터에서 운용되는 운반차는 공장이나 창고에서 화물을 운반하는 설비로 지게차 방식, 견인차 방식, 컨베이어 방식 등 다양한 형태가 존재한다. 최근 들어 물류센터의 첨단화가 이뤄지면서 물류센터의 생산성을 높여주는 무인운반차 업체들의 경쟁이 점차 심화되고 있다.

무인운반 업무에 사용하는 기존 기술로 AGV(Automated Guided Vehicle, 자율 가이드 차량)가 있는데, 이는 트랙이나 미리 정의된 경로에 의존해 이동하며 작업자 감독과 대규모 설비 투자가 필요했다.

일반적으로 AGV는 최소한의 지능만 탑재하고 사전에 프로그래밍된 지시만 따를 수 있으며, 이동하기 위해서는 와이어나 자기 띠, 센서 등과 같은 설비가 필요한데다 고정 경로로만 운행할 수 있어 이동에 제한이 있었다. 경로 변경을 위해서는 추가 비용이 들고 생산을 멈춰야 하는 경우도 생긴다. 장애물이 탐지되면 멈출 수 있지만 우회할 수는 없기 때문에 장애물이 제거될 때까지 정지된 채로 있었다.

반면에 첨단 스마트 물류 센터에서 사용하는 AMR(Autonomous Mobile Robot, 자율 모바일 로봇)은 시설 도면을 통해 지도를 구성하고 카메라, 내장 센서, 레이저 스캐너, 소프트웨어와 데이터를 통해 가장 효율적인 경로를 선택해 주변을 탐색하면서 자율적으로 목표 지점으로 이동한다. 자율주행이 가능한 AMR은 유연성의 측면에서 AGV보다 훨씬 우수하다. 또한 AGV보다 저렴하며 민첩한 비즈니스를 수행하는 데도 적합하다고 볼 수 있다.

2003년 설립된 시그리드(Seegrid)는 스마트 물류센터를 위한 하드웨어와 소프트웨어를 제공하는 전문기업이다. 시그리드의 무인운반차 모델 중 하나인 팔리온(Palion AMR)은 8,000파운드(약 3,628kg) 중량의 화물을 자동으로 픽업, 운반, 전달할 수 있으며 시속 4마일(약 6.4km)의 속도로 주행 가능하다. 무인견인차(Tow Tractor AMR) 모델은 최대 10,000파운드의 중량을 견인할 수 있고, 무인지게차(Lift AMR)는 최대 6피트 높이에서 3,500파운드의 중량을 운반할 수 있다.

이러한 AMR 기반 무인운반차에서 중요한 기술이 바로 컴퓨터비전이다. 앞서 살펴봤듯이 컴퓨터비전은 컴퓨터가 카메라와 같은 시각 센서를 통해 입력 받은 영상 및 이미지를 분석하여 주변 물체와 환경에 대한 정보를 생성하고 인식하는 기술이다.

시그리드의 무인운반차는 컴퓨터비전 기술을 적극적으로 활용하고 있으며 경로를 따라 이동하면서 자동으로 상세한 3D 지도를 생성한다. 또한 관제 시스템을 통해 다수의 무인운반차를 동시에 모니터링하고 제어할 수 있으며 자동화된 트래픽 관리를 통해 설비의 효율성을 극대화한다.

무인운반차는 작업 효율성뿐만 아니라 안전 강화에도 큰 도움이 될 수 있다. 특히 운반, 하역을 위해 사용하는 지게차는 사망 사고가 종종 발생하는 장비 중 하나로, 운전자 시야 미확보에 따른 작업자와의 충돌, 지게차의 넘어짐 등과 같은 사고가 주로 발생한다. 무인 지게차는 안전 지침을 정확히 준수하기 때문에 사고 위험을 현저히 줄일 수 있다.

페치로보틱스(Fetch Robotics)도 물류 로봇 분야에서 주목받는 업체다. 페치로보틱스의 통합 클라우드 로보틱스 플랫폼과 AMR을 이용하면 데이터 수집을 포함한 여러 애플리케이션을 처리하는 시스템을 몇 시간 내에 빠르게 구축할 수 있다. 페치로보틱스의 여러 로봇 모델 중 롤러탑(RollerTop)은 컨베이어 벨트가 구동되는 작업 환경에서 80kg 중량의 화물을 싣고 내리는 기능을 수행한다. 내장된

페치로보틱스의 롤러탑[6]

광전 센서(Photoelectric Sensor, 빛의 다양한 성질을 이용해서 물체의 유무나 표면 상태의 변화 등을 검출한다)를 이용해 화물 작업의 흐름을 감지하면서 컨베이어 간 화물을 운반한다.

클라우드 기반 소프트웨어인 페치코어(FetchCore) 제품군에는 그래픽 블록을 끌어다놓기(Drag & Drop)하는 방식으로 복잡한 로봇 작업을 프로그래밍할 수 있는 워크플로우 빌더(WorkFlow Builder) 앱이 포함돼 있다. 이를 이용해 코드 작성 없이 몇 번의 클릭만으로 카트 픽업 이동, 카트 내리기, 충전 독으로 이동, 작업 실패 시 처리 등 AMR에 보내는 명령을 구성할 수 있으며 로봇 성능을 추적, 분석, 최적화할 수 있다.

AMR은 레이저 센서를 이용해 자신이 작동할 공간의 지도를 생성하는데, 페치코어에서 AMR이 만든 지도를 확인하고 지도의 시설에 주석을 다는 식으로 정보를 입력할 수 있다. 해당 정보는 AMR이 환경을 이해하는 데 이용되며 접근 금지 구역, 속도 제한 구역, 선호하는 방향 경로 등을 설정해 안전 규정 준수에도 활용된다. 여러 대의 AMR을 운용하는 경우 로봇들의 동선이 겹칠 수 있는데, 교통 관리를 활성화하면 교차로 주변의 경로 계획을 자동으로 최적화한다.

고객 만족을 위해 진화하는 스마트 물류센터 관리 시스템

스마트 물류센터 관리 시스템은 수많은 무인운반차와 각종 로봇, 물류센터에 설치된 여러 설비와 사물인터넷 장치를 제어한다. 또한 화물의 입출고, 이동, 포장 등 전체 프로세스를 통제하며 효율적인 작업 할당을 통한 인건비 절감, 공간 레이아웃 최적화, 재고 정확도 개선, 화물 픽업 정확도 및 동선 개선, 물류센터의 유연성·안전성·보안성 향상, 공급업체와의 관계 개선 등 지속해서 시스템을 최적화하는 기능도 수행한다.

이를 위해 물류센터에서 발생하는 모든 데이터를 취합하고 분석하면서 더 나은 방법을 찾는다. 시장에는 여러 스마트 물류센터 관리 시스템이 출시돼 있는데 여기에서 하나를 살펴보자.

6리버시스템즈(6 River Systems)는 아마존 풀필먼트 센터와 흡사한 물류센터를 구축할 수 있도록 도와주는 솔루션을 제공한다. 6리버시스템즈의 척(Chuck)은 작업자의 업무 속도를 향상시켜주는 무인 운반차이자 협업 로봇으로, 머신러닝으로 물류센터 환경을 파악하면서 가장 효율적인 경로를 판단해 최대 90kg의 화물을 운반한다.

물류센터에서 발생하는 주요 작업 중 하나는 분류(Sort)인데, 분류 작업에 많은 시간이 소요되기 때문에 제품을 효율적이고 빠르게 분류하는 것이 비즈니스에 몹시 중요하다. 6리버시스템즈의 모바일 분류(Mobile Sort) 시스템은 분류와 관련된 여러 프로세스를 관리해주며 이미지, 조명, 각종 센서를 이용해 작업자에게 지시하고 작업 내용을 검증함으로써 작업 속도와 정확성을 높인다.

6리버시스템즈의 팩아웃(Packout)은 포장 작업의 효율성을 향상시켜주는 시스템으로, 고객이 주문한 물품들이 포장 장소에 도착하게 되면 송장이 출력되고 화면에 작업 지시사항이 표시된다. 특히 물품

6리버시스템즈의 솔루션을 이용하는 물류센터[7]

의 상태와 수량 체크를 강화해 오배송이나 배송 누락의 발생을 사전
에 차단한다. 이를 통해 포장 작업의 생산성을 2~3배 개선할 수 있으
며 거의 완벽한 주문 정확도를 달성해 고객 만족도를 높일 수 있다.

여기에서는 6리버시스템즈의 솔루션만 살펴보았는데, 이외에도
오토스토어(AutoStore), 오카도그룹(Ocado Group), 아이엠로보틱스
(IAM Robotics), 베크나로보틱스(Vecna Robotics), 소프트로보틱스(Soft
Robotics) 등 여러 업체가 스마트 물류센터를 구축해주는 솔루션이
나 핵심 기술을 제공하고 있다. 국내에서는 2018년 설립된 물류 스
타트업 파스토(FASSTO)가 스마트 물류센터 솔루션을 제공하고 있으
며, 2021년 8월 국내 최초로 정부에서 스마트 물류센터 1등급 인증
을 받았다.

클라우드 기반의 물류 로봇을 선보인 알리바바

아마존과 물류 기술을 경쟁하는 대표적인 기업으로 중국 최대 전자상거래 업체 알리바바 그룹을 꼽을 수 있다. 알리바바의 물류 부문 자회사인 차이냐오(菜鳥網絡, Cainiao Network)는 아마존과 흡사한 스마트 물류센터를 구축하고 있으며 지속해서 신기술을 개발 중이다. 차이냐오는 창고 관리, 화물 운송, 국제 운송, 통관, 소비자 배송에 이르는 물류 서비스 전반을 사업 대상으로 삼고 있는 기업이다.

차이냐오는 중국지역 24시간 이내, 전 세계적으로 72시간 이내 배송 완료를 목표로 삼고 있다. 이를 위해 차이냐오는 전세 항공편을 260개에서 1,260개로 4배 이상 늘리고 해외 창고의 면적을 두 배로 늘린다는 계획을 발표했다. 차이냐오는 매일 3천만 개의 중국 물품을 처리하고 있으며 중국에서 발송된 주문의 90%가 전 세계 100개 도시에 72시간 이내에 도착한다고 밝혔다.

차이냐오의 스마트 물류센터에는 수백 대의 무인운반차가 운용되고 있으며 재고 적재 높이를 자동으로 식별하는 센서, 실시간으로 재고를 파악하는 카메라와 컴퓨터비전 기술을 이용해 정확한 재고 관리를 수행한다. 차이냐오는 물류센터에 로봇을 도입한 이후 작업 효율성이 이전보다 5~6배 향상됐다고 밝혔다.

차이냐오는 라스트마일(Last Mile, 물품이 고객에게 배송되는 마지막 단계) 배송을 강화하기 위해 중국 100개 도시에 비접촉식 우편물 수집 및 발송 거점 차이냐오 포스트(Cainiao Post)를 3만 개 추가 설치한다고

알리바바의 물류 로봇, 샤오만르브[8]

발표했다. 또한 알리바바는 사물인터넷 장치와 효과적으로 연동되는 알리바바 클라우드 2.0 플랫폼을 발표하면서 알리바바 클라우드를 기반으로 작동하는 물류 로봇 샤오만르브(Xiaomanlv)도 공개했다.

아마존과 알리바바 외에도 알리바바의 중국 내 경쟁자 징둥(JD.com), 독일 국영 철도회사 도이치반의 자회사 DB쉥커(DB Schenker) 등이 특히 로봇을 적극적으로 활용하는 스마트 물류센터 구축에 앞장서고 있는 기업들로 꼽힌다.

앞으로 물류 산업에서는 전 과정의 자동화, 전자상거래 공급망의 간소화, 고객 부가가치의 강화라는 목표 아래 치열한 첨단 테크놀로지 경쟁이 벌어질 것으로 예상된다.

3. 무인매장: 소매업의 게임 체인저

──────────── 무인매장에는 기존 매장과 달리 계산대와 계산원이 없다. 매장에 들어가서 원하는 상품을 집은 다음, 계산대에 줄을 설 필요 없이 그냥 나가면 된다. 넓은 의미의 무인매장 개념에서는 자판기만 비치된 매장이나 고객이 스스로 계산하는 셀프 계산대만 설치된 매장을 포함한다. 그런데 여기에서는 완전히 디지털화되고 무인화된 '아마존 고(Amazon Go)'와 같은 미래지향적인 무인매장과 경쟁 솔루션, 이를 구현하는 디지털 기술에 대해 살펴본다.

'저스트 워크 아웃(그냥 나가면 되는)' 무인매장, 아마존 고

원조 무인매장인 아마존 고의 작동방식을 이해하면 다른 무인매장의 작동방식도 이해할 수 있다. 아마존 고 매장에 들어가기 위해서는 아마존 계정이 필요하고 스마트폰에 아마존 쇼핑 앱이 설치되어 있어야 한다. 매장에 도착하면 앱 메뉴 중 'In-Store Code'로 들어가서 아마존 계정에 등록된 신용카드 중 원하는 결제수단을 선택하고 QR코드를 스캔해 입장할 수 있다.

무인매장에 들어온 고객이 쇼핑하는 과정에서 물건을 선반에서 가져오거나 반환하게 되면, 무인매장 시스템의 각종 센서와 카메라가 여러 각도에서 고객의 행동을 자동으로 감지하여 가상의 장바구니에 물건을 추가하거나 삭제한다. 고객이 물건을 가지고 매장을 나가면 영수증과 함께 아마존 계정으로 요금이 청구된다.

아마존 고에 일하는 직원이 전혀 없는 건 아니다. 계산원은 없지만 매장 직원이 고객에게 인사하고 진열대를 다시 채우고 질문에 답하고 제품을 추천해주는데, 아마존은 고객에게 만족스러운 쇼핑 경험을 제공하기 위해 직원을 두고 있다고 밝혔다(추후 정책이 바뀔 수 있다). 아마존 고 매장에는 반품 처리 구역이 따로 있어 구매한 물건을 반품할 수도 있다. 아마존 고를 처음 선보인 후 4년에 걸쳐 아마존은 미국 여러 대도시와 영국 런던을 중심으로 40여 개 이상의 아마존 고 매장을 개설했다.

일부 아마존 고 매장에서는 '아마존 원(Amazon One)'이라고 부르는 손바닥을 이용한 비접촉식 ID 서비스를 통해 입장이 가능하다. 한 번만 등록해 놓으면 아마존 원 단말기에 손바닥을 스캔하는 것만으로 신원 확인과 결제가 가능하다. 기기에 접촉해야 하는 지문 인식과 달리, 손바닥 인식은 기기를 만질 필요가 없고 센서 위에 손바닥을 1초 정도 머물기만 하면 되는 비접촉 방식이라 더 빠르고 안전해 팬데믹 시대에 적합한 생체 인식 기술이라 할 수 있다.

아마존 원은 아마존의 또 다른 오프라인 매장들에서도 이용할 수 있다. 패션 상품을 취급하는 아마존 스타일(Amazon Style), 유기농 식품을 판매하는 홀푸드마켓(Whole Foods Market), 시애틀의 실내 경기장 클라이밋 플레지 아레나(Climate Pledge Arena, 과거에 키 아레나로 불렸으나 아마존이 스폰서를 맡으면서 이름을 변경했다) 등 단말기가 설치된 일부 매장에서 지원한다.

아마존은 아마존 고에 사용된 여러 기술을 통합 솔루션화하여 '저스트 워크 아웃(Just Walk Out, 그냥 나가면 되는)' 테크놀로지라고 부른다. 그리고 이를 홍보하기 위한 별도의 웹사이트(https://justwalkout.com)까지 만들어 다른 소매업체에 솔루션으로 판매하고 있다. 아마존은 자사 매장을 레퍼런스 삼아 다양한 매장 형태와 크기에 맞춰 확장이 가능하다고 홍보 중이며, 보안과 기술 지원을 장점으로 내세우고 있다. 리조트월드(Resorts World), 허드슨(Hudson), TD가든(TD Garden)

등의 업체들이 아마존의 무인매장 솔루션을 도입한 상태다.

무인매장 구현에 사용되는 핵심 기술 3가지로 딥러닝(Deep Learning), 컴퓨터비전(Computer Vision), 센서융합(Sensor Fusion)을 꼽을 수 있다. 딥러닝과 컴퓨터비전에 대해서는 이미 살펴본 바 있다.

센서융합은 레이더, 라이다, 카메라 등 여러 센서로부터의 입력을 결합하여 주변 환경을 이해하고 구성하는 기술이다. 각각의 센서에는 고유의 강점과 약점이 있는데, 예를 들면 레이더 센서는 악조건의 날씨에서도 거리와 속도를 잘 측정하지만 신호등의 색상을 감지하지는 못한다. 반면에 카메라는 거리 측정을 하는 건 어렵지만 물체 분류와 색상 파악에 강점이 있다. 센서융합은 이러한 여러 센서에서 취합한 결과를 소프트웨어 알고리즘으로 처리해 최대한 정확한 환경 모델을 만든다.

무인매장 기술을 둘러싼 치열한 경쟁

아마존의 저스트 워크 아웃과 유사한 기술을 선보이는 업체들도 계속 늘어나고 있다. 에이아이파이(AiFi)의 무인매장 솔루션인 오아시스(OASIS) 플랫폼을 이용하면, 새로운 매장뿐만 아니라 기존 매장 전체 또는 일부에 무인매장 기술을 적용할 수 있다. 디지털 라벨을 이용해 가격을 즉시 업데이트할 수 있고, 기존 재고관리 시스템과 통합 가능한 API(Application Programming Interface, 다른 앱과의 연결을 제공하는 서비스)도 제공한다. 에이아이파이는 99%의 정확도로 12개월이면 ROI(Return On Investment, 투자 수익) 달성이 가능하다고 밝히고 있으며, 2022년 6월 기준 64개 매장에 솔루션을 보급한 상태다.

그라방고(Grabango)는 에이아이파이와 함께 가장 주목받은 미국 무인매장 기술 스타트업 중 하나로, 대형 소매업체에 아마존 솔루션보다 자사 솔루션이 더 적합하다고 주장한다. 또한 개인정보 및 데이터 보안과 관련해서 고객 프라이버시를 위해 안면 인식을 사용하지 않으며 고객 구매 데이터를 제3자에게 판매하지 않는다고 강조한다. 편의점 체인 맵코(MAPCO), 식료품 체인 자이언트이글(Giant Eagle) 등이 그라방고의 솔루션을 도입했다.

중국 상하이에 본사를 둔 클라우드픽(Cloudpick)은 저스트 워크 아웃과 유사한 명칭의 '저스트 테이크 아웃(Just Take Out)' 솔루션과 함께 고객의 소비 이력, 매장 방문 시 행동을 분석해 고객에게 실시간 프로모션을 제공하는 지능형 마케팅 시스템을 제공한다. 또한 소비자가 문을 열고 어떤 물건을 꺼내는지 인식하는 비주얼 자판기, 소비자 행동을 인식하는 디지털 선반, 컨테이너 크기의 무인매장 모비마트(Moby Mart) 등 다양한 솔루션을 선보인 상태다.

이외에도 매시진(MashGin), 집핀(Zippin), 센세이(Sensei), 스탠다드코그니션(Standard Cognition), 그리고 인스타카트(Instacart)가 인수한 케이퍼(Caper) 등 여러 업체가 무인매장 기술 경쟁에 나서고 있다. 특히 스탠다드코그니션은 국내 기업 BGF리테일(편의점 CU 운영사)이 123억 원, SK네트웍스(자동차 정비 체인 스피드메이트, 호텔, SK렌터카 등의 사업을 한다)가 300억 원을 투자해 화제가 되기도 했다.

스타벅스는 왜 무인매장 기술을 도입했을까?

스타벅스는 2021년 11월 뉴욕에 아마존의 저스트 워크 아웃을 도입한 매장을 오픈했다. 해당 매장은 스타벅스 전체 메뉴와 샐러드, 샌드위치, 베이커리와 스낵 등을 포함해 아마존 고 매장에서 판매하는 일부 식품 및 음료를 갖추고 있다. 스타벅스와 아마존은 새로운 매장의 목표가 고객에게 편리함과 연결성을 제공하는 것이며, 고객 중심의 혁신적인 매장 경험을 제공한다는 공통의 비전을 담고 있다고 밝혔다.[11]

아마존은 주로 오프라인에 기반을 둔 소매업체와 협업하는 방식으로 솔루션을 확산하고 있으며, 영국 슈퍼마켓 체인 세인즈버리(Sainsbury's)에도 솔루션을 제공하기로 했다. 국내의 경우 여의도 더 현대서울 6층에 설치한 언커먼스토어가 현대백화점그룹과 아마존이 협업해 만들어진 것이다.

무인매장 기술 개발과 매장 확산이 가장 빠르게 이뤄지는 국가로 중국을 꼽을 수 있다. 중국 스타트업 빙고박스(Bingobox), 항저우에 본사를 둔 식품회사 와하하그룹(Wahaha Group)의 테이크고(TakeGo), 알리바바의 타오카페(Tao Cafe) 등이 주목할 만하다. 특히 중국 시장에서는 F5웨이라이(F5未来), 이치산디엔(一七闪店), 샤오마이(小麥) 등 여러 브랜드의 무인편의점이 급속히 확산되는 추세다.

국내에서도 무인매장이 늘어나고 있다. 이마트24의 경우 심야에만 무인으로 운영하는 하이브리드 매장 수가 1,000여 개에 달한다. 세븐일레븐은 무인매장 세븐일레븐 시그니처, GS25는 셀프스토어를 운영하고 있다. 중소벤처기업부는 동네 슈퍼에도 무인매장 기술을 보급하기로 했다.

하지만 국내에서 무인매장이라고 부르는 점포의 대부분이 셀프 계산 방식이라 저스트 워크 아웃과는 큰 차이가 있다. 다만 이마트24가 서울 코엑스 스타필드에 아마존 고 방식의 매장을 선보였고, 세븐일레븐도 아마존 고 방식의 DT랩 스토어와 고객 응대를 하는 AI 휴먼을 테스트 중이라 대중화의 시점이 문제이지 아마존 고 스타일의 무인매장 확산은 예정된 미래라 볼 수 있다.

무인매장이 중요한 트렌드인 이유는 연중무휴 운영이 가능하고 고객에게 자유로운 쇼핑과 계산대에서 기다릴 필요 없는 탁월한 경험을 제공하기 때문이다. 기업의 입장에서는 경제적으로 운영할 수 있고, 고객의 입장에서는 필요한 상품을 빠르고 편하게 구매할 수 있어 확산 조건이 갖춰져 있다.

다만 현시점에서 무인매장과 관련된 여러 이슈가 존재하는 것도 사실이다. 상품 도난 문제, 훔친 카드로 구매하는 문제, 담배와 주류 판매 시 구매자 연령 확인 문제 등이 있고 무인매장 솔루션의 하드웨어 요구사항으로 인한 높은 기술 비용, 개인정보 수집과 관련된 법제도적인 이슈도 발생할 수 있다. 물론 앞으로 이런 문제들로 논란이 발생하더라도 시간이 흐르면 해결될 것이며, 무인매장의 확산 자체를 막지는 못할 것이다.

4. 하이브리드 근무제: MZ세대를 위한 필수 근무환경

──────────── 원격근무(Remote Work)나 재택근무(Work From Home)는 스마트 기기를 활용해 시간과 장소의 제약을 받지 않고 유연하게 일하는 근무 형태다. 팬데믹 이전부터 미국, 유럽의 많은 회사에서는 원격근무(재택근무 포함)가 일반적인 근무형태 중 하나였지만 국내에서는 그렇지 못했다.

하지만 팬데믹 기간, 국내 기업과 직장인들은 원격근무에 빠르게 익숙해졌고, 이제 원격근무는 국내에서도 주된 근무형태 중 하나로 자리매김했다. 다만, 다른 나라들과 마찬가지로 원격근무는 주로 교육 수준과 보수가 높은 지식노동자들을 대상으로 하고 있으며 앞으로도 그럴 가능성이 높다.

팬데믹으로 인해 마이크로소프트, 구글, 애플, 메타, 트위터, 토요타 등 많은 해외 기업이 원격근무 확대를 선언하고, 국내에서도 대기업을 중심으로 상시적인 원격근무 체제를 유지할 것이라는 발표가 이어졌다.

트위터는 원격근무와 관련해 가장 과감한 결정을 내린 기업 중 하나다. 팬데믹 초기 트위터는 직원들이 원할 경우 영구적으로 재택근무를 할 수 있다고 밝혔다. 트위터의 공동창업자이자 당시 CEO였던 잭 도시(Jack Dorsey)는 직원들에게 보낸 이메일에서 "트위터는 직원들이 어디에서나 일할 수 있는 '분산화(Decentralization)'에 초점을 두고 있으며 지난 몇 달 동안 그 효과가 입증되었다."고 밝혔다.[12] 하지만 2022년 10월 일론 머스크가 트위터를 인수하면서 원격근무는 더 이상 지속되기 어렵게 됐다.

클라우드 스토리지 서비스로 유명한 박스(Box)도 전 세계 2천여 명의 직원들을 대상으로 원격근무를 도입하면서 앞으로 협업, 속도, 혁신에 중점을 둔 조직문화를 통해 '새로운 표준(New Normal)'이 어떤 형태이든 '디지털 우선(Digital First)' 조직이 되겠다는 포부를 공개했다.

박스가 밝힌 세부사항을 살펴보면 앞으로 주간 회의는 완전히 온라인으로 진행되며, 원격근무 여부와 관계없이 직원의 원격근무 환경을 개선하기 위한 수당을 지급하고, 직원들을 위해 온라인으로 커뮤니티·직무교육·자기계발 기회를 제공한다는 등의 내용을 담고 있다.

하이브리드 근무를 제공하지 않으면 직원을 잃는다

최근 글로벌 기업에서는 '하이브리드 근무제(Hybrid Work Model)'가 확산되고 있다. 하이브리드 근무제란 전통적인 사무실 근무와 원격근무를 혼합해 일하는 방식으로, 원격근무를 포함하는 상위 개념이다. 하이브리드 근무는 사무실 근무와 원격근무 사이에서의 시간 분할에 초점을 맞추고 있으며, 사무실 근무 시간과 원격근무 시간을 합산해 근무 시간을 계산한다. 여기에서 말하는 원격근무는 재택근무를 포함하며, 물리적 사무실이 아닌 외부 공간에서 일하는 모든 방식을 포괄하는 개념이다.

팬데믹은 하이브리드 근무라는 새로운 근무 모델의 시대를 열었으며 MZ세대는 다시 과거 방식으로 돌아가지 않을 가능성이 높다. 만일 MZ세대에게 하이브리드 근무를 제공하지 않는다면 어떤 일이 발생할까? 시장조사기관 웨이크필드리서치(Wakefield Research)가 미국 직장인을 대상으로 조사한 바에 따르면, 회사가 유연한 근무 방식을 제공하지 않을 경우 거의 절반(47%)에 달하는 응답자가 이직을 고려하는 것으로 나타났다.[13]

또한 응답자의 48%가 며칠은 원격에서 며칠은 사무실에서 일하고 싶다고 밝혔고, 응답자의 41%는 회사가 하이브리드 근무를 제공한다면 더 낮은 급여를 받고 일할 의향이 있는 것으로 나타났다. 그리고 절반 이상(56%)이 하이브리드 근무제가 업무에 긍정적인 영향을 미칠 것이라고 답했다.

그렇다면 국내에서 재택근무를 경험한 MZ세대를 대상으로 하는 조사에서는 어떤 결과가 나왔을까? 2022년 5월 네이버는 제2 사옥 준공을 맞아 전 직원을 대상으로 R타입(Remote-based Work, 기본적으로 재택근무를 하면서 필요시에만 출근하고 공용 좌석을 이용하는 근무방식)과 O

타입(Office-based Work, 주 3회 이상 출근하고 고정 좌석을 이용하는 근무방식) 중 하나를 선택하도록 했다. 전면 출근은 아예 선택안에 없었다. 그 결과 R타입을 선택한 직원이 55%, O타입을 선택한 직원이 45%로 조사됐다.[14] 팬데믹으로 2년간 전면 재택근무를 경험한 직원들의 인식을 알 수 있는 결과였다. 예상치 못한 조사 결과에 경영진도 깜짝 놀랐다는 후문이 전해진다.

하이브리드 근무제의 목적은 직원들에게 일하는 장소와 방식을 선택할 수 있는 유연성을 부여함으로써 결과적으로 더 나은 '일과 삶의 균형'을 제공하는 것이다. 이는 MZ세대의 관심사와 정확히 일치한다. 앞으로 하이브리드 근무제를 채택하지 않은 기업은 유능한 인재를 채용하기도 어렵고 유지하기도 어려울 것으로 전망된다(물론 경제 상황에 따라 달라질 여지가 전혀 없는 것은 아니다).

기업은 이제 하이브리드 근무제 아래에서 어떻게 하면 직원들의 생산성 저하가 없으면서도 만족감을 느끼면서 일하는 환경을 제공할 것인가를 고민해야 한다. 하이브리드 근무제를 채택하는 기업은 조직의 특성에 따라 다음과 같은 하이브리드 근무 정책을 고려할 수 있다.

- A안) 직원이 어떤 요일에 사무실에 출근할지 스스로 선택한다.
- B안) 회사가 팀 또는 직군별로 원격근무가 가능한 특정 요일을 할당한다.
- C안) 부서 관리자가 팀이 사무실에 출근할 요일을 선택한다.

● D안) 위의 3가지 옵션을 섞어서 사용한다.

팀원들이 하이브리드 근무를 하게 되면 다양한 시간에 일하기 때문에 회의 일정을 예약하는 일이 쉽지 않다. 그렇기 때문에 가치가 낮거나 애매한 회의는 과감하게 없애는 것을 검토해야 한다. 꼭 필요한 회의만 일정을 미리 계획하고, 회의 목표를 명확히 하고, 정시에 끝내야 한다. 특히 회의 진행자로 (회의에 참석하는 가장 높은 직위의 사람이 아니라) 팀원 중 한 명을 지명하는 게 좋다. 회의 진행자에게 권한을 부여하면 주제를 벗어난 이야기가 길어지는 상황을 끊어 내기 쉽고 균형 있는 진행을 기대할 수 있다.

하이브리드 근무를 위해 어떤 협업 도구를 선택할까?

원격회의를 하거나 팀 단위 프로젝트를 수행하기 위해서는 효과적인 협업도구가 필요한데, 이미 많은 기업에서 마이크로소프트 팀즈(Microsoft Teams), 구글 미트(Google Meet), 슬랙(Slack), 시스코 웹엑스(Cisco Webex), 어도비 커넥트(Adobe Connect), 메타 워크플레이스(Meta Workplace) 등과 같은 도구를 사용하고 있다. 이러한 협업도구는 한번 선택하면 바꾸기 어렵기 때문에 조직문화와 업무 특성에 맞게 잘 선정할 필요가 있다.

최근 가파른 성장세를 타고 있는 제품은 마이크로소프트 팀즈로, 전 세계에서 2억 5천만 명 이상의 사람들이 사용하고 있다. 팀즈의 가장 큰 강점은 기존 오피스 제품군과의 통합 및 팀즈 플랫폼 하나로 화상회의, 통화, 채팅, 공동작업, 파일공유 등 협업에 필요한 거의 모든 작업이 가능하다는 점이다. 유료 버전의 경우 개인 저장소가 1TB 또는 옵션에 따라 무한대로 제공되며 회사 IT 관리자가 관제, 보안 기능을 사용할 수 있다.

구글은 기존 행아웃미팅(Hangouts Meet)의 이름을 바꿔 구글 미트라는 서비스를 선보였다. 구글 미트는 구글의 오피스 제품군인 구글 워크스페이스(Google Workspace, 예전 명칭 G Suite)의 일부로 엔터프라이즈급 화상회의를 제공한다. 구글 워크스페이스는 G메일, 캘린더, 드라이브, 미트, 문서도구, 시트, 슬라이드, 챗 등의 서비스 모음으로 기업고객을 위해 보다 안정적인 서비스 운영과 대용량 저장소, 고객 지원을 제공한다.

2013년 등장한 슬랙은 신속한 팀 작업을 위한 메시징 기반 협업 소프트웨어로, 마이크로소프트 팀즈와 유사한 도구다. 흥미로운 에피소드를 하나 소개하면, 원래 마이크로소프트는 2016년경 슬랙을 80억 달러에 인수하려고 했으나 빌 게이츠의 반대로 인수하지 않기로 했고 이후 슬랙과 유사한 팀즈를 출시하게 된 것이다.

슬랙은 스타트업들 사이에서 큰 인기를 끌면서 2019년 기업공개도 했는데 거래 첫날 시가총액은 195억 달러에 달했다. 2021년 1월 세일즈포스(Salesforce)는 슬랙을 277억 달러에 인수한다고 발표했다. 세일즈포스 CEO 마크 베니오프(Marc Benioff)는 "이번 인수를 통해 엔터프라이즈 소프트웨어의 미래를 정의할 것이며, 모

협업도구 슬랙(이미지는 가상의 내용을 담고 있다)[15]

든 조직이 어디서나 고객 및 직원의 성공을 위해 일하는 디지털 HQ(Headquarter)를 제공할 것"이라고 말했다.[16]

원격근무 확산으로 주목받는 소프트웨어 서비스들

원격근무 확산에 따라 SaaS(Software as a Service, 서비스형 소프트웨어) 활용도 늘어나고 있다. SaaS는 별도의 비용을 들여 소프트웨어를 구매하고 관리할 필요 없이 월간 또는 연간 이용료를 내고 클라우드를 통해 필요한 소프트웨어를 사용하는 서비스 모델이다. 이제 기업에서 사용하는 소프트웨어의 상당수가 SaaS로 제공되고 있으므로, 하이브리드 근무 환경에 적합한 SaaS 도입을 적극적으로 검토할 필요가 있다.

SaaS 제품으로는 온라인 구독 기반의 오피스 프로그램인 마이크로소프트 365, 세일즈포스 CRM(Customer Relationship Management) 등이 대표적이며, 포토샵으로 유명한 어도비(Adobe)도 SaaS로 대부분의 소프트웨어를 제공하고 있다. 어도비는 크리에이티브 클라우드(Creative Cloud)라는 명칭의 서비스를 통해 사진, 영상, 디자인, 웹, UX, SNS 콘텐츠 작업에 최적화된 20개 이상의 앱을 제공하며 커뮤니티를 통해 크리에이티브 스킬을 나누고 배울 수 있도록 하고 있다.

VDI(Virtual Desktop Infrastructure, 데스크톱 가상화)는 가상화된 데스크톱 환경을 제공하는 기술로, 이를 이용하면 서버의 CPU와 메모리를 사용해 서버에서 애플리케이션을 실행하고 서버에 연결된 스토리지에 데이터를 저장한다. 서버에 접속한 작업자의 기기에서는 화면정보와 입력만 처리한다.

즉, 실제 고객 데이터나 파일이 네트워크로 오고 가는 것이 아니라 화면정보만 전송되기 때문에 작업자의 기기로 데이터나 파일이 다운로드 되지 않아 악성코드의 유입을 막을 수 있어 보안성이 크게 향상된다. 그에 따라 대기업이나 금융기관, 공공기관 등 보안이 중요한 기업을 중심으로 VDI 도입이 이뤄지고 있다.

예를 들어, 금융기관은 규제 준수를 위해 망분리(계정계, 정보계 등 내부 시스템에 접근 가능한 컴퓨터와 인터넷 연결이 가능한 컴퓨터를 물리적으로 분리하는 것)를 해야 하는데 VDI를 도입하면 원격근무 시에도 VDI를 통해 안전하게 내부 시스템 접속이 가능해진다.

글로벌 VDI 시장에서는 VM웨어 호라이즌(VMware Horizon), 시트릭스 버추얼 앱스 앤 데스크톱(Citrix Virtual Apps and Desktops) 등의 제품이 많이 쓰이며, 국내 기업으로는 틸론, 소만사 등이 관련 솔루션을 출시한 상태다.

DaaS(Desktop as a Service, 서비스형 데스크톱)는 VDI와 유사한 이점을 제공하는데, VDI가 데이터센터에 자사의 서버, 네트워크, 스토리지 등을 구축해 운용해야 하는 것과 달리 이 같은 시스템을 클라우드로 이용한다는 점에서 차이가 있다. 그에 따라 하드웨어 구매와 같은 초기 투자 비용을 크게 절감할 수 있다는 장점이 있다. 간단히 말해 VDI를 클라우드 형태로 제공하는 게 DaaS다. 그러므로 데이터센터에 직접 서버를 구축하고 관리하는 것을 원할 경우에는 VDI를 도입하고, 클라우드 업체의 서비스를 통해 사용하고자 한다면 DaaS를 도입하면 된다.

대표적인 DaaS로 아마존 워크스페이스(Amazon WorkSpaces), 마이크로소프트 애저 버추얼 데스크톱(Azure Virtual Desktop) 등이 있다. 애저 버추얼 데스크톱을 이용하면 사용자의 기기가 어떤 운영체제를 사용하든 즉시 윈도우와 오피스를 사용할 수 있으며, 기존의 라이선스를 활용하기 때문에 비용도 절감할 수 있다.

업무 성과와 직원 만족도 사이에서 균형을 잡는 것이 핵심

영구적인 원격근무와 하이브리드 근무가 확산하면서 사무실 공간을 줄이거나 비용 절감을 위해 아예 사무실을 없애는 기업도 나타나고 있다. 미래에는 물리적 사무실 없이 가상공간에 회사 주소를 마련하는 것을 당연하게 생각하는 날이 올지도 모른다.

하이브리드 근무를 위해서는 무엇보다 조직문화의 변화가 필요하다. 또한 원활한 협업을 위해서는 기술적으로도 많은 과제가 존재하며, 성과관리와 인사고과에도 많은 변화가 필요하다. 명확한 사실은 유능한 인재를 채용하고 오래 유지하기 위해서는 직원들에게 시간과 장소에 대한 유연성을 제공하는 하이브리드 근무제를 도입하는 게 사실상 필수적인 근무환경이 됐다는 점이다.

하이브리드 근무가 아니라 아예 재택근무를 기본으로 삼는 기업도 나오고 있다. 일본 통신기업 NTT그룹은 전체 직원 중 3만여 명을 대상으로, 재택근무가 원칙이며 본사나 지사의 사무실에 갈 때는 출장으로 취급한다고 밝혔다. 교통비는 상한 없이 지급하는데, 직원이 어디에 살든(심지어 비행기를 타고 온다고 해도) 모두 지급한다는 것이다.

보수적인 조직문화로 유명한 일본에서 이러한 파격적인 시도가 나온 이유는 인구감소와 고령화로 젊은이가 줄어드는 상황에서 젊은 직원들이 자유롭게 일하는 환경을 만들어 유능한 인재를 확보하려는 고육지책이자 전략으로 볼 수 있다.

하지만 이러한 트렌드에도 불구하고, 재택근무를 몹시 싫어하는 CEO들도 있다. 특히 테슬라 CEO 일론 머스크는 임직원들이 사무실에 출근하지 않으면 일하지 않는다고 믿는 대표적인 경영자다. 그는 자사 임원들에게 "일주일에 최소 40시간을 사무실에서 일하거나, 아니면 회사를 떠나라"라고 통지한 바 있다.[17] 그러면서 사무실에 나오지 않으면 그만둔 것으로 간주할 것이며, 예외가 필요하면 자신이 직접 검토하고 승인할 것이라고 말했다.

인재 전쟁이 극심한 상황에서 일론 머스크의 경영 방식이 얼마나 효과적인지는 앞으로 그의 경영 실적이 말해줄 것이다. 그의 카리스마와 스타성으로 인해 예외적으로 그런 경영 방식이 통할지도 모를 일이다.

성과를 내는 경영 방식에 정답은 없지만, 명백한 사실은 하이브리드 근무제가 대세라는 점이다. 물론 하이브리드 근무제를 도입한 기업이라고 하더라도 지속적으로 직원들의 업무 성과를 측정하면서 최적화된 근무 시스템을 찾아야 한다. 경우에 따라서는 직원들의 반발을 감수하면서도 하이브리드 근무제를 철회하는 기업도 나올 것이다.

한편으로 일부 기업에서는 하이브리드 근무 정도로는 만족하지 못하는 직원들도 나오고 있다. 앞서 살펴본 네이버 사례처럼 팬데믹이 진행된 2년여간 전면 재택근무를 경험한 직원들 위주로 그런 현상이 나타나고 있다.

애플은 2022년 9월부터 주 3일 출근 방식으로 전환한다는 공지를 했는데, 이에 대해 팀 쿡(Tim Cook) CEO는 "하이브리드 근무제가 애플 조직문화에 매우 필수적인 대면 협업을 유지하면서 유연하게 작업할 수 있는 능력을 향상시킬 것이라고 믿는다"고 밝혔다.[18] 하지만 일부 직원은 전면적인 재택근무를 요구하며 이에 반발하기도 했다.

물론 이런 현상에 대해 "엘리트 기업의 엘리트 직원에 국한된 애기이며 배부른 주장"이라는 의견도 있다. 하지만 팬데믹과 인플레이션 시대를 거치면서 많은 이들(특히 MZ세대)이 자기 삶의 우선순위를 행복으로 정하고 아예 회사를 그만두는 '대퇴직(Great Resignation)' 현상이 일종의 문화가 됐다는 걸 인정할 필요가 있다. 회사는 그만두지 않으면서 최소한의 일만 하는 '조용한 퇴직(Quiet Quitting)' 현상도 마찬가지다.

이제 젊은이들이 일해주는 것만으로도 감사해야 하는 시대가 된 것이다. 어쩌면 우리는 배부른 주장과 배고픈 주장이 공존하는 사회에 살고 있으며, 앞으로 이런 양극화 현상은 더욱 극심해질 가능성이 크다. 옳고 그름을 떠나 그런 흐름이 강하게 전개되고 있다는 의미다.

애플을 포함한 대부분의 테크기업은 전면적인 재택근무보다는 직원들이 며칠이라도 출근해 대면 협업을 하기를 바란다. 그것이 가장 높은 업무 성과를 만들어낼 수 있다고 판단하기 때문이다. 중요한 것은 업무 성과와 직원들의 만족도 사이에서 균형을 잡는 것이다. 기업과 직원 모두 어느 정도 타협하면서도 만족할 수 있는 지점을 찾아야 한다.

결국 업종의 특성과 업무 환경에 맞는 근무 시스템을 확립하는 건 물론이거니와 협업을 효율화하는 최신 협업 기술을 빠르게 평가·도입하고, 직원들을 대상으로 구체적인 가이드라인과 적절한 훈련을 제공하는 게 기업의 주요 경쟁력으로 평가받게 될 것이다. 급속한 시장 변화와 불확실성, 각종 도전에 대응하기 위한 가장 중요한 자원이 바로 직원이기 때문이다.

5. 교육도 구독하고
MBA 학위를 온라인으로
취득한다

        ———————— 미국 하버드대학교는 2020년 회계연도에서 1930년대 대공황 이후 처음으로 적자를 기록했다. 팬데믹으로 인해 등록금 수입, 기숙사 수익 등이 감소한 데다 방역, 원격 시스템 구축 등으로 추가 비용이 발생한 탓이다. 국내 대학들은 더 어렵다. 재정수입 감소, 팬데믹 비용 증가에다 학령인구 감소 등의 영향으로 빠르게 여건이 악화되고 있다.

  이처럼 안 그래도 축소되어가던 오프라인 교육이 팬데믹으로 직격탄을 맞은 가운데 코세라(Coursera), 퓨처런(Futurelearn), 코드아카데미(Codeacademy), 유다시티(Udacity), 에텍스(edX), 듀오링고(duoLingo), 칸아카데미(KhanAcademy) 등과 같은 MOOC(Massive Open Online Course) 서비스가 인기를 끌고 있다. 이들 MOOC는 서비스 초기 세계적인 명문대 교수들이 고품질 강의를 제공하면서 입소문을 타기 시작했다.

  MOOC는 언제 어디에서나 누구든지 유명 대학 강의를 들을 수 있는 대규모 온라인 공개강좌로 시작됐으나, 최근에는 대학뿐만 아니라 유명 기업과 제휴해 경영진이나 전문가가 강의하는 강좌도 제공되고 있다. 또한 영리화되고 있다. 처음에는 무료 강좌로 제공했으나 최근에는 유료 강좌가 많이 늘어났고, 강의는 무료이지만 교수의 피드백과 수료증을 받으려면 비용을 지불해야 하는 강좌도 늘어나고 있다.

국내에서도 한국형 MOOC라 할 수 있는 K-MOOC(http://www.kmooc.kr)를 국가평생교육진흥원(NILE)에서 운영하고 있다. K-MOOC 강좌 수강 시 학점은행제를 통해 학점도 인정받을 수 있다.

글로벌 온라인 교육의 강자, 코세라

전통적인 교육기관이 어려움을 겪고 있는 가운데, 코세라와 같은 온라인 교육 서비스는 크게 성장하는 중이다. 코세라는 2012년에 시작된 1세대 MOOC 플랫폼이다. 미국 스탠퍼드대학교 컴퓨터과학(Stanford Computer Science) 교수 앤드류 응(Andrew Ng)과 다프네 콜러(Daphne Koller)는 세계 최고 수준의 교육을 누구든지 이용할 수 있도록 하겠다는 비전으로 코세라를 설립했다. 참고로 앤드류 응은 인공지능 분야에서 매우 유명하고 영향력 있는 과학자 중 한 명으로 손꼽히는 사람이기도 하다.

코세라는 현재 전 세계 200여 이상의 주요 대학 및 기업이 수천 개의 강좌를 제공하는 거대 서비스로 성장했다. 코세라는 서비스 초기와 달리 비영리 사이트가 아니라, 거액의 벤처 자금을 조달 받고 2021년 상장해 첫날 시가총액 59억 달러를 기록한 영리 기업이다. 코세라의 주 수입원은 유료 강좌다.

2022년 4월 발표된 코세라의 분기 보고서에 따르면, 코세라는 1분기에 1억 2,040만 달러의 매출을 올렸다. 이는 전년 동기 매출 8,840만 달러와 비교해 36% 증가한 수치다. 또한 1분기에만 500만 명의 신규 학습자가 등록해 총 1억 200만 명의 학습자를 가진 대형 교육 플랫폼이 됐다.[19]

코세라의 매출에서 가장 높은 비중을 차지하는 건 개인 사용자로, 강좌 수강과 연계된 인증서 취득과 '코세라 플러스(Coursera Plus)' 구독에 대한 수요가 높은 것으로 나타났다. 코세라 플러스는 매월 59달러를 지불하면 7,000개 이상의 강좌, 실습 프로젝트, 수료증 프로그램을 무제한 이용할 수 있는 상품으로 넷플릭스와 유사한 구독 모델이라고 생각하면 된다.

코세라는 정부, 기업고객을 대상으로 하는 수익도 증가 추세에 있으며 코카콜라, 허츠 렌터카, 토요타 자동차를 비롯한 전 세계 주요 브랜드와 파트너십을 맺고 있다. 또한 고등학교, 기술전문학교, NGO 등 여러 기관과도 협력하고 있는데, 사실상 교육 및 훈련과 직간접적인 이해관계가 있는 모든 조직이 코세라의 파트너나 고객이 될 수 있어 성장 잠재력이 크다.

대규모 협력 사례 중 하나는 MCAAD(Milken Center for Advancing the American Dream)와 협력해 20만 명의 미취업 미국인을 대상으로

MCAAD의 아메리칸드림 아카데미[20]

온라인 교육 프로그램을 시작한 것이다. MCAAD는 소외된 지역사회와 고등 교육을 받지 못한 미국인을 대상으로 취업과 경력 관리를 돕고 더 높은 수입을 얻을 수 있도록 도와주는 기관이다.

온라인 학위와 자격증에 기꺼이 비용을 지불하는 사람들

코세라 최초의 온라인 학위 프로그램인 일리노이대학교 경영학석사(iMBA) 과정은 90개 이상의 국가에서 약 4,500명이 참여하고 있으며 2,000명이 넘는 졸업생을 배출했다.[21] iMBA 과정에 참여하면 전세계 학습자들과 온라인 미팅, 팀 프로젝트를 수행하고 교수로부터 개인적인 피드백도 받을 수 있다. iMBA 과정은 100% 온라인으로 진행되며 총 24~36개월이 소요된다.

iMBA 수업료로 총 2만 3,000달러를 지불해야 하는데, 전통적인 MBA 프로그램에 들어가는 비용이 20만 달러에 달하는 것과 비교하면 상대적으로 iMBA 수업료가 매우 저렴하다고 볼 수 있지만 여전히 일반 직장인에게는 부담되는 금액인 게 사실이다. 다만 직장을 다니면서도 정식 학위 취득이 가능하고 글로벌 인적 네트워크를 구축할 수 있다는 게 상당한 장점이라고 볼 수 있다.

또 다른 학위 과정인 런던대학교 컴퓨터과학 온라인 학사(BSc) 과정도 100% 온라인으로 런던대학교 학위를 취득할 수 있어 수천 명이 등록할 정도로 인기를 끌고 있다.[22] 교육 기간은 총 36~72개월로 주당 14~28시간을 투자해야 하며, 수업료로 11,229~16,790파운드(약 1,700만~2,600만 원)를 지불해야 한다.

수업료는 국가별 소득 수준에 따라 밴드A와 밴드B로 나눠 차등을 두고 있는데, 최소 수업료만 낸다고 해도 여전히 적지 않은 금액이다. 대신 수업료는 전부 선불이 아니라 모듈을 수강할 때마다 해당 모듈에 대한 수업료만 납부하면 되며 장학금, 학자금 대출도 런던대학교 규정에 따라 받을 수 있다.

최근 코세라에서는 실무와 밀접한 과정, 특히 모바일 및 웹 개발, 알고리즘, 보안 및 네트워크, 머신러닝, 데이터 분석 등과 같은 IT 강좌들이 큰 인기를 끌고 있다. 코세라는 인기 있는 IT 과정들에 관련 유명 기업이 제공하는 콘텐츠와 자격증(Certificate)을 연계시키고 있다. 참고로 코세라의 자격증은 취득자가 해당 분야에서 일정 수준의 지식을 갖추었음을 증명하는 일종의 인증서이며, 해당 분야에서 일할 수 있는 자격이 주어지는 면혀증과는 다르다.

전문적인 IT 강좌 중 하나인 '딥러닝 특화(Deep Learning Specialization)' 과정은 인공지능 교육 전문기업 딥러닝AI가 제공하는 것으로, 지금까지 누적 60만 명 이상이 등록했으며 학습자들은 과정 만족도 평가에 평점 4.9점(5점 만점, 10만 명 평가)을 주었다. 이 과정은 주 7시간 학습을 기준으로 5개월의 시간이 소요된다. 과정을 수료하면 링크드인 프로필에 수료증을 등록해 공유할 수 있다.

코세라와의 협업에 가장 적극적인 대학으로 스탠퍼드대학교, 듀크대학교, 미시간대학교, 펜실베이니아대학교, 임페리얼 칼리지 런던 등을 꼽을 수 있다. 기업으로는 구글과 IBM이 가장 적극적인 편

구글이 제공하는 디지털 마케팅 강좌[23]

이다. 특히 구글은 '구글 경력 자격증(Google Career Certificates)'이라는 프로그램을 만들어 코세라에서 데이터 분석, 디지털 마케팅, 프로젝트 관리, UX(User Experience) 디자인 등 다양한 분야에서 1백여 개가 넘는 강좌를 제공하고 있다.

동영상 강의 수준을 넘어설 온라인 교육의 미래

OCW(OpenCourseWare)는 오픈 라이선스인 CCL(Creative Common License)을 기반으로 인터넷을 통해 누구나 교육 콘텐츠를 수강할 수 있도록 제공하자는 일종의 사회운동이다. OCW는 2000년경 국경과 계층에 관계없이 누구나 무료로 이용 가능한 교육 자료를 제공하자는 '공개 교육자원(OER: Open Educational Resources)' 운동의 일환으로 시작됐다.

OCW는 대학 강의를 무료로 공개했다는 점에서 MOOC와 유사하나 MOOC가 평가, 수료증 발급, 수강자 간 상호작용 등 양방향 서비스를 제공하는 것과 달리, OCW는 일방적인 교육 수강만 가능하다는 점에서 큰 차이가 있다. OCW 컨소시엄에 따르면, OCW는 자유롭고 개방된 고품질의 교육 콘텐츠를 오픈 라이선스에 따라 사용할 수 있도록 하며 일반적으로 교수의 피드백이나 자격증은 제공하지 않는다고 밝히고 있다.

MIT, UC 버클리, 도쿄대학교 등 해외 여러 대학이 OCW에 참여하고 있으며 국내에서는 고려대, 서울대, 서강대, 성균관대, 한양대 등이 OCW를 제공하고 있다. 또한 여러 한국 대학의 OCW를 모은 통합 사이트(http://kocw.or.kr)를 한국교육학술정보원(KERIS)이 운영하고 있다.

스킬쉐어(Skillshare)는 수채화, 캘리그래피, 사진, 애니메이션, 일러스트레이션, 그래픽 디자인, 패턴 디자인 등 여러 창의적인 분야에서 3만 개 이상의 온라인 강의를 제공하는 서비스다. 아티스트나 크리에이터가 되려는 사람들에게 인기가 높다. 스킬쉐어에는 크리에이티브 분야 외에도 비즈니스, 테크놀로지, 라이프스타일 분야의 콘텐츠가 있는데 크리에이티브 분야가 특히 사용자 반응이 좋다.

교육 콘텐츠는 짧은 길이로 흥미롭게 구성되어 있으며 자신의 일정에 맞춰 학습할 수 있고, 학습에 도움이 되는 프로젝트도 포함되어 있다. 한 달간 무료로 멤버십을 체험할 수 있으며 유료 멤버십 비용으로 1년 168달러(월 13.99달러)를 지불하면 모든 강의를 무제한으로 들을 수 있다. 스킬쉐어는 '교육 분야의 넷플릭스'를 지향하는데, 어쩌면 이러한 구독경제(Subscription Economy, 정기적으로 금액을 지불하고 상품이나 서비스를 이용하는 비즈니스 모델) 기반의 서비스가 교육의 미래일 수도 있다.

온라인 교육은 우리가 학습하는 방식, 교수와 상호작용하는 방식에 근본적인 변화를 가져왔으며, 팬데믹은 온라인 교육에 날개를 달아주었다. 물론 온라인 대비 오프라인 교육이 갖는 장점이 있지만, 코세라와 같은 검증된 글로벌 온라인 교육이 갖는 장점은 매우 강력하다. 세계 최고의 교수진에게 배울 수 있고 글로벌 인적 네트워크를 맺을 수 있다는 점이 바로 그것이다. 코세라 과정 수료를 인정하는 글로벌 기업들도 계속 늘어나고 있다.

세계 온라인 교육 시장은 2022년에서 2028년까지 연평균 20%씩 성장해 2028년에는 시장 규모가 1조 달러에 달할 것으로 전망된다.[24] 2021년을 기준으로 3배 이상 성장하는 것이며 온라인 학위 과정도 많이 늘어날 것으로 예상된다.

앞으로 온라인 교육은 단순한 동영상 강의 수준이 아니라 영화 같은 매력적인 영상, 확장현실, 3D 프린팅 등을 이용해 체험형·실감형 학습을 제공하고, 빅데이터와 인공지능으로 개인에게 맞춤 설계된 학습을 제공하는 방향으로 발전할 것이다. 지금까지 가장 보수적인 분야로 평가됐던 교육이 혁명적인 변화를 맞이하고 있는 것이다.

과연 국내 교육기관들이 이런 트렌드에 얼마만큼 부응할 수 있을지 우려되는 측면도 있지만, 명백한 사실은 교육과 기술이 융합하고 이를 통해 새로운 시장이 창출되는 디지털 시대에 이런 변화에 호응하지 못하는 교육기관은 커다란 어려움을 겪게 될 것이라는 점이다.

6. AI가 질병을 예측하고 치료하는 디지털 헬스케어 시대

─────────── 전 세계적으로 고령화와 만성질환자가 늘어나고 신종 감염병이 계속 창궐함에 따라 더욱 효율적인 의료체계가 요구되고 있다. 병원이 모든 환자를 신속하게 진료하기가 점점 어려워지고 있을 뿐만 아니라 병원 내 감염의 우려도 커지고 있기 때문이다.

여기에서 살펴보게 될 AI 헬스케어 기술을 이용한 감염병 예측, 의료 데이터 처리 자동화, 원격 환자 관리 등은 더 나은 의료체계 확립을 위한 하나의 대안이 될 수 있다. 또한 해외에서는 첨단 기술을 이용해 환자들의 만족도를 증대하면서 동시에 의료 환경을 개선하려는 많은 시도가 이어지고 있다.

예를 들어, 뇌전증 환자들에게 좋은 반응을 얻고 있는 엡시(Epsy)는 뇌전증을 앓고 있는 사람들을 위해 발작, 유발인자, 약물을 추적·관리할 수 있는 기능을 제공하는 모바일 앱이다. 이를 통해 환자와 의료전문가 간의 대화와 정보 공유를 간소화하여 시간을 절약하고 치료 계획을 개선할 수 있다. 규제 준수 및 동급 최고의 데이터 암호

화를 사용해 신뢰도를 높였다.

다만 현재 국내 의료산업은 의료 데이터 활용, 원격진료, 온라인 처방, 조제약 택배 등 여러 분야에서 규제가 존재하고 다양한 논란이 있는 상황이다. 이에 대한 사회적 합의가 이뤄지고 적절한 법제도가 마련되어야만 비로소 혁신적인 헬스케어 서비스가 등장할 수 있을 정도로 의료환경의 혁신이 어려운 상황에 처해 있다.

블루닷은 어떻게 WHO보다 먼저 코로나19 바이러스를 경고했나?

코로나19 바이러스의 존재를 가장 먼저 알린 건 세계보건기구(WHO)나 미국 질병통제예방센터(CDC)가 아니라 감염병 AI 서비스를 제공하는 스타트업 블루닷(BlueDot)이었다. 블루닷이 2019년 12월 31일 원인 불명의 폐렴을 경고한 반면에, 미국 질병통제예방센터는 2020년 1월 6일, 세계보건기구는 1월 9일 경고했다.

2008년 설립된 블루닷은 캐나다의 대표적인 AI 헬스케어 스타트업으로, 의사 및 프로그래머로 구성된 팀이 의료 전문지식 및 고급 데이터 분석 기술과 인공지능 기술을 결합해 감염병을 추적하고 예측하는 솔루션을 개발했다. 블루닷은 특히 감염병과 관련된 글로벌 조기 경보 시스템을 핵심 사업으로 내세우고 있으며, 이를 위해 100여 개 이상의 데이터셋과 자체 개발한 인공지능 알고리즘을 이용하고 있다.

블루닷은 자신을 스스로 '아웃브레이크 인텔리전스 플랫폼(Outbreak Intelligence Platform)'이라고 칭하는데, 아웃브레이크란 감염병이나 전쟁, 화재 같은 사건이 갑자기 발생하는 것을 뜻하는 단어다. 블루닷의 인공지능 시스템은 크게 두 가지 서비스를 제공한다.

하나는 블루닷 인사이트(Insights)라는 서비스로, 의료기관과 정부 기관을 위해 거의 실시간으로 전 세계 감염병 위험을 추적하고 미리 경고해준다. 블루닷 인사이트는 코로나19 바이러스 경고 이전에도 미국 플로리다주에서 지카(Zika) 바이러스 환자가 발생할 것을 6개월 전에 예측한 바 있다. 지카 바이러스는 모기에 의해 전염되며 신경계 질환을 유발해 심각한 후유증을 남기는데, 임산부가 감염되면 소두증 신생아를 낳는 것으로 알려진 바이러스다

블루닷이 제공하는 또 하나의 서비스는 블루닷 익스플로러(Explorer)인데, 이는 다양한 데이터셋을 통합하는 클라우드 기반 GIS(Geographic Information System) 플랫폼이다. 감염병은 세계 각국

의 지역적, 사회적인 각종 변수들에 의해 영향을 받는다. 블루닷은 사용자가 최선의 결정을 내릴 수 있도록 매일 60개 이상의 언어로 된 1만 개의 각종 소스로부터 정보를 취합한다. 연간 40억 건에 달하는 항공권 이용 정보, 국가별 인구 밀도, 실시간 기후 정보, 곤충 및 가축 정보 등이 포함되며 각종 데이터 분석 도구도 제공한다.

블루닷의 시스템은 사용자가 위험 평가를 쉽게 할 수 있도록 다양한 정보를 계층화하고 시각화해서 보여주는 것에 강점이 있다. 블루닷은 고객이 자사의 시스템을 사용하게 되면 미리 감염병에 대비할 수 있으며, 이를 통해 정부 및 의료기관의 평판 저하를 막고 법적 책임을 감소시킬 수 있다고 주장한다. 블루닷은 10여 년간의 과학적 연구 결과를 세계 유명 저널에 공개하기도 했다. 현재 블루닷의 시스템은 캐나다, 싱가포르 등 세계 12개국의 정부기관 및 의료기관에서 사용하고 있다.

블루닷의 창업자이자 의사인 캄란 칸(Kamran Khan) 박사는 "정부가 신속하고 투명하게 정보를 공개하지 않기 때문에 시스템을 개발했다"고 밝혔다. 블루닷은 기존의 감염병 감시 방법으로는 효과적인 감염병 감시가 어렵기 때문에 프로세스를 완전히 바꾸고 인공지능 기술을 적극적으로 활용해야 한다고 주장했다.[26]

블루닷이 제시하는 프로세스와 기술이 해결책인가에 대해서는 신중한 검증이 필요하겠지만, 국가간 이동이 빈번한 글로벌 시대에 맞는 새로운 감시 체계와 대응 솔루션이 필요한 것만은 분명해 보인다.

의료산업을 혁신하려는 헬스케어 스타트업들

의사의 문서 작업 시간을 대폭 줄여주는 소프리스헬스

소프리스헬스(Sopris Health)는 의료 데이터 처리 자동화 서비스를 제공하는 헬스케어 스타트업이다. 소프리스헬스는 자연어 처리 기술로 환자의 증상, 병력, 임상 이력 등을 수집, 분류, 분석하고 자동으로 문서화해주는 인공지능 기반 솔루션을 제공한다. 이를 통해 의사는 진료에 더 집중할 수 있으며 오류도 줄일 수 있다.

흥미로운 점은 소프리스 어시스턴트(Assistant)라는 명칭의 이 서비스가 채팅 형태의 인터페이스로 제공된다는 사실이다. 소프리스헬스는 이를 이용해 의사가 스마트폰으로 임상 메모를 즉시 기록하고 EHR(Electronic Health Record, 전자건강기록) 시스템에 전달하게 되면, 문서화 및 데이터 입력에 소요되는 시간의 80%를 단축할 수 있다고 주장한다.

예를 들면, 별도의 문서 입력 시간을 가질 필요 없이 한 환자를 진료한 후 병실에서 나와 다른 병실로 이동하면서 임상 메모를 하면 이것이 자동으로 디지털화되어 EHR 시스템에 입력되는데, 말 그대로 어시스턴트 역할을 해준다고 볼 수 있다.

개인화된 원격 건강관리 서비스를 제공하는 센스리

센스리(Sensely)는 아바타 및 챗봇 기반 인터페이스를 통해 인공지능 시스템이 환자와 대화하면서 건강관리를 해주는 서비스를 제공한다. 센스리는 소프트웨어 개발도구(SDK) 형태로 제공되기 때문에 환자 관리 외에도 보험 계약, 고객 서비스 등 다양한 분야에 활용될 수 있다.

센스리 서비스에서 사용자와 대화할 아바타는 몰리, 알렉스, 케이, 제임스 등 몇 가지 남녀 캐릭터 중에서 선택할 수 있다. 센스리는

센스리 서비스 화면[27]

텍스트 음성 변환 및 음성 인식 기술을 이용해 사용자와 자연스럽게 대화하면서 환자의 건강 상태를 파악한다. 환자의 증상을 평가하거나 건강 정보를 제공하거나 심부전(CHF), 만성폐쇄성폐질환(COPD), 당뇨병 등과 같은 14가지 만성질환을 관리할 수 있다.

흥미로운 점은 센스리가 미국 미네소타주에 있는 종합병원 메이오 클리닉(Mayo Clinic)과 함께 기업고객을 위한 직원 건강관리 서비스를 제공하고 있다는 사실이다. 이를 통해 기업은 직원들에게 센스리 기반의 건강관리 서비스를 이용하도록 하고 직원은 단지 몇 분만에 자신의 증상을 평가하고 적절한 치료 방법을 알 수 있다. 센스리는 기업이 이를 이용함으로써 직원의 결근을 줄이고 생산성을 높일 수 있으며 직원들에게 마음의 평화를 제공할 수 있다고 주장한다.

마이크로소프트가 22조 원에 뉘앙스를 인수한 이유

마이크로소프트는 2021년 4월 음성인식 전문기업 뉘앙스커뮤니케이션즈(Nuance Communications)를 197억 달러(당시 기준 약 22조 원)에 인수한다고 밝혔다. 뉘앙스는 1992년 설립된 기업으로 나스닥에도 상장돼 있다. 이번 인수는 마이크로소프트가 2016년 링크드인을 240억 달러에 인수한 이후 두 번째로 큰 거래다.

뉘앙스는 음성인식 분야에서 최고 기술력을 가진 기업으로, 포춘(Fortune) 선정 100대 기업의 85%를 고객사로 확보하고 있다. 또한 애플이 시리를 개발할 때 협력한 것으로 알려져 있다. 최근 뉘앙스는 음성인식 및 인공지능 기술을 의료, 금융, 통신, 유통 등 여러 산업용 솔루션에 도입하고 있는데 특히 의료 분야에서 두각을 나타내고 있다.

뉘앙스는 의사와 병원이 필요로 하는 각종 서비스를 제공하는데, 55만 명 이상의 의사와 1만 개 이상의 의료기관에서 뉘앙스 헬스케어 솔루션을 이용 중이다. 솔루션의 일부 기능을 살펴보면 음성인식을 통한 문서 자동화, 인공지능 기반 데이터 분석 및 의사결정 지원 시스템, 대화형 IVR(Interactive Voice Response) 기술을 통한 환자 약속 관리 및 환자 지원 등이 포함돼 있다.

솔루션의 여러 기능 중에서 특히 모바일 앱이나 전용 장치를 통해 의사와 환자의 대화를 정확하게 인식하면서 자동으로 문서화하는 기능이 주목받고 있다. 이를 통해 치료 품질을 개선하고 효율성을 높이고 의사의 시간을 절약할 수 있기 때문이다.

뉘앙스가 조사한 바에 따르면, 해당 솔루션을 이용함으로써 의사의 문서 작업시간이 줄어들었는데 업계 평균과 비교하면 환자 대기시간이 50% 단축됐으며 심장 전문의는 하루 진료 환자 수가 24% 증가한 것으로 나타났다.[28]

마이크로소프트가 뉘앙스를 인수한 이유는 명백하다. 뉘앙스의 음성인식 기술과 헬스케어 솔루션을 통해 마이크로소프트의 기술 및 산업용 솔루션을 보완하고 개선할 수 있기 때문이다. 특히 의료산업은 클라우드, 빅데이터, 인공지능, 사물인터넷, 블록체인 등 여러 첨단 기술이 가장 적극적으로 활용되는 분야이면서 시장성도 높다.

최근 마이크로소프트는 의료업계를 위한 '헬스케어 클라우드(Microsoft Cloud for Healthcare)'를 공개하고 능동적 환자 참여, 의료진 협업 강화, 운영 및 임상 데이터 관련 통찰력 증대, 상호운용성·보안·신뢰를 강화한 클라우드 등을 강조하면서 적극적인 마케팅에 나서고 있다. 그런 상황에서 뉘앙스 인수를 통해 경쟁력을 더욱 강화할 수 있게 된 것이다.

이번 인수는 우리에게 두 가지 교훈을 준다. 첫째, 차세대 기술 및 비즈니스에서 인수합병의 중요성이다. 뉘앙스는 마이크로소프트에 인수됐지만, 그간 뉘앙스도 50여 개에 달하는 여러 경쟁사와 스타트업을 인수합병하면서 성장한 기업이다. 인수합병을 통해 기술을 빠르게 흡수하고 몸집을 불리는 전략은 시장경제적 성장 모델의 정석이라 할 수 있는데, 국내 기업 문화에서는 상대적으로 적은 편이다.

둘째, 의료산업에 첨단 기술을 적극적으로 도입해 효율성과 경쟁력을 강화해야 한다는 것이다. 이것은 단지 산업적인 측면만이 아니라 환자의 의료 경험을 개선하고 궁극적으로 국민의 삶의 질을 높이기 위해서도 몹시 중요한 부분이다. 특히 감염병의 시대에 의료산업과 첨단 기술의 융합은 아무리 강조해도 지나치지 않다.

7. 가상인간이 일하고 SNS하는 시대: 디지털 직원과 버추얼 인플루언서

──────────── 가상인간(Virtual Human) 또는 디지털인간(Digital Human)은 컴퓨터를 통해 인간을 시뮬레이션한 것으로, 인간처럼 보이고 행동하는 인공지능 캐릭터다. 가상인간은 그 활용 용도에 따라 크게 두 가지로 나눌 수 있는데, 하나는 기업에서 업무를 수행하기 위해 만든 디지털 직원(Digital Worker)이고 또 다른 하나는 대중을 상대로 영향력을 행사하기 위해 만든 버추얼 인플루언서(Virtual Influencer)다.

과거 가상인간의 초기 모델은 단순히 3D 모델링을 통해 만들어진 애니메이션 캐릭터 내지는 컴퓨터 그래픽에 불과해 잠시 화제는 됐지만 오래 인기를 끌지는 못하고 이내 사라졌다. 하지만 최근에는 인공지능과 첨단 CG(Computer Graphics) 기술로 만든, 실제처럼 보이고 인간처럼 대화할 수 있는 가상인간이 대중의 관심을 끌고 있다.

'기업을 위한 최고의 인간 AI'를 제공하는 기업 아멜리아

최근 인공지능 기술의 고도화와 함께 팬데믹 기간을 거치면서 디지털 직원에 대한 관심이 더욱 커졌다. 인공지능을 기반으로 업무를 수행하거나 고객과 대화를 나누는 디지털 직원을 도입하면, 반복적인 비즈니스 기능을 자동화할 수 있고 또한 사용 시간이 쌓임에 따라 사람과의 상호작용을 학습해 더욱 활용도가 높아지게 된다.

미국에 본사를 둔 아멜리아(Amelia)는 '기업을 위한 최고의 인간 AI(The Most Human AI for the Enterprise)'라는 모토를 내세우면서 인공지능 기반의 디지털 직원을 운용할 수 있는 플랫폼을 선보였다. 아멜리아의 이전 기업명은 IP소프트(IPsoft)로 원래 비즈니스 프로세스 자동화 솔루션을 제공하는 업체였는데, 아멜리아로 기업명을 변경한 후 디지털 직원 솔루션에 올인하고 있다.

디지털 직원, 아멜리아[29]

흥미로운 사실은 아멜리아라는 명칭이 기업명이자 솔루션명, 디지털 직원의 이름으로도 사용되고 있다는 점이다. 아멜리아는 인간과 흡사한 형태의 대화형 아바타인 디지털 직원에다 대화, 표현, 감정, 이해와 같은 인간적인 요소들을 탑재하고, 인간과의 상호작용을 통해 계속 학습하면서 매력적인 사용자 경험을 만들어내도록 구현돼 있다. 기존의 챗봇이 그저 기계적인 답변을 제공하는 수준에 불과한 것과 비교하면 꽤 발전된 형태다.

좀 더 구체적으로 살펴보면, 아멜리아의 디지털 직원은 인지 학습 능력, 자율적인 작업 관리, 감성지능 등을 탑재하고 비즈니스 프로세스 모델 표준에 따라 자기가 일하는 기업의 비즈니스 프로세스를 모델링하여 그에 따라 정확하게 작업을 수행할 수 있도록 만들어져 있다.

아멜리아는 원래 비즈니스 프로세스 자동화 솔루션을 개발하던 업체답게 단지 흥미 위주의 인공지능이 아니라 실제로 기업의 이익 창출에 도움이 되는 인공지능을 추구한다. 이를 위해 기존 ROI(Return on Investment, 투자 수익) 개념에 인공지능을 접목한 AI2ROI를 강조하고 있다. AI2ROI는 인공지능을 사용함으로써 기업이 어떤 종류의 비즈니스 가치를 얼마만큼 달성하는가를 측정하고 이를 통해 실제로 비즈니스에 도움이 되는 인공지능을 제공하겠다는 것이다.

아멜리아의 디지털 직원은 고객지원, IT 서비스 엔지니어, HR(Human Resource) 코디네이터 등으로 일할 수 있으며 딜로이트(Deloitte), 텔레포니카(Telefonica), NTT, BBVA 은행, BNP파리바(Paribas) 증권 등 여러 기업에서 도입한 상태다.

맞춤형 디지털 직원을 디자인하고 운영할 수 있는 플랫폼, 소울머신스

소울머신스(Soul Machines)는 AGI(Artificial General Intelligence, 범용 인공지능) 기술을 탑재한 역동적인 대화형 디지털 직원을 제공한다. 앞서 살펴본 아멜리아와의 차이점은 아멜리아의 솔루션이 이미 만들어진 가상인간을 제공하는 형태라면, 소울머신스는 세계 최고 수준의 신경과학자들과 함께 만든 디지털 브레인을 이용해 생생한 대화를 나눌 수 있는 '맞춤형 디지털 직원'을 디자인하고 배포·운영 가능한 플랫폼을 제공한다는 점이다.

소울머신스는 기업이 원하는 맞춤형 디지털 직원을 만들 수 있는 '디지털 DNA 스튜디오(Digital DNA Studio)'라는 도구를 제공한다. 이를 이용하면 엔지니어가 아닌 사람이라도 비교적 손쉽게 특정 기업의 고객 및 브랜드 경험에 맞는 맞춤형 디지털 인간을 구축할 수 있다. 소울머신스는 이러한 기술을 '휴먼 OS(운영체제) 플랫폼'이라고 부르며 엔터테인먼트, 금융, 유통, 교육 등 여러 업종과 공공 업무에 이르기까지 다양한 분야에서 사용 가능한 디지털 직원을 공급하는 것을 목표로 삼고 있다.

소울머신스의 디지털 직원을 도입하는 조직들도 늘어나고 있다.

호주 ANZ은행은 2018년 웹사이트에서 고객이 자주 하는 질문에 답하는 디지털 직원 제이미(Jamie)를 도입했다. 제이미는 도입 100일 만에 고객들과 12,000회 이상의 대화를 나누었고 은행계좌 개설 방법, 해외 송금 방법 등을 알려주는 일을 수행했다.

뉴질랜드 경찰청은 본사 로비에 디지털 경찰 엘라(Ella)를 설치해 직원들을 보조하며 방문객들과 대화를 나누는 테스트를 3개월간 진행했다. 디지털 경찰을 통해 긴급하지 않은 일반적인 서비스를 24시간 쉬지 않고 제공하는 것을 시험한 것이다. 이처럼 공공기관이 앞장서 최신 디지털 기술을 탐색하고 테스트한다는 것은 꽤 의미 있는 일이라고 볼 수 있다.

팬데믹 기간에 소울머신스는 코로나19 관련 질문에 답변하도록 설계된 디지털 직원 샘(Sam)을 선보였다. 소울머신스는 공공기관 및 기업에 샘을 제공하고, 이를 도입한 조직은 샘에게 24시간 코로나19와 관련된 상담을 맡김으로써 직원들이 더 중요하고 긴급한 업무에 집중하도록 만들 수 있었다. 샘은 미국 질병통제예방센터(CDC)의 정보를 지속해서 업데이트하고 학습을 통해 점점 더 유용해지고 사람들과 공감에 기반한 대화를 나눌 수 있도록 만들어졌다.

이처럼 디지털 직원을 도입하는 사례가 나오고 있지만, 아직 세계적으로 실제 업무에 투입할 만한 디지털 직원을 제공하는 기업은 많지 않다. 디지털 직원을 제공해 수익을 올리는 비즈니스는 솔루션을 단지 일회성으로 판매하기보다는 클라우드 형태로 서비스하면서 계약기간 동안 지속해서 수익을 창출할 수 있기에 꽤 매력적인 비즈니스 모델이라고 볼 수 있다.

앞으로 대기업, 스타트업 등 여러 업체가 디지털 직원을 제공하는 플랫폼 비즈니스에 진출할 것으로 전망된다. 인공지능 기술의 향상에 따라 디지털 직원은 더 범용적인 업무를, 더 많은 업무를, 더 신속하게 처리할 것이며 기업은 AI2ROI를 따져 이익이 된다면 당연히 도입할 것이다.

물론 당분간은 인간과 인공지능의 협업이 강조되겠지만, 어느 시점이 되면 일부 직종에서는 인간이 인공지능보다 더 똑똑하게 일할 수 있다는 것을 증명해야만 일자리를 구하거나, 아니면 인공지능보다 더 싸게 일해야 하는 세상이 도래할지도 모른다.

MZ세대 소비자를 매혹하는 버추얼 인플루언서

최근 버추얼 인플루언서가 마케팅 업계에서 발휘하는 영향력이 점차 커지고 있다. 점점 더 많은 브랜드가 마케팅에 버추얼 인플루언서를 활용하고 있으며 다양한 개성을 가진 버추얼 인플루언서가 계속 등장하고 있다. 그런데 버추얼 인플루언서는 말 그대로 현실에 존재하지 않는 가상의 컴퓨터 그래픽일 뿐이다. 그럼에도 기업과 소비자가 버추얼 인플루언서에 매력을 느끼는 이유는 무엇일까?

버추얼 인플루언서란 컴퓨터 그래픽으로 생성된 디지털 캐릭터로, 매력적인 세계관과 개성이 부여되어 있으며 소비자에게 영향을 미치기 위해 만들어진 가상인간이다. 버추얼 인플루언서는 마야(Maya), 언리얼 엔진(Unreal Engine), 3DS 맥스(Max), 시네마(Cinema) 4D 등과 같은 컴퓨터 그래픽 소프트웨어에 의해 생성된다.

버추얼 인플루언서가 성공하기 위해서는 소비자가 공감할 수 있는 삶을 캐릭터에 부여하고 잘 짜인 스토리텔링과 맥락을 배치하는 게 중요하다. 버추얼 인플루언서의 제작자는 캐릭터에 소비자가 좋아할 만한 외모, 성격, 패션, 행동 방식을 부여하고 누구를 만나고 어디를 방문하고 어떤 상품을 이용할지를 결정한다. 버추얼 인플루언서가 활동하는 공간은 인스타그램, 유튜브, 틱톡, 페이스북, 트위터 등과 같은 소셜미디어다. 물론 TV, 이벤트나 잡지, 신문 등과 같은 물리적 매체에서도 활동할 수 있지만 버추얼 인플루언서에 생명을 불어넣고 스토리를 발전시켜 나가는 주된 공간은 인터넷이다.

버추얼 인플루언서 중에서 전 세계 1위의 팔로워 수(여러 소셜미디어 합산 3,200만 명 이상, 2021년 7월 기준)를 자랑하는 루 두 마갈루(Lu do Magalu)는 브라질 최대 유통기업 매거진 루이자(Magazine Luiza)의 버추얼 인플루언서다. 루가 이름이고 마갈루는 매거진 루이자의 줄임말이다. 루는 원래 온라인 쇼핑을 더 친근하게 만들기 위해 2003년경 캐릭터로 만들어졌으며, 2009년부터 소셜미디어에서 본격 활동을 시작한 1세대 버추얼 인플루언서라고 할 수 있다. 특히 여성 폭력과 같은 사회 문제에 참여하는 캐릭터로 구축했다는 특징이 있다.

루는 젊은 층에 인기 있는 틱톡에서 680만 명이 넘는 팔로워를 갖고 있으며 최신 뷰티, 테크 제품을 주로 선보이고 있다. 루는 아디다스, 맥도날드, 레드불, 삼성 등 세계에서 가장 큰 기업들과 광고, 콘텐츠를 만들었고 리얼리티 쇼와 TV 예능에도 출연했다.

아디다스와 협업한 루 두 마갈루[30]

미국 LA 기반의 스타트업 브러드(Brud)가 제작한 릴 미켈라(Lil Miquela)는 브라질계 미국인이며 19세 가수라는 설정을 가진 버추얼 인플루언서다. 미켈라는 2016년 인스타그램에 자기 삶을 소개하면서 등장했고, 2017년 8월 "Not Mine"이라는 제목의 첫 노래를 발표하기도 했다. 미켈라는 삼성, 캘빈 클라인 등과 광고를 진행했고 잡지 보그에도 소개됐다.

이케아 모델이 된 이마[31]

이외에도 이케아 모델로 화제가 된 일본의 이마(Imma), 남아프리카 출신의 20대 흑인 슈퍼모델로 설정된 영국의 슈두(Shudu), 중국 최초의 버추얼 인플루언서이자 알리바바의 첫 디지털 직원으로 입사해 시선을 끈 아야이(Ayayi) 등 세계 각국에서 버추얼 인플루언서가 등장해 주목받았다.

전 세계의 다양한 버추얼 인플루언서들 [32]

국내에서도 로지, 수아, 루시, 래아, 한유아, 질주 등 유명 버추얼 인플루언서가 되고자 하는 가상인간들이 속속 등장한 상태다. 특히 싸이더스 스튜디오 엑스가 선보인 로지는 신한라이프 TV 광고에 등장해 큰 화제가 됐으며, 인스타그램 팔로워 10만 명 이상을 달성하면서 국내의 대표적인 버추얼 인플루언서로 각인됐다. 신한라이프는 MZ세대 소비자를 대상으로 '로지 종신보험'이라는 명칭의 상품까지 출시했으며 유튜브에 올린 광고 조회수는 1,100만 회를 넘어섰다.

소셜미디어에서 인플루언서는 어떻게 수익을 창출하는가?

최근 국내외에서 가장 인기 있는 인터넷 서비스로 단연코 유튜브와 틱톡을 꼽을 수 있다. 유튜브가 전 연령대에서 인기를 끌고 있다면 틱톡은 10대와 젊은 층을 위주로 큰 인기를 끌고 있다. 이들 동영상 서비스의 성공요인에는 여러 가지가 있지만 여기에서 3가지로 요약해 살펴보자. 다음의 내용은 유튜브를 위주로 다루었는데, 기본적인 내용은 틱톡 및 다른 인기 있는 서비스에도 그대로 적용할 수 있다.

첫째, 콘텐츠의 엄청난 다양성과 높은 품질은 전 세계 사람들이 가진 가지각색의 모든 취향을 다 만족시킬 수 있다. 한정된 자원과 일방적인 공급을 토대로 한 TV방송이 유튜브나 틱톡의 다양성을 따라가는 건 불가능한 일이며 그 격차는 점점 더 벌어지고 있다.

수년 전까지만 해도 소셜미디어에는 조악한 수준의 콘텐츠가 적지 않았지만 근래 들어 TV방송보다 더 뛰어난 품질의 콘텐츠가 다수 등장하고 있다. 특히 인기 있는 동영상 콘텐츠의 중요한 특징 중 하나는 빠른 템포다. 기본적으로 쉴 새 없이 바뀌는 장면을 통해 시청자가 정신을 차릴 수 없을 정도로 빠르게 진행된다.

토킹 위주로 진행되는 정적인 콘텐츠의 경우에도 영상 편집 시 단어 발음 사이의 공백을 모두 삭제해 쉴 새 없이 말하는 것처럼 들리게 만든다. 이러한 이유로 유튜브나 틱톡을 이용하다 TV방송을 보면 너무 느리고 지루하게 느껴진다.

둘째, 시청자와의 상호작용과 소셜 네트워크의 구축을 통해 탄탄한 충성도를 만들어낸다. 예를 들면, 유튜브는 동영상 플랫폼일 뿐만 아니라 검색엔진이자 SNS다. 원래 SNS는 '소셜 오브젝트(Social Object)'라고 하는 매개체를 통해 사람들을 연결하는데 소셜 오브젝트가 강력할수록 SNS의 가치가 증대된다. 유튜브의 경우 '내 취향·관심사와 관련된 동영상'이라는 매력적인 소셜 오브젝트가 강력하게 사람들을 연결한다.

시청자는 댓글을 남기고, 인플루언서는 하트나 답글을 남기고, 각각의 채널에는 별도의 커뮤니티 페이지도 존재한다. 실시간 방송과 채팅도 가능하고, 채널에 매혹된 사용자는 유료 VIP 멤버십에 가입해 매월 돈을 쓰면서 특별한 대우를 받을 수도 있다.

셋째, 인플루언서의 엄청난 수익 창출 가능성이다. 앞서 설명한 모든 성공요인에도 불구하고 이것이 없었다면 이들 서비스는 현재처럼 성공하지 못했을 것이다. 유튜브를 예로 들면, 인플루언서는 유튜브를 통해 영상 내 광고 수익, 슈퍼챗(즉시 지불하는 후원금), VIP 멤버십 등으로 돈을 번다. 또한 광고비나 협찬을 받고 광고 영상을 제작해 올리기도 하는데 건당 단가가 인플루언서에 따라서는 수천만 원에 달하기도 한다. 이외에도 쇼핑몰, 공동구매, 굿즈, 제휴링크 등 다양한 수익 창출 방법이 있다. 이처럼 유튜브를 통해 돈을 벌 수 있다는 점이 유튜브 콘텐츠의 다양성 증대와 영상의 질 향상에 결정적인 공헌을 했다.

시장경제 체제에서 어떤 서비스가 강력한 선순환을 이루는 핵심 요소는 서비스에 참여한 이해관계자들 모두가 돈을 벌거나 그에 준하는 혜택을 보는 메커니즘에 있다. 유튜브에서 사용자는 (광고를 봐야 하지만) 공짜로 콘텐츠를 즐기고, 인플루언서는 합당한 대가를 지급받고, 광고주는 높은 광고 효과를 얻고, 이는 지속해서 순환되며 플랫폼의 확대와 수익 증대를 가져온다. 틱톡도 마찬가지다.

매력을 느끼도록 설정된 가상의 존재를 추앙하는 시대

마케팅에 앞서 나가려는 기업에 있어서 매우 중요한 요소 중 하나는 트렌드다. 트렌드를 잘 파악하고 잘 활용해야 한다. 대중이 버추얼 인플루언서에 매력을 느끼는 상황에서, 기업 입장에서는 마케팅에 버추얼 인플루언서를 활용함으로써 비교적 손쉽게 소비자의 큰 관심을 얻을 수 있다는 장점이 있다.

또한 인간 인플루언서가 사생활 문제나 말실수, 각종 논란을 일으켜 마케팅 캠페인에 문제가 발생하게 되면 단지 상품이 아니라 브랜드 이미지에까지 나쁜 영향을 미칠 수 있는 데 반해, 버추얼 인플루언서는 그럴 가능성이 거의 없다.

MZ세대 소비자가 버추얼 인플루언서에게 매력을 느끼는 이유는 모든 설정이 매력을 느끼도록 잘 기획돼 있기 때문이다. 버추얼 인플루언서는 무조건 예쁘고 잘 생기기보다는 MZ세대 소비자가 호감을 느끼는 데 초점을 두고 만들어져 있다. 인플루언서가 갖추어야 할 선망성과 친밀성을 갖추고서 팬들이 선망할 만한 일상을 공유한다. 또한 댓글에 답글을 다는 등 소통하는 모습을 통해 지속해서 팬과 친밀도를 늘려간다.

그렇지만 가상인간을 만들고 유지하는 비용과 성공적인 인플루언서로 만들어내기 위한 노력을 고려할 때 기업이 버추얼 인플루언서를 사업적으로 성공시키는 것은 결코 쉬운 일이 아니다. 앞으로 더 많은 기업이 가상인간을 만들어낼 테지만, 상당수의 가상인간은 등장 초기에만 반짝 주목을 받거나 아니면 그 정도의 관심조차 못 받는 경우도 많이 발생할 것이다.

실제로 가상인간 붐에 편승해 무작정 가상인간을 마케팅에 투입한 결과 오히려 부정적인 평판을 얻는 경우도 발생했다. 한국관광공사는 약 8억 원을 들여 '여리지'라는 이름의 가상인간 제작을 의뢰하고 2022년 7월 명예 홍보대사로 위촉했다. 하지만 가상인간의 외모가 유명 아이돌을 비슷하게 모방한 데다 소셜미디어 구독자를 돈으로 구매한 것으로 밝혀져 논란이 됐다. 소셜미디어 구독자 수를 늘리려는 사람이나 기업을 상대로 가짜 유령계정을 동원해 구독자 수를 부풀려주는 비즈니스가 성행 중인데 이를 이용한 것이다.

이런 사례는 앞으로도 계속 등장할 것이다. 하지만 그런 가운데 영리한 기획과 운영을 통해 경쟁에서 살아남은 버추얼 인플루언서는 소유 기업에 상당한 수익을 안겨다 줄 가능성이 높다. 그런 버추얼 인플루언서들에게 앞으로 고도의 첨단 인공지능 기술이 적용되고, 그에 따라 소비자 개개인에게 맞춤화된 상호작용을 제공하게 되면 더욱 영향력 있는 존재가 될 것으로 전망된다. 이것은 기술의 발전에 따른 자연스러운 결과이면서, 한편으로는 가상의 존재를 추앙하는 시대가 도래한다는 것을 의미한다.

5장

디지털 경제의
어두운 측면

"오늘날 정치를 포함한 거의 모든 것이 디지털 네트워크에 의존하고
있는데, 디지털 네트워크를 통한 권력 남용의 가능성은 인터넷 시대의
민주주의에 대한 가장 교활한 위협 중 하나다."

—레베카 맥키넌(Rebecca MacKinnon, 위키미디어 재단 부사장)

1. 빅테크는 독과점을 원하고 즐긴다

──────────── 완전경쟁시장에서는 무수히 많은 공급자가 존재하고 새로운 공급자가 들어오는 걸 막는 진입장벽이 없어 치열한 경쟁이 벌어지기 때문에, 결과적으로 일개 기업이 가격을 결정하거나 시장에 대한 영향력을 행사하기 어렵다. 반면에 하나의 기업이 시장을 독점하는 독점시장, 소수의 기업이 시장을 나누어 가지는 과점시장에서는 하나 또는 소수의 기업이 가격을 결정하고 시장에 막강한 영향력을 행사할 수 있게 된다.

독과점 시장에서는 독과점 기업이 제품이나 서비스의 공급을 조절해 시장 가격에 영향을 주거나 공정하지 않은 규칙을 만들어 강제하는 식으로 자신의 이익을 극대화하는 행위를 흔히 한다. 아직 그런 행위를 하지 않은 독과점 기업이라고 하더라도 언제든지 그러한 유혹에 빠질 수 있다. 독과점 기업의 권력 행사는 너무나 쉽고 너무나 달콤하기 때문이다.

그래서 독과점 시장은 소비자 권익에 안 좋은 영향을 미치게 되고, 이는 결국 사회적 이익을 저해할 뿐만 아니라 자원 배분에도 비효율성을 가져와 경제 전체에 부담으로 작용하게 된다. 그래서 각국 정부의 경제 정책과 시스템은 독과점 방지에 많은 노력을 기울인다.

그런데 다른 산업과 달리 IT 산업의 경우에는 독과점 문제가 그리 간단하지 않다. IT 산업은 불확실한 기술 개발에 헌신적으로 투자해야 하는 데다 기술 발전의 속도 또한 무척 빠르다. 지속적인 투자가 필수적이기 때문에 독점이윤을 최대화함으로써, 다른 기업보다 유리한 위치에서 신사업에 투자하거나 유망 스타트업을 인수해 어떻게든 성공을 이어 나가고자 하는 강력한 욕구가 산업을 지배하고 있다.

더욱이 플랫폼 비즈니스는 그 특성상 네트워크 효과를 통해 자연스럽게 '규모의 경제(Economies of Scale)'와 독과점 시장을 향해 가는 특성이 있어, 언젠가는 독과점 행위가 필연적으로 나타나게 된다. 다만 그 시점이 문제일 뿐이다. 언제까지나 스타트업 문화를 지향할 것처럼 보였던 IT 기업도 언젠가는 독재자로 변한다.

구글, 애플의 수수료 갑질과 락인효과

유명 게임회사 에픽게임즈(Epic Games)가 2020년 8월 애플 앱스토어와 구글 플레이스토어의 30% 수수료에 반발해 사용자들에게 직접 결제가 가능한 서비스를 제공하자 양대 스토어에서 게임 앱이 내려가는 일이 발생했다. 이에 대해 에픽게임즈가 거세게 반발하며 여론몰이하자 애플은 에픽게임즈 개발자 계정의 해지를 통보했다.

개발자 계정의 해지는 기존 앱 업데이트 및 새 앱 출시가 모두 불가능하다는 것을 의미한다.

에픽게임즈가 유튜브에 올린 반애플 영상[1]

애플과 구글이 모바일 앱 시장에서 강력한 힘을 발휘하는 것은 두 업체가 모바일 운영체제를 소유하고 있을 뿐만 아니라 앱스토어와 플레이스토어가 강력한 커머스 플랫폼이기 때문이다. 커머스 플랫폼은 판매자와 구매자 사이에서 거래를 매개하며 수수료 및 광고 수익을 올리면서 1, 2위 업체가 될 경우 막강한 시장 지배력을 발휘한다.

플랫폼은 기본적으로 독과점을 지향한다. 많은 사람이 이것을 문제라고 생각하는데 사실 이것은 문제라기보다는 플랫폼의 특성이자 본질이라고 봐야 한다. 문제는 해결의 대상이지만 본질이라면 이야기가 달라진다. 대부분의 경우에 본질은 해결할 수 없으며 바꿀 수도 없기 때문이다.

플랫폼은 기본적으로 다음과 같은 흐름을 통해 시장을 지배한다. 특정 분야의 시장 초기에는 수백 개에 달하는 플랫폼이 등장해 치열하게 경쟁하는데, 이러한 춘추전국시대를 지나 결국에는 극소수의 플랫폼만 시장에서 살아남게 된다.

이는 아주 자연스러운 과정과 그에 따른 결과라고 볼 수 있다. 판매자, 구매자 등 사용자 입장에서는 다수가 참여하는 플랫폼을 이용하는 게 거래 성사의 가능성이 높을 뿐만 아니라 매출 증대, 상품의 다양성 등 여러 이점이 있다. 그래서 사용자들은 합리적인 선택의 결과로서 시장 우위에 있는 플랫폼을 계속 이용하게 되고, 그러한 사용자 선택이 특정 플랫폼에 누적되면 될수록 '락인효과(Lock-In Effect)'가 커진다.

'잠금 효과', '자물쇠 효과'라고도 불리는 락인효과는 사용자가 '변화비용(Change Costs)'으로 인해 사용하는 플랫폼을 다른 것으로 전환하는 행위를 하지 않는 것을 뜻한다. 변화비용이 없으면 사용자는 더 자유롭게 플랫폼을 오갈 수 있다. 하지만 특정 플랫폼이 시장을 지배하게 되면 판매자와 구매자 모두 높은 변화비용으로 인해 다른 플랫폼으로 전환하려고 하지 않는다.

판매자 입장에서는 기존 고객, 매출 규모를 포기할 수 없고 구매자 입장에서는 다른 플랫폼에서 자신이 원하는 다양한 상품을 만날 수 있다는 보장이 없기 때문이다. 그 외에도 익숙한 사용자 인터페이스, 다른 사용자와의 관계, 신뢰성, 보안, 번거로움 등 수많은 변화

비용이 존재한다.

독과점화된 플랫폼에 균열이 발생하는 경우는 크게 두 가지다. 하나는 아예 시장 자체가 사라지는 경우이고, 또 다른 하나는 강력한 후발 주자가 나타나 기존 플랫폼의 락인효과를 극복하고 새로운 승자가 되는 경우다.

모바일 앱 시장은 스마트폰이 존재하는 한 사라지지 않을 것이다. 애플과 구글의 시장 지배력은 철옹성과도 같다. 애플과 구글이 단지 모바일 앱마켓이 아니라 모바일 운영체제를 소유하고 있다는 점에서 에픽게임즈의 저항은 작은 반항에 그칠 수밖에 없다.

그렇다고 해도 독과점의 폐해를 널리 알리고 시장 균형과 소비자 권익을 위해 에픽게임즈와 같은 저항과 새로운 도전자가 계속 나와야 한다. 강력한 플랫폼은 있어도 영원한 플랫폼은 없다. 언젠가는 시장이 변하고 절대 강자처럼 보이는 기업도 힘을 잃는 법이다.

플랫폼 기업이 직접적으로 사회적 손해를 야기한 사례

흔한 일은 아니지만 플랫폼 기업이 직접적으로 사회적 손해를 야기하는 경우도 발생한다. 2022년 10월 SK C&C 데이터센터 화재로 인해 발생한 이른바 '카카오 먹통 대란'이 바로 그것이다. 카카오톡을 비롯해 카카오T, 카카오내비, 카카오페이, 카카오뱅크 등 카카오 계열 서비스뿐만 아니라 카카오의 지도나 로그인 서비스를 이용하는 마켓컬리, 직방, 업비트 등 타사 서비스들까지 장애를 일으켜 사회적으로 큰 혼란을 발생시켰다. 국내에서 카카오톡이 차지하는 위상을 고려할 때 일상이 멈췄다는 말까지 나왔다. 카카오가 밝힌 공식적인 서비스 장애시간은 127시간 30분, 즉 5일 7시간 30분이다.

해당 사건은 천재지변이 아니라 서버 이중화에 제대로 투자하지 않아서 생긴 결과였다. 서버 이중화란 장애 발생 시 다른 서버가 이어받아 서비스를 계속하는 것으로, 고가용성(HA: High Availability)과 연관이 있다. 고가용성이란 서비스를 안정적인 상태로 유지하기 위한 정도를 나타내며 99.9%와 같은 수치로 표현한다.

이미 시중에는 높은 고가용성을 보장하는 많은 기술과 솔루션이 나와 있어 이에 맞는 시스템을 구축하고 적절한 투자만 한다면, 기업의 비즈니스에 맞는 높은 고가용성을 달성할 수 있다. 카카오톡처럼 사람들이 거의 생필품처럼 사용하고 게다가 많은 수익을 창출하는 서비스라면 서버 이중화를 넘어 서버 삼중화를 고려해야 할 수준이다. 하지만 카카오는 서버 이중화조차 제대로 구축하지 않았다.

카카오 장애로 인해 개인 이용자는 불편한 정도로 그쳤을 수도 있지만, 카카오 플랫폼을 통해 경제 활동을 하는 사람이나 기업은 수일 동안 상당한 손실을 감내해야 했다. 이처럼 독과점 기업은 직간접적으로 사회적 이익을 저해하거나 심지어 손실을 끼칠 수도 있다.

"사악해지지 말자(Don't Be Evil)"를
행동강령에서 삭제한 구글

"사악해지지 말자(Don't Be Evil)"는 구글의 기업 모토로 유명한 말이다. 좀 더 풀어 설명하면 "악독하게 비즈니스 하지 말자"는 의미로 볼 수 있다. 이 문구는 2000년경 G메일 개발자가 회의에서 제안하면서 사용되기 시작한 것으로 알려졌는데, 구글은 이 단순한 문구를 행동강령(Code of Conduct)에 넣어서 오랫동안 사용해왔다. 행동강령이란 조직의 규범과 책임, 규칙을 설명해 직원들에게 배포하는 것으로 업무에 대한 윤리 지침이며 조직문화를 만드는 기반이라고 볼 수 있다.

하지만 구글은 자사 행동강령에서 가장 처음에 기재돼 있던 "사악해지지 말자"는 문구를 2018년 5월 삭제했다.[2] 비록 마지막 줄에 "그리고 기억하라… 사악해지지 말자. 옳지 않다고 생각하는 것이 있으면 말하라!(And remember… don't be evil, and if you see something that you think isn't right – speak up!)"라는 문구를 남겨놓기는 했지만, 첫 줄을 삭제했다는 건 중요한 변화였다. 그리고 이후 구글은 진짜로 급격한 변화를 시작한다.

구글은 '프리미엄(Freemium: Free + Premium)' 전략으로 성공한 대표적인 기업이다. 프리미엄이란 기본적인 서비스는 무료로 제공하면서 고급 기능이나 일정 용량 이상의 저장공간을 사용하는 경우에 요금을 부과하는 비즈니스 모델이다. 구글은 매출액에서 광고 수익이 대부분을 차지하는 데다 무료 서비스를 통해 광고 소비자를 늘릴 수 있고 그동안 매출이 계속 성장하고 있었기에, 이는 시장에서 영리한 전략으로 평가됐다.

그런데 매출 성장이 둔화하고 행동강령에서 "사악해지지 말자"를 삭제한 이후 구글은 본격적으로 변하기 시작했다. 이제 구글은 락인 효과 때문에 다른 서비스로 바꾸기 어려운 고객들을 대상으로 최대한 수익을 창출하고자 한다.

2018년부터 구글 클라우드를 이용해온 국내 대학들에 2021년 6월 비상이 걸렸다. 그간 구글은 교육기관에 무료로 무제한의 클라우드 저장공간을 제공해왔다. 이를 이용하면 학생, 교수, 교직원들이 무제한으로 메일, 문서, 사진, 자료 등을 저장할 수 있는 데다 보안성도 높았기에 서울대, 고려대 등 수많은 대학이 교내 메일 및 그룹웨어 시스템을 구글 클라우드로 전환한 상태였다. 하지만 구글은 갑자기 대학별 무료 저장공간을 100TB로 제한한다고 통지했다. 그 이상을 사용하려면 상당한 비용을 지불해야 했다.

이외에도 구글은 여러 서비스의 과금 정책을 계속 바꾸기 시작했다. 구글 포토 또한 유료화됐다. 구글은 그간 구글 포토에 무제한으로 사진을 저장할 수 있도록 했는데 이제는 15GB까지만 무료 저장이 가능하다. 이뿐만이 아니다. 구글이 구글플레이에서 게임뿐만 아니라 모든 디지털 콘텐츠 앱을 대상으로 자사 시스템을 통한 인앱(In-app)결제를 의무화하고 15~30%의 수수료를 받을 것이라고 밝혀 업계에 큰 충격을 주었다.

구글은 유튜브 광고 정책도 변경했다. 기존에는 채널 소유자가 광고를 넣으려면 수익화 조건을 달성해야 했고, 조건이 된다고 하더라도 광고를 붙일지 말지 선택할 수 있었다. 하지만 이제 구독자가 단 1명만 있더라도 구글의 판단에 따라 무조건 광고가 붙을 수 있으며 이 경우 광고 수익을 유튜브가 모두 가져갈 수 있게 됐다. 이에 대해 유튜브는 "우리는 플랫폼상의 모든 콘텐츠에서 수익을 창출할 권리가 있다"고 밝혔다.

구글은 소규모 기업을 대상으로 제공해오던 클라우드 기반 협업 도구 G스위트(G Suite) 무료 에디션을 2022년 8월부터 더 이상 제공하지 않는다고 밝혔다. 그에 따라 무료 버전을 사용하던 기업 계정이 강제적으로 유료 버전으로 전환될 것이며, 결제정보를 입력하지 않으면 계정이 정지될 것이라고 통지했다.

구글은 모든 사업 분야에서 돈에 혈안이 된 기업으로 변모했다. 이 같은 구글의 행보는 지난 수년간 구글의 광고 매출 성장률 둔화와 지속적인 신사업 실패로 인한 영향이 크다. 2019년 1분기 실적 발표 직후에는 성장세 둔화 전망으로 인해 주가가 7% 급락하기도 했다. 구글은 메신저, SNS, 전자상거래, 증강현실, 가상현실 등 많은 사업에서 실패하거나 뚜렷한 성과를 올리지 못했다. 또한 자율주행 자동차 등 구글의 신사업 부진에 대한 우려도 여전하다.

특히 미국 기업들은 주주 중심주의에 따른 주주 이익극대화에 많은 압력을 받는다. 그래서 주가 부양에 상당한 역량을 집중하는 경우가 많은데, 구글의 유료화 행보는 주주 이익극대화의 일환으로 볼

구글의 실패한 가상현실 서비스, 데이드림(Daydream) [3)]

수 있다. 물론 이것을 경영상 판단이며 기업의 권리라고 납득할 수
도 있겠지만 그 과정에서 구글은 자사의 시장지배적 서비스들에서
연달아 일방적이고 갑작스럽게 유료화를 통보하는 식으로 플랫폼
권력을 행사했다. 사회적 책임 및 고객에 대한 배려가 부족하다는
비판을 들을 만하다.

또한 구글이 자사가 원하는 방향으로 망중립성 관련 입법을 하기
위해 '세이브 더 인터넷(Save the Internet)'과 같은 비영리단체를 동
원해 정부기관에 수백만 개의 청원서를 보낸 것으로 밝혀졌다. 결국
미국과 유럽에서 구글이 원하는 대로 입법이 됐다. 이를 통해 구글
은 단순히 자신에게 유리한 정책을 끌어내는 정도가 아니라 경쟁 기
업에 불리한 환경을 조성하는 결과를 만들었다.

독점 기업이란 이런 것이다. 그런데 이러한 구글에 대한 비판과
는 별개로, 사용자들이 언제나 기억해야 할 점은 이것이 바로 플랫

폼 비즈니스의 본질적 성격이라는 점이다. 그들은 무료 서비스 제공
으로 막대한 지출을 하면서 최고의 수익을 올릴 때를 기다리고 있다.
때가 도래하면 플랫폼 기업은 여지없이 비싼 청구서를 내민다.

구글갑질방지법:
구글과 애플의 모바일 시장 독점이 가져온 결과

구글과 애플이 운영하는 모바일 앱마켓이 시장을 독점함에 따라
그간 여러 가지 문제점이 계속 쌓여왔다. 이와 관련된 주요 불공정
행위들을 유형별로 살펴보면, ① 앱마켓 사업자가 자사 앱마켓을 통
해 앱을 배포하는 조건으로 앱 개발자에게 자사의 인앱결제 시스템
이용을 강제하는 행위, ② 자사 앱마켓에서의 판매가격 및 판매조건
을 다른 앱마켓보다 더 유리하게 설정하도록 요구하는 행위, ③ 특
정 앱을 통해 얻은 비공개 정보를 해당 앱과 경쟁할 목적으로 사용
하는 행위, ④ 자사 앱이나 파트너 앱을 우대하기 위해 초기화면이
나 검색결과 상위에 노출하는 등 불합리하고 불공평한 알고리즘을
적용하는 행위, ⑤ 앱 개발자와 이용자 간 커뮤니케이션에 제한을
가하는 행위 등이 있다.

이러한 여러 불공정 행위 중에서 특히 논란이 된 것은 구글의 인
앱결제 강제 정책이다. 애플은 처음부터 모든 앱에서 인앱결제를 강
제해왔다. 같은 앱이라도 애플의 앱스토어에서 인앱결제 금액이 비
싼 이유는 애플의 수수료가 반영되었기 때문이다. 반면에 구글은 한

동안 플레이스토어에서 게임에만 인앱결제를 강제해왔는데, 2021년 10월부터 애플처럼 모든 앱에서 인앱결제를 강제하겠다고 일방적으로 통지하면서 논란이 커졌다.

구글의 인앱결제 강제 시행일이 다가오면서 코리아스타트업포럼, 한국웹툰산업협회, 한국웹소설산업협회, 한국만화가협회, 웹툰협회, 한국웹툰작가협회, 한국만화웹툰학회 등 앱 개발사, 콘텐츠 창작자 등이 속한 여러 단체가 국회에 구글갑질방지법의 조속한 통과를 촉구했다.

이후 전기통신사업법 일부개정법률, 일명 구글갑질방지법 또는 인앱결제방지법이 만들어졌고 인앱결제 강제를 금지하는 법안으로는 세계 최초로 2021년 9월 14일부터 본격 시행됐다. 구글갑질방지법은 사용자의 지불 방식에 대한 선택권이 어떠한 조건에서도 보호돼야 마땅한 기본적 소비자 권리임을 분명히 했다는 점에서 의미가 있다.

법안이 국회에서 통과되자 카카오, 네이버, 엔씨소프트, NHN 등을 회원사로 둔 한국인터넷기업협회는 "이번 법안 통과로 창작자와 개발자의 권리를 보장하고, 이용자가 보다 저렴한 가격에 다양한 콘텐츠를 즐길 수 있는 공정한 앱 생태계가 조성될 것으로 기대한다"는 입장문을 발표했다. 대한출판문화협회도 "이번 법률안 개정이 구글 인앱결제 강제라는 시장 지배적 기업의 우월적 지위 남용을 막고 전자출판생태계, 그리고 궁극적으로는 소비자 피해를 방지하며 나아가 출판산업을 포함한 문화산업을 지켜내는 방파제의 역할을 할 것으로 기대한다"고 밝혔다.

법안 통과 직후 구글은 구체적인 정책 변경 계획을 내놓지는 않았지만, "기존 비즈니스 모델을 유지하면서 법안을 준수하는 방안을 찾고 있다"고 밝혔다. 반면에 애플은 법안 통과 전 발표한 입장문에서 "이번 개정안은 앱스토어가 아닌 다른 경로로 상품을 구매한 이용자들을 사기 위험에 노출시키고 개인정보보호 기능을 약화시킬 것"이라면서 반발했다.

세계 각국의 여러 언론이 한국의 구글갑질방지법 통과에 대해 보도했으며 환영의 뜻을 밝히는 해외 단체와 기업들도 등장했다. 세계 최대 데이팅 앱 틴더(Tinder)의 운영사 미국 매치그룹(Match Group)은 구글갑질방지법을 역사적인 법안으로 칭하면서, 전 세계의 비슷한 법안들이 신속히 통과되길 기대하며 한국이 공정한 앱 생태계를 만들기 위한 싸움에서 기념비적인 발걸음을 남겼다고 밝혔다.

매치그룹은 미국 앱공정성연대(CAF: Coalition for App Fairness, https://appfairness.org)의 회원사이기도 하다. 앱공정성연대는 스포티파이(Spotify), 베이스캠프(Basecamp), 에픽게임즈(Epic Games) 등 유명 앱 기업들이 참여해 만든 단체로, 구글과 애플의 독점에 대항해 공정 경쟁이 가능한 앱 생태계를 만들자고 주장한다.

에픽게임즈는 구글과 애플의 인앱결제가 부당하다며 양사에 반독점 소송을 제기했는데, 에픽게임즈 CEO이자 언리얼 엔진의 아버지로 불리는 팀 스위니(Tim Sweeney)는 한국의 법안 통과에 대해 격한 반응을 보이면서 트위터에 "나는 한국인이다!(I am a Korean!)"라고 게시하기도 했다.

그런데 법안 시행 후, 구글은 법안의 빈틈을 찾아냈으며 예고한 인 앱결제 정책을 큰 수정 없이 강행하겠다고 밝 혔다. 법안에 맞춰 제3 자 결제를 허용하는 대 신 제3자 결제 시에도 최대 26%의 수수료를 부과하기로 한 것이다.

에픽게임즈 CEO 팀 스위니의 트윗 [4]

Tim Sweeney @TimSweeneyEpic · 2021년 8월 31일
@TimSweeneyEpic 님에게 보내는 답글
As President Kennedy said at the Berlin Wall in 1963, today all developers around the world can be proud to say: I am a Korean!

Two thousand years ago, the proudest boast was *civis romanus sum* ["I am a Roman citizen"]. Today, in the world of freedom, the proudest boast is *"Ich bin ein Berliner!"*... All free men, wherever they may live, are citizens of Berlin, and therefore, as a free man, I take pride in the words "Ich bin ein Berliner!"

♡ 44   ↻ 508   ♡ 915   ⬆

소비자 선택권을 제한하지 않는 대신, 제3자 결제에도 높은 수수료 를 부과하는 방법으로 사실상 꼼수를 찾은 것이라고 볼 수 있다.

법안을 통해 일개 기업의 영업행위를 세세하게 규제하기는 어렵 기 때문에, 앞으로 추가적인 법안이 마련된다고 하더라도 어떻게든 구글은 빈틈을 찾아내려고 할 것이다. 창과 방패의 싸움이 계속 이 어질 수밖에 없다.

구글과 애플에는 나쁜 소식이지만, 앞으로 모바일 운영체제와 앱 마켓을 지배하는 구글과 애플에 대한 규제 목소리가 더욱 커질 것으 로 예상된다. 2018년 유럽연합(EU)은 안드로이드 운영체제로 시장 지배력을 남용한 구글에 과징금 43억 유로(약 5조 7천억 원)를 부과하 고 시정명령을 내린 바 있는데, 이후 유럽연합 집행위원회는 애플도 '앱마켓 경쟁 방해' 혐의로 기소한 상태다. 일본과 호주에서도 앱마킷 규제 논의가 진행 중이다.

2020년 10월 미국 법무부는 구글이 안드로이드 스마트폰에 검색엔진을 선탑재하도록 요구하는 행위로 시장 경쟁을 저해했다면서 반독점법 위반 소송을 제기했다. 미국 연방 상원에서는 구글, 애플 등 거대 플랫폼 기업이 운영 중인 앱마켓의 독점을 완화하고 공정한 모바일 앱 배포 환경을 조성하기 위한 '오픈 앱마켓 법안'이 발의됐다. 연방 하원에서도 동반법안으로 '오픈 앱마켓 법안'을 발의했다. 동반법안이란 법안 심의기간을 단축하고 법안 통과 가능성을 높이기 위해 상원과 하원에서 동일한 법안을 발의하는 미국 의회의 입법 기술이다.

해당 법안은 구글, 애플 등 미국 내 이용자 5천만 명을 초과하는 앱마켓을 운영하는 기업을 대상으로 앱마켓 사업자가 구축한 결제 시스템을 앱 개발사들에 강제로 사용하도록 하는 것을 금지하는 내용을 담고 있다. 또한 앱 개발사들이 다른 곳에서 낮은 가격에 앱을 판매할 때 보복하는 것을 금지하고, 이를 통해 이용자가 공정한 환경에서 앱을 다운로드 받을 수 있는 권리를 보장하는 것이 주된 내용이다.

완벽한 해법 찾기 힘든 하이테크 산업의 독과점 문제

2021년 국내에서 시행된 구글갑질방지법은 거대 플랫폼 기업의 불공정 행위 중 일부를 금지했을 뿐이다. 팬데믹 기간 플랫폼 기업의 수익이 크게 증대되고 독점 폐해가 커짐에 따라 앞으로 플랫폼 기업에 대한 규제는 더욱 강화될 것으로 보인다.

그간 앱 개발사들이 지불하고 있는 30%라는 높은 앱마켓 수수료가 적정한지에 대한 문제 제기가 꾸준히 이어져 왔다. 제대로 경쟁이 이뤄지지 않는 독점 시장에서는 합리적인 수수료를 기대하기 어렵기 때문에 이에 대한 추가적인 규제가 마련될 가능성이 크다. 플랫폼 기업이 정부 규제를 우회하는 방법을 찾는 가운데 새로운 형태의 불공정 행위가 발생할 수 있기 때문에 이에 대한 모니터링도 꾸준히 진행되어야 한다.

이처럼 플랫폼 기업에 대한 규제는 시작에 불과하다. 앞으로 각국 정부의 규제 강화와 이를 피해 가려는 글로벌 플랫폼 기업의 대응이 길게 이어질 것으로 전망된다.

그런데 여기에서 추가로 생각해볼 문제는, 규제가 결코 만병통치약은 아니라는 점이다. 여러 변수를 고려해 정교하게 마련된 규제가 아닐 경우 규제를 통해 얻는 이점보다 규제의 부작용이 클 수 있으며, 경우에 따라서는 시장 왜곡을 가져와 사회적 편익을 저해할 수도 있다.

예를 들어, 국내에서 2021년 4월부터 시행된 일명 '타다 금지법'은 타다와 같은 렌터카 기반 운송 서비스를 금지하고, 플랫폼 운송사업자가 되기 위한 조건으로 매출의 5% 또는 운행 건당 800원 또는 허가 받은 차량당 월 40만 원 중 하나를 선택해 택시 산업을 위한 기여금으로 내도록 강제했다. 택시사업자 보호를 위해 이런 법을 만든 것인데 사실상 혁신적인 운송 서비스를 못 하도록 규제한 것이나 마찬가지다.

이런 현상은 규제 문화가 강한 국가들에서 공통으로 발생한다. 미국에 비해 전통적으로 규제가 강한 유럽을 보면 큰 시장 규모에도 불구하고 성공적인 거대 플랫폼 기업을 찾아보기 어렵고, 기존 기업의 신사업 개척이나 스타트업 활성화도 부족한 편이다. 강력한 규제가 시장의 역동성에 일정 부분 나쁜 영향을 미치고 있는 게 사실이다.

물론 시장의 역동성 문제를 규제 때문만으로 볼 수는 없다. 하지만 날림으로 급히 만든 규제가 이상한 부작용을 가져오는 현실을 고려하면, 규제를 만드는 정부기관과 국회가 자신들이 만드는 규제와 그 작용 및 부작용에 대해 얼마나 이해하고 있는지 의문을 가질 수밖에 없다.

규제를 만들기 위해서는 비즈니스의 특성을 깊이 이해해야 한다. 플랫폼 비즈니스는 그 성격상 본질적으로 독과점을 지향할 수밖에 없으며, 그로 인해 성공한 플랫폼 기업에서 독과점 현상은 거의 필연적으로 발생한다. 그렇다고 플랫폼 비즈니스를 막을 수도 없는 노릇이다. 플랫폼 비즈니스가 성공함으로써 발생하는 신규 시장의 창출과 경제적 이익이 상당하고 국익에도 도움이 되기 때문이다. 그만큼 규제 정책은 신중해야 하며 많은 연구가 필요하다.

한편으로는 정부가 기술 발전 속도를 따라갈 수 없는 데다 신기술이 나오면 자연스럽게 시장이 재편되는 경향이 있기 때문에, 독과점 규제의 실효성이 떨어지는 측면이 있는 것도 사실이다. 예를 들면, 독과점 규제에 진심인 미국 법무부는 1970~1980년대 대형 컴퓨터 시장을 지배한 IBM을 대상으로 반독점 소송을 제기하며 10년 이상 공세를 펼친 적이 있는데 개인용 컴퓨터 시대가 도래하면서 자연스럽게 시장 상황이 변했고 미국 법무부는 소송을 취하했다.

이후에도 이런 사례가 반복됐다. 1998년 미국 법무부는 마이크로소프트가 윈도우에 자사 웹브라우저 익스플로러를 끼워 파는 방식으로 탑재했다며 소송을 제기했고, 1심 법원은 회사를 두 개로 분할하라는 판결을 내렸다. 마이크로소프트는 회사가 쪼개지는 상황 직전까지 내몰렸으나 가까스로 미국 법무부와 타협하면서 최악의 상황은 면했다. 이후 인터넷 시대가 도래하고 구글과 애플이 부상하면서 마이크로소프트의 독과점 문제는 자연스럽게 해결됐고, 익스플로러는 경쟁력을 잃으면서 시장에서 사라지게 됐다.

이처럼 하이테크 산업에서의 독과점 문제는 단순하지 않다. 독과점 폐해가 발생하는 것도 사실이고, 기술 발전과 시장 변화가 더딘 다른 산업과 달리 시간이 흐르면 자연스럽게 해결되는 경우가 많은 것도 사실이다. 그러므로 시장에 미치는 충격을 고려해 신중하게 규제 정책을 만들어야 하고 또한 규제를 완화하는 경우에도 신중해야 한다.

많은 경우 정부 정책에 있어서 완벽한 해법은 없다. 독과점 규제든 기업을 지원하는 것이든 생각지 못한 문제가 발생하는 부분을 세심히 살피면서 시장의 균형을 지속해서 추구하는 것이 그나마 답이 아닐까 한다.

2. 악성코드 경제: 수익성 높은 거대 비즈니스

악성코드(Malicious Code)는 정상적인 기능을 수행하기 위해서 만들어진 코드가 아닌, 컴퓨터 시스템을 파괴하고 사용자에게 피해를 끼치기 위해 만들어진 유해한 컴퓨터 프로그램을 총칭하는 용어다. 코드 제작에 사용된 기술이 아니라 용도에 따라 악성코드로 판단하게 된다. '악성 소프트웨어(Malicious Software)' 또는 줄여서 '말웨어(Malware)'라고도 한다.

세계적인 백신 연구소 AV-테스트(AV-TEST)에 따르면, 매일 새로운 악성코드 45만 개가 연구소에 등록되고 있다고 한다.[5] 개인 사용자는 물론이고 많은 기업이 보안 소프트웨어 한두 개에 의존하면서 네트워크와 시스템이 안전할 거라고 기대한다.

하지만 공격자는 목표를 정하면 어떻게든 침입하기 때문에 기업 사용자는 네트워크와 시스템 상태를 계속 모니터링하면서 신속하게 악성코드를 감지하고 제거할 수 있는 역량을 갖춰야 한다. 개인 사용자도 최소한 자신이 사용하는 시스템의 특성을 이해하고 보안 상태를 지속해서 관리할 필요가 있다.

대표적인 악성코드 7가지 유형 이해하기

악성코드에는 여러 종류가 있고 수행하는 기능과 미치는 악영향에도 차이가 있기 때문에, 이에 대한 지식이 있어야 악성코드로부터 자신의 시스템을 안전하게 지킬 수 있다. 여기에서 주요 유형 위주로 정리해보면 다음과 같다.

● **바이러스(Virus)**: 가장 잘 알려진 악성코드로, 일반적으로 파일에 첨부된 형태로 존재하며 파일을 열면 실행된다. 바이러스는 시스템을 느리게 만들거나 파일을 파괴하는 등의 손실을 야기한다. 바이러스라는 이름이 붙은 것에서 알 수 있듯이 '전염성'을 갖고 있어서 바이러스가 감염된 파일을 열면 다른 정상 파일도 감염시킨다. 대부분의 미디어와 사람들이 악성코드를 바이러스라고 부르는 경향이 있다. 하지만 바이러스는 여러 악성코드 중 하나의 유형일 뿐이며, 최근에는 전체 악성코드의 10%도 차지하지 않는다.[6]

● **웜(Worm)**: 네트워크를 통해 전파되며 빠르게 복제하면서 가능한 한 많은 시스템을 감염시키는 악성코드다. 바이러스가 숙주파일(호스트 프로그램)이 있어야 하는 것과 달리, 웜은 숙주 파일 없이도 시스템의 취약점을 이용해 자동으로 확산된다. 웜의 특성은 자기 복제이며 네트워크 전체를 감염시키면서 기하급수적

인 속도로 증식한다. 웜은 피해자의 행동 없이 스스로 확산한다는 점에서 바이러스보다 전파 속도가 빠르고 더 치명적이다. 또한 네트워크 트래픽에 많은 영향을 미쳐 대규모 사이버 공격에도 사용된다.

● **트로이목마(Trojan horse):** 유익하거나 정상적인 소프트웨어인 것처럼 가장하고 있는 악성코드다. 사용자가 파일을 다운로드해서 실행하면 트로이목마가 작동해 공격자가 원하는 동작을 수행한다. 보통의 트로이목마는 바이러스나 웜과 달리 자기 복제를 하지 않는다.

법원 명령을 가장해 악성코드를 첨부한 이메일[7)]

● **랜섬웨어(Ransomware):** '몸값(Ransome)'이라는 단어에서 알 수 있듯이, 피해자의 시스템에서 무단으로 파일들을 암호화해서 사용하지 못하게 만든 다음에 파일들의 암호를 풀어주는 대가로

금전을 요구하는 악성코드다. 범죄자들이 큰 수익을 창출할 수 있어 최근 유행하고 있는 악성코드이며, 예방과 복구가 쉽지 않아 최악의 악성코드로 불린다.

● **스파이웨어**(Spyware): 사용자 시스템에 몰래 설치되어 비밀스럽게 작동하면서 개인정보와 사용자 활동 내역을 수집하여 원격의 범죄자에게 유출하거나 시스템 제어 권한을 제공한다. 보통의 스파이웨어는 웹사이트 접속 기록, IP 주소 등 광고에 활용될 만한 내용을 수집하는데, 악의적인 스파이웨어는 로그인 정보나 신용카드 번호, 인증서 정보 등을 빼내기도 한다. 돈을 벌려는 목적의 범죄자 외에도 연인의 사생활을 감시하고 싶어 하는 사람들도 스파이웨어를 이용한다. 일반적으로 스파이웨어는 시스템을 파괴하지 않기 때문에 찾아내 제거하는 것으로 더 이상의 피해를 막을 수 있는 편이다.

● **애드웨어**(Adware): 사용자가 원치 않는 악의적인 광고를 무차별적으로 노출하는 악성코드다. 일반적으로 애드웨어는 사용자 시스템을 파괴하지 않지만, 개인정보를 유출하거나 사용자를 위험한 사이트로 강제 이동시키거나 시스템 성능을 저해하는 식으로 피해를 준다. 애드웨어는 비윤리적인 비즈니스의 일환으로 무료 소프트웨어와 함께 배포되는 경우가 많다. 무료 소프트웨어를 설치하면서 화면의 내용을 확인하지 않고 무심코 확인 버

튼을 누르면 사용자 시스템은 애드웨어의 천국이 될 수 있다. 애드웨어 자체만으로는 큰 피해가 발생하지 않을 수 있지만, 다른 악성코드를 유포하는 데 악용될 수도 있기에 조심해야 한다.

- **파일리스(Fileless) 악성코드:** 파일 없이 피해자 컴퓨터의 메모리에 상주하는 최신 유형의 악성코드다. 스캔할 파일이 없어 기존 악성코드보다 탐지가 어려우며, 시스템을 재부팅하면 메모리에서 악성코드가 사라지기 때문에 추적과 차단이 쉽지 않다. 최근 들어 증가 추세에 있는 악성코드다.

이들 중에서 애드웨어는 시스템의 성능을 저해하고 보안 위험을 유발할 수 있지만, 피해 규모가 크지 않은 편이기 때문에 그레이웨어(Grayware) 또는 PUP(Potentially Unwanted Program, 잠재적으로 원치 않는 프로그램)라고도 한다.

앞서 살펴본 것 외에도 별도로 분류되는 악성코드들이 있으며 새로운 유형이 계속 늘어나고 있는데, 몇 가지만 살펴보면 다음과 같다. 합법적인 광고 네트워크를 통해 악성코드를 몰래 전달하는 멀버타이징(Malvertising), 정상적인 인증 절차를 우회해서 접근할 수 있도록 만드는 백도어(Backdoor), 사용자 모르게 시스템 관리자 권한에 접근할 수 있도록 하는 루트킷(Rootkit), 사용자 몰래 설치되어 암호화폐를 채굴하는 크립토마이너(Cryptominer) 등을 꼽을 수 있다.

최근에는 여러 악성코드 유형이 조합되는 경우도 늘어나고 있다.

예를 들면 웜과 트로이목마, 또는 바이러스가 결합해 작동하는 식인데 그런 형태를 '하이브리드(Hybrid) 악성코드'라고 한다.

감염된 시스템들로 구성된 막강한 좀비 군단

공격자가 피해자의 시스템을 원격 제어하기 위해 만든 특별한 유형의 트로이목마를 RAT(Remote Access Trojan)이라고 하는데, RAT을 이용하면 공격자가 사용자 시스템을 무단으로 제한 없이 원격 제어할 수 있기 때문에 상당히 위험하다. RAT은 '악성코드 경제(Malware Economy, 악성코드를 통한 수익 창출이 비즈니스를 넘어 경제화된 상태다)'에서 꽤 인기 있는 상품이며, 누구나 손쉽게 이용할 수 있는 소프트웨어 제품으로 만들어져 다크웹(Dark Web)과 같은 지하 시장에서 판매되고 있다.

다크웹은 인터넷에 존재하지만 토르(Tor) 브라우저와 같은 특정 소프트웨어를 이용해서만 접속할 수 있는 어둠의 공간으로 해킹, 랜섬웨어, 사기, 포르노, 테러, 마약 등 온갖 불법적인 콘텐츠 공유와 상거래가 이뤄지는 곳이다.

보안업체 지스케일러(Zscaler)는 다크웹에서 판매되고 있는 RAT의 일종인 새프코(Saefko)를 발견해 공개했다. 새프코는 감염에 성공하면 백그라운드에 머물면서 사용자가 로그인할 때마다 실행된다. 새프코는 크롬의 히스토리 목록에서 신용카드, 암호화폐, 쇼핑, 금융 사이트 접속 내역, 소셜미디어(인스타그램, 페이스북, 유튜브 등) 활동 내

다크웹에 게시된 새프코 광고[8]

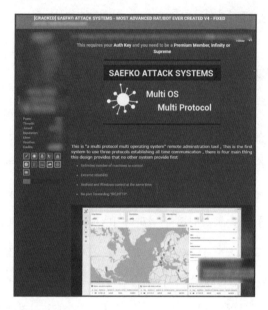

역을 확인하고 범죄자의 명령에 따라 스크린샷, 동영상, 키 입력 로그 등을 수집해 범죄자의 서버로 전송한다.

이 외에도 바이오패스(BIOPASS), 해빗츠랫(HabitsRAT), 다크코멧(DarkComet), 타이도어(Taidoor), 나노코어(NanoCore), 블라인딩캔(Blindingcan), 골든스파이(GoldenSpy), 넷와이어(Netwire), 에이싱크랫(AsyncRAT) 등 악명 높은 RAT들이 다수 존재하며 그 수가 계속 늘어나는 추세다.

사이버 범죄자는 RAT으로 장악한 사용자 시스템을 이용해 다른 취약한 장치에 RAT을 배포함으로써 '봇넷(Botnet)'을 구축할 수 있다. 봇넷이란 악성코드에 감염돼 사이버 범죄자에 의해 제어될 수 있는 인터넷 연결 장치의 모음으로 개인용 컴퓨터, 서버, 모바일 기기, 사물인터넷(IoT) 장치 등이 모두 포함될 수 있다. 봇넷이라는 용어는 로봇과 네트워크라는 단어에서 유래했으며 봇넷을 '좀비 군단(Zombie Army)', 봇을 '좀비'라고도 한다.

사이버 범죄자는 감염된 시스템에서 키 입력 감지, 사용자 활동 모니터링, 신용카드 정보 훔치기, 웹캠 활성화 및 동영상 녹화 등 거의 모든 작업을 수행할 수 있다. 감염된 시스템은 좀비 군단의 일부가 되어 스팸 메일 발송, DDoS(분산 서비스 거부) 공격 등 사이버 범죄자의 의도에 따라 각종 범죄에 악용될 수 있다.

악성코드는 사이버 범죄자가 오래 이용할 수 있도록 시스템 소유자에게 발각되지 않게 몰래 작동하며 잘 숨겨져 있다. 봇넷을 만드는 목적은 인터넷에 연결된 장치들을 최대한 많이 감염시켜 대규모 컴퓨팅 성능을 확보하고 이를 통해 자동화된 공격을 감행하기 위함이다.

봇넷 감염은 트로이목마, 스파이웨어, 여타 악성코드를 통해 확산할 수 있는데 일반적으로 장치의 패치되지 않은 보안 취약점을 통해 감염되며, 이를 확인하기 위해 대상 장치를 자동으로 검사하도록 설계돼 있다.

전통적인 형태의 봇넷은 클라이언트-서버 모델로 구축되며 서버가 감염된 장치에 악의적인 어떤 행위나 사이버 공격을 명령하는 형태로 작동된다. P2P(Peer-to-Peer) 봇넷은 분산 접근 방식으로 구동되는데, 감염된 장치 간에 명령이나 업데이트된 악성코드를 공유하는 형태로 작동한다. 최근 사이버 범죄자들은 보안업체나 정부기관의 추적을 피하기 위해 P2P 봇넷을 더 선호하는 추세다.

보안업체에 의해 실체가 드러난 몇 개의 봇넷이 있는데, 그중 하나가 메스봇(Methbot)이다. 메스봇은 광고 사기 및 사이버 범죄를 목적으로 작동하는데, 사용자 시스템에 숨어서 온라인 광고를 자동으로 클릭하거나 동영상 광고를 가짜로 시청하는 식으로 매일 300~500만 달러의 사기 광고 수익을 창출하는 것으로 드러났다.[9] 감염된 시스템은 페이스북, 링크드인과 같은 소셜미디어에 위조 계정을 만들고 마우스 작동을 자동화해 광고를 클릭하는 방식으로 작동했다.

미라이(Mirai) 봇넷은 수십만 대의 장치를 감염시켜 대규모 DDoS 공격을 수행했는데, 추적 결과 인터넷 공유기, CCTV 카메라 등 수많은 사물인터넷 장치들을 감염시키는 것으로 드러났다. 미라이는 발각될 위험성이 높은 IP 주소를 피하면서 보안이 취약한 장치에 무차별 대입 공격(Brute-force attack)으로 로그인을 시도했다. 무차별 대입 공격은 특정 암호를 풀기 위해 시행착오(Trial-and-error) 방식으로 가능한 모든 값을 대입하는 공격을 뜻한다.

이를 통해 미라이는 매일 30만 대 이상의 장치를 감염시켰다. 다만 사물인터넷 장치 대부분에 비휘발성 저장장치가 없기 때문에 전원이 꺼졌다 켜지면 감염이 사라진다. 그래서 매일 새롭게 장치들을 감염시켜야 미라이 봇넷 규모가 유지될 수 있다.

안나센파이(Anna-Senpai)라는 별칭을 사용하는 미라이 제작자는 사물인터넷 장치 공격으로 너무 주목받아 업계를 떠난다면서 미라이의 소스코드를 모두 공개해 논란이 되기도 했다.[10) 이를 통해 미라이가 취약점을 어떻게 공략하는지 누구든지 분석할 수 있게 됐으며, 한편으로는 미라이 소스코드를 개선해 더욱 강력한 봇넷을 만들 수 있는 환경이 조성됐다.

기업을 노리는 최악의 악성코드, 랜섬웨어

보안과 관련된 수많은 위협 중에서 매우 악질적인 것 중 하나는 파일을 암호화해 몸값을 요구하는 랜섬웨어다. 특히 기업의 입장에서 사업상 중요한 데이터나 콘텐츠가 인질로 잡혀 있으면, 어쩔 수 없이 금전을 지불하는 것을 고민할 수밖에 없다.

IBM의 조사에 따르면, 랜섬웨어에 의해 피해를 당한 기업의 70%가 파일을 되찾기 위해 공격자에게 비용을 지불한 것으로 나타났다.[11) 또한 기업 임원 중 50%가 회사에서 랜섬웨어 공격을 경험했다고 밝혔으며, 피해 기업의 약 30% 정도가 영구히 파일을 복구하지 못한 것으로 추정된다.

전체 악성코드 중에서 랜섬웨어가 차지하는 비중은 계속 증가하고 있다. 수많은 랜섬웨어 중에서 최근 악명을 떨친 것으로 콘티(Conti)와 록빗(LockBit)을 꼽을 수 있다. 근래 발생한 랜섬웨어 공격의 절반 이상이 두 그룹에 의해 발생했다. 일반인들은 랜섬웨어를 그저 하나의 악성코드 정도로 생각하지만, 사실은 거대 비즈니스이자 생태계로 이뤄져 있다. 암호화폐가 활성화되면서 익명으로 암호화폐를 받아 현금화하기가 쉬워져 랜섬웨어 생태계가 급속히 커졌다. 범죄자 입장에서 잡히지 않는 범죄만큼 매력적인 건 없으니까 말이다.

콘티는 2020년 5월 처음 확인됐는데, 범죄 수익이 오고 간 비트코인 지갑을 분석한 결과 연간 수익이 최대 2억 달러에 달하는 것으로 추산됐다.[12] 지금까지 코스타리카 정부, 뉴질랜드 보건국, 스코틀랜드 환경보호청, JVC켄우드(JVCKenwood), 대만 컴퓨터 기업 어드밴텍(Advantech), 스칸디나비아 지역 최대의 호텔 체인 노르딕 초이스(Nordic Choice Hotels) 등 여러 정부기관, 대기업들이 콘티의 희생양이 됐다.

콘티는 러시아 기반의 그룹에서 배포된 것으로 추정되며, 최대 32개의 스레드(Thread, 프로세스 내에서 실행되는 실제 작업 수행 단위)와 AES-256 암호화 기법을 활용해 빠르게 파일을 망가뜨린다. 콘티로 암호화된 파일을 복구하는 유일한 방법은 최신 백업본에서 복구하는 것이며(그런데 콘티는 백업까지 찾아내 삭제한다), 그게 아니면 금전을 지불하고 해독 방법을 받는 것이다. 콘티는 피해자와의 협상 중에 대외적으로 협상 내용이 공개되면 즉시 협상을 중지하고 피해자의 데이터를 웹 상에 공개해버리는 것으로 악명이 높다.

지금까지 콘티의 조직 구성은 베일에 싸여 있었는데, 최근 우크라이나 전쟁으로 내분이 발생해 조직의 실체가 드러나게 됐다. 콘티는 친러시아 그룹답게 우크라이나 전쟁에서 러시아 정부를 공개적으로 지지했는데, 구성원 중 일부가 이에 반발하면서 내분이 발생했고 트위터를 통해 콘티 내부에서 주고받은 6만 건 이상의 메시지가 공개된 것이다.

공개된 내용에 따르면, 콘티 그룹에는 CEO 역할을 하는 리더가 있고 인사, 교육, 교섭, 홍보, 개발, 실행 등 부서가 나뉘어 있으며 메인 팀에 약 60~100명 사이의 팀원들이 유동적으로 일하는 걸로 파악됐다. 이들은 인사 및 교육 시스템을 갖추고 지속해서 조직원을 채용하고 있었다. 콘티는 연간 매출 1억 달러 이상의 대기업을 주된 희생자로 삼았다.

미국 정부는 '다국적 조직범죄 보상 프로그램(TOCRP: Transnational Organized Crime Rewards Program)'에 따라 콘티 그룹에서 핵심적인 역할을 한 사람의 신원 정보 제공에 대한 대가로 최대 1천만 달러의 포상금을 내걸었다. 미 국무부는 코스타리카 정부의 피해 사례를 언급하며, 랜섬웨어가 세금 징수와 무역에 심각한 영향을 미치고 있다고 밝혔다.[13]

포상금이나 초국가적 협조에 의해 어쩌면 콘티 그룹의 리더가 잡히거나 조직이 해체될 수도 있을 것이다. 하지만 그렇다고 해도 사이버 범죄의 거대 수익에 매력을 느끼는 범죄자들은 끊임없이 창궐할 것이다. 개인, 기업, 정부가 지속해서 보안 지식과 기술을 업데이트하면서 최대한 예방하는 것 외에는 방법이 없다. 디지털 시대에 빛(테크놀로지 편익)이 우리와 함께하듯이 어둠(사이버 범죄)도 언제나 우리와 함께할 것이기 때문이다.

악성코드를 예방하기 위한 방법과 도구들

악성코드의 가장 일반적인 감염 경로는 공격자가 이메일이나 메신저, 소셜미디어 등을 통해 피해자를 속여서 트로이목마 스타일의 악성코드를 설치하게 만들고 이를 활성화해 공격을 시작하는 것이다.

악성코드를 예방하기 위해 지켜야 할 몇 가지 원칙을 정리해보면 다음과 같다. 대부분 기본적인 내용이지만, 언제나 기본적인 원칙을 지키는 게 가장 중요한 법이다.

- 항상 운영체제, 웹 브라우저, 오피스 등을 최신 패치 상태로 유지한다.
- 보안 소프트웨어를 반드시 하나 이상 사용하고 최신 패치 상태로 유지한다.
- 잃어버려도 상관없는 파일이 아니라면 정기적인 백업은 필수다. 백업 계획을 세우고 실천한다.
- 정기적으로 제어판의 '프로그램 제거 또는 변경'을 확인해 이상한 프로그램이 발견될 시 제거한다.
- 신뢰할 수 없는 웹사이트에서 소프트웨어, 게임, 콘텐츠를 다운로드하지 않는다.
- 모르는 사람 또는 아는 사람으로 가장한 이가 보낸 이메일의 첨부 파일을 함부로 열지 않는다.
- 공용 컴퓨터는 사용하지 않을 때 잠금 상태로 두고 애플리케이

션 설치를 함부로 하지 못하도록 한다.

보안 소프트웨어들을 보면 제품명에 안티바이러스(Antivirus)를 사용하는 경우가 많은데, 범용 보안 제품은 대부분 여러 형태의 악성 코드를 차단하는 기능을 탑재하고 있다. 시중에 다양한 보안 소프트웨어가 출시되어 있으므로 각자의 용도와 환경에 맞는 제품을 잘 선택하는 게 중요하다.

시중에 출시된 수많은 안티바이러스 제품 중에서 높은 평가를 받는 것들로 어베스트(Avast), 아비라(Avira), 비트디펜더(Bitdefender), 카스퍼스키(Kaspersky), 맥아피(McAfee), 노턴(Norton), 트렌드 마이크로(Trend Micro) 등이 있는데, 이들 제품은 모두 효과가 검증된 보안 소프트웨어들로서 일부는 무료 버전도 제공한다. 윈도우 운영체제에 기본 탑재돼 무료로 이용 가능한 윈도우 디펜더(Windows Defender)도 있다.

개인 사용자라면 윈도우 디펜더만으로도 충분할까?

윈도우-XP 시절 윈도우 운영체제의 보안 취약성이 큰 논란이 되면서 마이크로소프트는 윈도우 비스타부터 시큐리티 에센셜(Security Essentials)이라는 명칭으로 일부 보안 기능을 제공하기 시작했다. 당시 마이크로소프트는 기업용 보안 소프트웨어를 포어프론트(Forefront)로 명명해 유료 판매하고, 안티스파이웨어로 윈도우 디펜더를 출시했다.

마이크로소프트의 보안 소프트웨어들은 출시 초기에 기능과 성능이 부족한 데다 별도로 설치해야만 했다. 이후 보안 기능을 윈도우 디펜더로 통합하면서 윈도우8부터는 윈도우 기본 탑재로 제공하고 있으며 성능 또한 크게 개선된 상태다.

윈도우 디펜더는 2019년 AV-테스트의 최신 평가에서 보호능력(Protection), 성능(Performance), 사용성(Usability) 3가지 부문 모두에서 만점을 기록해 최고 제품으로 선정됐고, 이후 정기적인 평가에서 세부 점수에 변동은 있지만 대체로 상급의 평가를 유지하고 있는 상태다.[14] 윈도우 기반 컴퓨터를 사용하는 보통의 개인 사용자라면 윈도우 디펜더만으로도 충분하다고 볼 수 있다. 게다가 추가 비용을 지불할 필요도 없다는 게 큰 장점이다.

70가지 이상의 안티바이러스 엔진으로 검사하는 바이러스토탈

바이러스토탈(VirusTotal, https://www.virustotal.com)은 70가지에 달하는 악성코드 검사 엔진을 이용해 사용자가 제출한 파일의 악성코드 유무를 무료로 검사해주는 웹사이트다. 2004년 6월부터 서비스를 시작해 좋은 평가를 받았으며 2012년 9월 구글이 인수했다. 바이러스토탈은 사용자 시스템 전체를 검사하는 게 아니라 특정 파일에 대한 검사를 제공한다. 웹사이트에 접속해 검사하려는 파일을 간단히 끌어다놓기(Drag & Drop)로 업로드하면 즉시 검사를 시작한다.

바이러스토탈에서 사용하는 악성코드 검사 엔진은 비트디펜더, 어베스트, 아비라, 판다 시큐리티, 카스퍼스키, 트렌드 마이크로 등 해외의 유명 엔진을 포함해 안랩, 알약, 하우리 등 국내 업체의 엔진도 포함돼 있다.

또한 바이러스토탈은 API를 통해 바이러스 검사를 자동화할 수 있는 기능도 제공한다. 기업 사용자라면 이를 이용해 외부에서 유입되거나 직원들이 공유하는 파일을 자동으로 검사하는 등 보안 역량을 높일 수 있다. 공개 API의 경우 일 500개 요청을 무료로 제공하고, 제한 없는 프리미엄 API 사용은 바이러스토탈과의 계약에 따라 비용이 결정된다.

악성코드에 대응하기 위해 기업이 해야 할 일

최근 악성코드 트렌드를 살펴보면, 사이버 범죄자들 입장에서 철저히 ROI(Return On Investment, 투자 수익)가 가장 높다고 생각하는 악성코드를 선택하는 경향을 보인다. 즉, 수익을 가장 많이 얻을 수 있는 대상을 목표로 설정하고 그에 가장 적합한 악성코드를 만들어 배포하는 것이다. 예를 들면, 사이버 범죄자들에게 랜섬웨어가 인기를 끌다가 암호화폐 가치가 올라가면 랜섬웨어보다 크립토마이너의 인기가 올라가고 암호화폐 가치가 하락하면 랜섬웨어가 다시 인기를 얻는 식이다.

만일 랜섬웨어에 감염되었다면 즉시 해당 기기의 인터넷 연결을 끊고 전원을 차단한 후 전문가의 도움을 받도록 한다. 랜섬웨어는 예방과 복구가 쉽지 않기 때문에 보안의 기본 원칙을 지키는 게 특히 중요하다. 만일 사용하는 보안 소프트웨어의 랜섬웨어 방지 기능이 약하다면 주된 보안 소프트웨어와 충돌하지 않으면서 랜섬웨어 방지에 특화된 보안 소프트웨어를 보조로 사용하는 것을 고려해야 한다.

만일 기업이 사이버 공격을 받았다면 즉시 관계 당국에 신고하고 고객 및 투자자에게 신속하게 해당 내용을 통지해야 한다. 물론 좋지 않은 소식을 먼저 공개하는 것에 부담을 느낄 수 있지만, 선제적으로 정직하게 공개하면 평판을 더 빨리 회복할 수 있다. 문제를 제대로 알리지 않은 상황에서 나중에 사실이 밝혀지면 법적·윤리적 책임을 질 수 있고 회사 신뢰도 하락에 따른 치명적인 비즈니스 손실을 볼 수도 있다.

앞서 소개한 보안 도구들은 가장 기본적인 것이라고 볼 수 있다. 만일 기업 사용자라면 기업의 비즈니스와 IT 환경에 맞는 추가적인 보안 소프트웨어 활용을 필히 검토하고 도입 여부를 판단해야 한다. 특히 사이버 범죄자들이 눈독을 들이는 기업이라면 CEO 측근이나 명목상이 아닌 진짜 보안 전문가로 CSO(Chief Security Officer)를 선임해 역량 있는 보안 조직을 구축해야 한다. 내부에 적절한 보안 전문가를 확보하지 못한 상태라면 외부의 보안 전문가에게 정기적으로 보안 검토와 최적화를 맡겨야 한다.

인생에서 가장 후회스러운 일은 기회가 있을 때 하지 않은 일이다. 기업 경영도 마찬가지이며, 보안에 대한 투자가 바로 그렇다.

3. 프라이버시 악몽은
디지털 기술 발전과 함께한다

2021년 11월경 전국 아파트 700단지의 월패드가 해킹돼 집 내부를 불법 촬영한 영상물이 인터넷에 공개된 사건이 발생했다. 해당 사건은 홍콩 인터넷 사이트에 한국 아파트 대부분의 월패드를 해킹해 영상을 확보했다는 글과 사진이 올라오기 시작하면서 알려졌다. 이후 다크웹에 영상을 판매한다는 글이 올라오고 해킹된 아파트의 구체적인 목록이 퍼지기 시작했다. 해킹된 아파트 목록을 보면 서울 아파트를 비롯해 전국적으로 수많은 아파트가 포함된 걸 확인할 수 있다.

사물인터넷의 기능이 늘어나고 편해질수록 커지는
보안 리스크

카메라가 탑재된 월패드는 수년 전부터 대부분의 신축 아파트에 기본 설치되고 있다. 단순한 기능만 가진 비디오 도어폰과 달리 월패드는 방문객 출입 통제, 가전·조명·냉난방 제어 등 다양한 기능을 제공하는 홈 네트워크의 핵심적인 장치다. 최신 월패드는 외출 중에 스마트폰으로 방문자를 확인하고, 아이들의 귀가 여부를 자동 통보받고, 잠시 방문할 사람을 위해 임시 비밀번호를 발급하는 등의 기능까지 제공한다. 아파트 분양 시 업체는 이런 첨단 기능을 적극적으로 마케팅한다.

그런데 모든 IT 기기에서 기능이 늘어나고 사용이 편해지면 질수록 보안 리스크는 그에 비례해 커지는 경향이 있다. 즉, 간편성과 보안성은 '트레이드오프(Trade-off)' 관계에 있다. 그나마 PC나 스마트폰과 같은 범용 기기는 사용자가 많고 지켜보는 눈도 많아 보안 이슈가 비교적 쉽게 발견되고 또한 빠르게 보안 패치가 이뤄지는 편이다.

반면에 네트워크에 연결된 사물인터넷 기기, POS, 공장 설비처럼 특정 작업에만 사용되는 IT 기기의 보안 이슈는 발견하기 어려우며 설령 발견한다고 해도 제품 단종, 제조사 폐업, 전문인력 부족 등의 다양한 이유로 빠르게 해결되지 않거나 심지어는 해결이 불가능한 경우도 발생한다.

일반 사용자라면 이에 대해 처음부터 보안 문제가 없는 완벽한 제품을 출시하면 되지 않느냐고 반문할 수도 있겠지만, 그것은 사실 거의 불가능한 일이다. 완벽한 기계를 만드는 법이 존재하는지도 의문이지만, 설령 존재한다고 해도 그런 기계를 설계하고 제작하고 조작하고 관리하고 운용하는 것은 인간이다. 그리고 모든 공학에서 가장 심각한 리스크는 '휴먼 에러(Human Error)'다.

개발자는 모르거나 간과해서 또는 다양한 원인 때문에 잠재적 보안 이슈를 가진 코드를 작성하게 된다. 사용자는 지금 사용하고 있는 IT 기기뿐만 아니라 앞으로 사용하게 될 수많은 IT 기기가 보안 지식이 부족한 개발자에 의해 만들어졌거나, 또는 개발자의 역량 자체는 부족하지 않더라도 촉박한 개발기간, 보안 품질 검사의 미비, 부주의 등 여러 이유로 인해 잠재적 보안 이슈를 가진 제품이 다수 존재한다는 사실을 알아야 한다. 물론 일부 중국 제품처럼 정부의 지시와 제조사의 협조 아래 개인정보 수집 코드를 일부러 제품에 탑재하는 경우도 있다.

이처럼 모든 첨단 IT 기기는 첨단 보안 이슈를 내포하고 있다. 해킹 시도에도 첨단 기술이 이용된다. 개인정보와 사생활이 유출되는 데에는 경제적 이유를 포함해 다양한 원인이 존재하며, 단지 일부 원인이 차지하는 비중을 줄일 수 있을 뿐 모든 원인을 완전히 사라지게 할 수는 없다.

물론 제조사는 잠재적 보안 이슈를 줄이려고 노력해야 하고 사이버 범죄자는 처벌되어야 한다. 이와 별개로 사용자도 자신이 사용하는 IT 기기의 보안 리스크에 더욱 주의를 기울여야 한다. 카메라와 마이크가 탑재된 기기는 특히 주의해야 한다. 어떤 면에서는 편하고 어떤 면에서는 피곤한 세상이 도래했다.

잘못 배운 인공지능은 사회적 해악이 될 수 있다

지난 2021년 1월 AI 챗봇 이루다로 인해 커다란 사회적 논란이 발생한 적이 있었다. 처음에는 이루다의 혐오 발언이 이슈가 됐는데, 이후 개인정보 유출 문제가 불거지면서 이슈가 활활 타올랐다. 논란이 일면서 사건 초기에 이루다의 개발사 스캐터랩은 "이런 상황을 예상했으며 기술적 한계가 있다"는 식으로 항변했지만 결국 서비스 중단을 발표했다. 이루다 사태에 담긴 함의를 좀 더 자세히 살펴보자.

사회적 혐오와 차별의 반영일 뿐인가? 아니면 확대재생산인가?

먼저 혐오 발언과 관련해 이루다는 장애인, 임산부 좌석, 성소수자 등에 대해 혐오스럽고 소름 끼친다는 식의 답변을 했다. 현재의 AI 챗봇은 대화 상대자가 원하는 내용에 맞춰 미리 학습한 방대한 인간 대화를 바탕으로, 질문에 맞는 가장 그럴듯한 답변을 하는 식으로 대화를 이어 나가게 되어 있다. 올바른 윤리의식을 갖추고 대화 상대자의 잘못을 지적하거나 불법행위를 신고하는 수준에는 도달하지 못한 상태다.

이는 어느 정도 기술적인 한계 때문이기도 하지만, 한편으로는 수익 창출을 위해 AI 챗봇을 만드는 기업 입장에서는 이런 윤리 문제가 주된 관심 분야가 아니기에, 충분한 연구개발과 투자가 이뤄지지 않았기 때문이기도 하다.

해당 사태에 대해 여러 업계 전문가가 견해를 밝혔다. 당시 카카오게임즈의 남궁훈 대표(2022년 3월 카카오 대표로 선임됐으나 같은 해 10월 카카오 먹통 사태로 사퇴했다)는 "현세대가 가진 혐오와 차별이 반영된 것이며, AI가 반성해야 하는 것이 아니라 사회가 반성해야 한다"면서 혁신적 서비스를 출시한 회사에 박수를 보낸다고 밝혔다. 하지만 이런 식의 '기술 우선주의'적인 인식은 우려스러울 뿐만 아니라 산업 발전에도 그리 도움이 되지 않는다고 볼 수 있다.

이제 기업들은 자신들이 원하는 수익 창출을 위해 인공지능의 윤리의식이 반드시 필요함을 깨달아야 한다. 대중은 AI챗봇으로부터 불쾌한 말을 듣고 싶어 하지 않는다. 또한 대중은 한 사람의 혐오 발언보다 AI챗봇의 혐오 발언을 훨씬 더 크게 받아들인다. 몇몇 사용자의 혐오 발언을 AI챗봇이 학습했다고 해서 다른 사용자들에게 그대로 전달하는 게 용납될 수는 없다. 결코 대중의 과민반응이 아니라는 뜻이다.

혐오와 차별이 사회에 존재하는 것은 명백한 사실이지만, 그렇다고 인공지능 플랫폼이 사회에 그러한 혐오와 차별을 확대재생산 하는 게 정당화될 수는 없다. 사회의 나쁜 요소를 줄이기는커녕 더 악화시키는 데 일조한 형국이기 때문이다.

더욱이 해당 논란은 2016년 마이크로소프트가 선보인 AI 챗봇 테이(Tay) 사태의 반복이다. 테이는 당시 트위터 기반의 챗봇으로 공개됐는데, 부적절한 발언으로 인해 선보이자마자 세계적인 이슈가 됐으며 출시 24시간도 안 돼 빠르게 중단됐다. 이후 마이크로소프트의 CEO 사티아 나델라는 "테이 사태가 자사의 AI 접근방식에 큰 영

마이크로소프트가 선보였던 AI 챗봇, 테이[15]

향을 미쳤으며, 책임감의 중요성을 배웠고 훨씬 더 신중을 기하고 있다"고 밝힌 바 있다.[16]

사회의 나쁜 부분을 학습하고 이를 전파하는 AI는 결국 사회에 부적절한 시스템이 될 수밖에 없다. 이는 우리가 완벽히 해결하지는 못하더라도 최대한 해결해야 할 부작용이다. 이를 위해 인공지능 개발사는 충분히 고민하고 투자해야 한다.

개인정보를 통해 수익을 창출하려는 기업의 욕구

앞서 살펴본 혐오 발언이 관점에 따라 논쟁의 여지가 있는 사안이라면, 개인정보 유출 및 사생활 침해는 따질 필요도 없이 명백하게 잘못된 일이며 또한 불법이다. 이에 대한 정확한 이해를 위해서 이루다의 배경과 기술적인 측면을 살펴볼 필요가 있다.

원래 스캐터랩은 사용자가 제공한 카카오톡 데이터를 이용해 애정도 분석, 연애 팁 등 흥미로운 연애 콘텐츠를 유료로 제공하는 〈카톡감정분석! 텍스트앳〉, 〈연애의 과학〉 앱을 서비스하면서 주목받은 업체다. 이루다 출시 당시를 기준으로 엔씨소프트, 소프트뱅크벤처스 등으로부터 약 65억 원에 달하는 누적 투자를 유치했으며, 논란 이후에도 158억 원 규모의 투자를 유치한 국내의 대표적인 인공지능 스타트업 중 하나다.

메신저 대화를 분석하는 연애의 과학 앱[17]

스캐터랩은 이루다를 출시하면서 100억 건의 카카오톡 데이터를 기반으로 만든 AI챗봇이라는 것을 강조했다. 스캐터랩 대표가 과거 인터뷰를 통해 직접 밝힌 바에 따르면, 이루다는 기술적인 측면에서 크게 두 가지 대화 모델을 사용한다. 하나는 '리트리벌(retrieval)'이고 다른 하나는 '제너레이션(generation)'이다.[18]

리트리벌은 미리 준비한 대규모 질문·답변 데이터베이스를 통해 대화 중 맥락에 맞는 답변을 빠르게 찾아서 사용하는 방식이다. 반면에 제너레이션은 대화에 맞춰 즉각적으로 단어를 생성해 사용하는 방식이다. 기술적으로 후자가 더 난이도가 있으며 높은 시스템 성능을 요구한다. 스캐터랩 대표는 이루다가 리트리벌 방식을 메인 모델로 사용한다고 밝힌 바 있다.

이루다의 진짜 사람 같은 답변은 실제로 누군가의 사적인 대화였던 것이다. 논란 초기에 스캐터랩은 데이터를 익명화(비식별화)해서 사용한다고 해명했지만 실제로는 실명, 집 주소, 은행 계좌번호 등이 그대로 노출된 것으로 밝혀졌다.

무엇보다 해당 개인정보 유출 사태에서 중요한 질문은 과연 스캐터랩에 이용자의 연애 대화를 마음껏 활용할 권리가 주어져 있는가 하는 것이다. 연애의 과학 이용약관에는 콘텐츠의 제공을 위해 회원의 정보를 활용할 수 있다고 표기되어 있으며, 개인정보 취급방침에는 "신규 서비스 개발 및 마케팅·광고에의 활용이 가능하다"고 나와 있다. 스캐터랩은 이용 동의를 받아서 문제가 없을 것으로 판단했다고 밝혔다.

그런데 약관에 동의해야만 앱을 사용할 수 있기에, 대부분의 이용자는 습관적으로 동의할 뿐 전체 약관을 읽어보는 사람은 거의 없다. 설령 약관을 읽어본 이용자라 할지라도 도대체 활용 범위가 어디까지인지 정확히 알 수 없기는 마찬가지다. 만일 이루다에 자신의 연애 대화가 문장 그대로 사용될 거라는 사실을 알았다면, 그럼에도 자신의 데이터를 제공할 사용자가 과연 얼마나 될까?

해당 사태를 단지 일개 기업의 실수나 일탈로만 봐서는 안 된다. 이런 형태의 개인정보 남용은 언제든지 재발할 수 있는 일이다. 사실 많은 IT 기업이 이용자의 개인정보를 어떻게든 최대한 비즈니스에 활용하고자 하는 강한 욕구가 있다. 데이터가 곧 수익으로 이어지기 때문에 개인정보 활용에 대한 기업의 욕구는 상상을 초월할 정도로 강력하다.

기업 스스로 알아서 이용자의 개인정보를 잘 보호할 것이라고 믿는 것은 순진한 생각이다. 페이스북은 거의 정기적으로 개인정보 유출 사건을 일으키고 있으며, 이루다와 비슷한 시기에 논란이 된 카카오맵 신상 노출 사건도 실수라기보다는 기업들의 그런 욕구가 반영된 결과로 볼 수 있다. 해당 사건은 이용자가 지도에 즐겨찾기를 할 때 장소 기본설정(디폴트)값이 공개로 되어 있어 이를 모른 채 등록한 이용자의 민감한 즐겨찾기 내용(성매매 업소 리스트, 군 종사자가 입력한 작전부대 정보 등)이 타인에게 공개돼 발생한 논란이다.

그렇다면 결국 이루다 사태는 어떻게 결론이 났을까? 개인정보 보호에 관한 사무를 독립적으로 수행하는 행정기관인 개인정보보호위원회는 이루다 사태를 조사해 이루다 개발사 스캐터랩에게 1억 330만 원의 과징금과 과태료 등을 부과했다.

개인정보보호위원회에 따르면 스캐터랩은 자사 앱 텍스트앳, 연애의 과학에서 수집한 약 60만 명의 카카오톡 대화문장 94억 건에 포함된 이름, 전화번호, 주소 등 개인정보를 삭제하거나 암호화 조치를 전혀 하지 않은 채 이용한 것으로 드러났다.[19]

특히 20대 여성의 카카오톡 대화문장 약 1억 건을 응답DB로 구축해 이루다가 이 중 한 문장을 선택해 답변하도록 서비스를 만든 것으로 밝혀졌다. 또한 스캐터랩이 코드 공유 사이트 깃허브(Github)에 2019년 10월부터 2021년 1월까지 이름, 주소, 성별, 대화 상대방과의 관계 등이 포함된 카카오톡 대화문장 1,431건과 함께 AI 모델을 게시한 것에 대해서도 개인정보보호법 위반으로 판단했다.

그런데 개인정보보호위원회는 제재 처분과 관련해 공식 배포한 보도자료에서 스캐터랩이 카카오톡 대화를 수집한 행위 자체에 대해서는 민감한 정보를 수집한 것이 아니라고 판단했다. 더불어 개인정보보호위원회는 스캐터랩이 (대화방에서 대화를 나눈 대화 상대자의 동의 없이) 일방 당사자의 동의만으로도 카카오톡 대화를 수집할 수 있다고 판단했다. 과연 이것이 이용자의 시각에서 합당한지에 대해서는 논쟁의 여지가 있다.

이후 스캐터랩은 이루다 2.0을 개발해 베타테스트를 하면서 '사람을 위한 AI 개발'이라는 모토 아래 다양한 삶의 가치 존중, 함께 실현하는 AI 챗봇 윤리, 합리적 설명을 통한 신뢰 관계 유지, 프라이버시 보호와 정보 보안 발전에 기여 등 총 5가지 윤리 준칙을 수립했다고 밝혔다.

여기에서 살펴본 사례를 한 기업의 일탈이나 대중의 과민반응으로 치부하지 말고, 사회적 신뢰 강화를 위해 정부, 기업, 개인 각각이 해야 할 일을 각성하는 계기로 삼았으면 좋겠다.

프라이버시 보호와 시민 감시 시스템 사이의 합리적인 값

코로나19가 크게 위세를 떨치던 2020년 4월 프랑스 언론 레제코 (Les Echos)의 칼럼니스트 버지니 프라델(Virginie Pradel)이 코로나19 사태와 관련해 한국을 언급한 글이 화제가 된 바 있다.[20] 그는 기고문의 서두에서 프랑스의 마스크 부족 및 프랑스가 처한 여러 어려움을 나열한 후, 대만 및 한국이 다른 국가들에 비해 코로나에 잘 대응했다는 사실을 잠시 소개한 다음 본론으로 들어간다.

기고문의 핵심은 '과잉 감시 문화'에 대한 것이다. 글에서 중국이 지난 수년 동안 디지털 감시와 시민에 대한 끔찍한 억압을 시행해 왔다는 사실을 언급하더니, 곧바로 한국도 마찬가지라고 주장한다. 중국과 한국을 동일시하는 데 사용된 증거는 파파라치 제도다. 그는 수많은 한국인이 다른 시민을 신고하기 위해 신고 기술을 가르치는 학원에서 훈련받고 있다면서 과잉 감시와 비난의 문화라고 주장했다. 기고문은 개인의 자유를 희생할 이유가 없으며 시민사회가 전체주의적 미래에 맞서 싸워야 한다는 결론으로 마무리된다.

유럽, 그중에서도 특히 프랑스는 개인의 자유와 프라이버시 보호를 아주 중요하게 생각하는 문화를 갖고 있기 때문에 스마트폰 위치 추적에 대한 거부감이 크다. 하지만 전 세계적으로 많은 코로나19 사망자가 발생하면서 미국, 영국, 이스라엘, 싱가포르 등 여러 국가가 코로나19 방역을 위해 스마트폰 위치 추적을 검토했으며 일부 국가는 이를 허용하기도 했다. 서구 국가들이 그동안 프라이버시 보호를 얼마나 중요하게 여겨왔는가를 생각해보면 과거에는 상상도 할 수 없는 일들이 실현되고 있는 것이다.

과잉 감시와 사생활 침해에서 가장 앞선 국가는 중국이다. 중국은 제로 코로나 정책을 펴면서 자가격리자 감시 명목으로 집안에까지 감시 카메라를 설치하거나, 거리 곳곳에 설치된 CCTV와 인공지능 기술로 개인을 식별하고 모든 행동을 기록한 후 점수를 매겨 차별하고 자유를 제한하는 제도를 도입한 국가다.

앞으로 인류는 극단적인 프라이버시 보호나 극단적인 시민 감시 시스템이 아닌, 양극단의 중간 어딘가에 위치한 합리적인 값을 찾아야 할 것이다. 죽음의 역사가 반복되고 인류가 경험하지 못한 도전에 계속해서 처하고 있어, 모든 게 쉽지 않은 상황이다. 계속되는 신종 바이러스 창궐로 인해 공중 보건은 끊임없이 위협받고 있으며 사기, 마약, 폭력 등 각종 범죄도 늘어나고 있다.

더불어 이 모든 문제를 증폭시키기도 하면서 한편으로는 해결책을 제시할 수도 있는 게 바로 디지털 기술이다. 디지털 기술의 발전으로 인해 모든 것이 데이터화되고 순식간에 사생활 침해가 가능한 이 시대에 프라이버시 보호는 인류가 풀어야 하는 중요한 과제 중 하나가 됐다.

6장

미래는 지금 우리가
무엇을 하는가에
달려 있다

"미래에 대해 생각하지 않는다면 미래를 가질 수 없다."

―존 골즈워디(John Galsworthy,
1932년 노벨 문학상을 받은 영국의 소설가이자 극작가)

1. 그린 IT:
추출경제에서 재생경제로

그린(Green) IT란 환경적으로 지속가능한 IT를 실천하는 것을 뜻하며, 그린 컴퓨팅 또는 그린 테크놀로지, 친환경 IT라고도 한다. 그린 IT는 환경보호를 달성하는 높은 에너지 효율성, 청정에너지 활용, 장비 수명의 연장, 재활용, 효율적인 폐기 정책 등 여러 개념을 포함한다.

좀 더 자세히 살펴보면 그린 IT는 기술이 환경에 미치는 영향을 최소화하는 것으로 제품의 디자인, 제조, 사용, 폐기의 전 과정을 친환경화하려는 노력이다. 이 같은 노력을 통해 그린 IT는 에너지와 자원의 낭비를 줄이고 '지속가능성(Sustainability)'을 촉진한다. 최근 들어 환경(Environment), 사회(Social), 지배구조(Governance)를 통칭하는 ESG가 기업 경영의 필수요소로 급부상하면서 그린 IT의 중요성 또한 커지는 추세다.

투자 업계에서는 기업의 환경, 사회적 가치를 재무 수익률과 연계하고 있으며, ESG 경영이 기업의 재무 안정성이나 지속가능성을 증가시킨다는 보고서 발표도 이어지고 있다. 이에 따라 ESG를 주요 투자 지표로 삼는 글로벌 투자 펀드들도 늘어나고 있다.

기후변화 심각성에 대처하는 친환경 IT

우리가 사용하는 각종 IT 기기들, 예를 들어 PC, 스마트폰, 모니터, 프린터 등은 사실 제조·사용·폐기 과정에서 많은 환경오염을 발생시킨다. 전 세계적으로 매년 컴퓨터에 전력을 공급하는 데 지출되는 2,500억 달러 중 실제 작업에 사용되는 전력은 약 15%에 불과하며, 나머지 전력은 사용을 안 하는 상태에서 전원만 켜진 채 낭비되는 것으로 나타났다.[1]

이렇게 낭비되는 에너지는 이산화탄소(CO2) 배출을 증가시켜 기후변화 문제에 악영향을 미친다. IT 산업은 대기 중으로 배출되는 이산화탄소의 약 2%를 차지하는 것으로 추정된다. 결국 그린 IT는 기후변화의 심각성을 인식하고 그에 따라 자원 사용부터 제품 폐기에 이르기까지 생산 체인을 재구성함으로써 재생경제(Regenerative Economy)와 순환경제(Circular Economy)에 기여하는 운동의 일환으로 볼 수 있다.

친환경 경제 모델인 재생경제는 쓰레기를 줄이고 자원을 최대한 활용하는 경제 시스템을 뜻한다. 재활용 및 생태 복원에 초점을 맞추면 재생경제라고 하고, 자원 순환에 초점을 맞추면 순환경제라고 하는데 사실상 동의어로 사용된다. 기존의 추출경제(Extractive Economy, 또는 채굴경제)가 이윤을 얻기 위해 자원을 착취하는 개념이라면, 재생경제는 자원을 소비하고 재분배함에 있어 자연의 건강과 권리를 중시하는 개념이다.

재생경제는 억압적인 시스템 대신 인간의 존엄성과 공동체 및 자연과의 공존을 우선시한다. 과연 이것이 경제 발전에 더 효과적인 시스템인가에 대해서는 논란이 있겠지만, 재생경제가 전 세계적인 트렌드라는 점은 부정할 수 없는 사실이다.

그린 IT는 재생경제를 위한 구체적인 운동이라고 볼 수 있다. 그린 IT의 기원은 1992년 미국 환경보호국(EPA)에서 전자제품의 에너지 효율성을 촉진하기 위해 고안한 '에너지스타(Energy Star)' 인증 프로그램이다. 에너지스타는 현재 PC, 모니터, 프린터 등을 비롯해 에어컨, 냉장고, 세탁기, 식기세척기 등의 가전기기, 조명기구, 오디오 기기, 건물 설비, 사무기기 등 75개 이상의 여러 분야에서 활용되고 있으며 전자제품에 절전 모드를 널리 채택하는 결과를 가져왔다.

에너지스타를 통해 지금까지 5조kWh에 달하는 전기를 절약했고 5,000억 달러 이상의 에너지 비용과 40억 톤의

에너지스타 웹사이트 [2)]

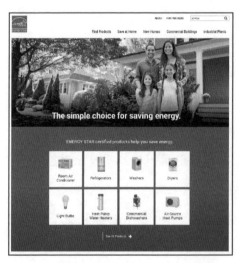

온실가스 감축을 달성했다.[3] 에너지스타의 시작은 전자제품이었지만 현재는 주택, 아파트 등과 같은 주거 시설과 병원, 학교, 공장, 제철소 등 상업용 및 산업 시설에 이르기까지 다양한 분야에서 에너지를 효율적으로 관리함으로써 비용을 절감하고 경쟁력을 강화하는데 사용되고 있다.

제품의 수명주기에 따른 그린 IT의 4가지 구성요소

그린 IT는 제품의 수명주기에 따라 다음과 같은 4가지 구성요소를 포함한다.

- **친환경 디자인:** 컴퓨터, 스마트폰, 프린터 등 각종 IT 기기를 에너지 효율적인 장치로 설계한다.
- **친환경 제조:** 제조 과정에서 유해 물질의 사용을 자제하고, 환경에 미치는 영향을 줄이기 위해 에너지와 자원의 낭비를 최소화한다.
- **친환경 사용:** 제품의 작동 및 유휴 상태에서의 전력 소비를 최소화하고, 친환경적으로 사용한다.
- **친환경 폐기:** 제품의 재활용 가능성을 극대화하고, 불필요한 제품을 적절하게 폐기 또는 재활용한다.

그린 IT는 단지 특정 기술이나 하나의 프로그램을 의미하는 게 아니라 정부, 기업, 환경단체가 친환경을 구현하거나 촉진하기 위해 도입한 다양한 기술과 프로그램, 표준, 규정 및 이니셔티브(Initiative) 등을 모두 포함하는 개념이다.

예를 들어 반도체 업계에서 공정을 개선해 동일 성능을 제공하면서도 저전력을 실현하는 것, 소프트웨어 업계에서 하드웨어 효율을 높이는 가상화(Virtualization) 기술을 이용하는 것, 기업이 서비스형 소프트웨어(SaaS)를 이용해 서버 비용을 절감하는 것, 실내 조명과 온도를 자동으로 조절하는 친환경 빌딩을 구축하고 데이터를 분석해 에너지 절약을 위한 개선사항을 도출하는 것 등과 같은 사례들이 모두 그린 IT에 해당한다.

탄소중립을 넘어 '카본 네가티브'를 외치는 기업들

아마존은 저탄소 기술 및 서비스 개발을 지원하기 위해 20억 달러 규모의 '기후 서약 펀드(Climate Pledge Fund)'를 마련하고 지속해서 관련 스타트업들에 투자하고 있다.[4] 투자한 스타트업으로는 eVTOL(electric Vertical Takeoff and Landing, 전기를 사용하는 수직이착륙 기체)를 제작하는 베타테크놀로지스(BETA Technologies), 전기연료 솔루션 제공업체 인피니엄(Infinium), 저탄소 콘크리트를 만드는 카본큐어테크놀로지스(CarbonCure Technologies), 탄소 배출 제로 항공기를 개발하는 제로아비아(ZeroAvia) 등이 있다.

인텔은 글로벌 제조 공정에서 사용하는 물 사용량 절감, 100% 친환경 전력 사용, 매립 쓰레기 제로를 달성하기 위한 2030년 전략을 발표했다. 인텔은 기술로 건강과 안전을 혁신하고, 기후변화에 대처하기 위한 탄소 중립 컴퓨팅을 실현할 계획이다.

구글은 2030년까지 모든 사업과 가치 사슬에서 '순배출 제로(net zero emissions)' 달성을 목표로 삼았다. 순배출 제로란 온실가스 배출량을 최소화하고 남은 온실가스는 흡수, 제거해서 실질적인 배출량을 제로로 만드는 것으로 탄소중립(Carbon Neutrality)과 유사한 개념이다. 또한 구글은 EIE(Environmental Insights Explorer) 프로그램을 통해 파트너가 자체 배출량을 줄이는 데 함께 노력하겠다고 밝혔다.

애플은 '임팩트를 위한 힘(Power for Impact)' 이니셔티브의 일환으로 10개의 친환경 프로젝트를 시작했으며 175개의 공급업체가 재생

에너지 사용으로 전환할 것이라고 발표했다. 또한 애플은 5년 동안 탄소 배출량을 40% 줄였다고 밝혔다.

네이버와 카카오는 ESG 전담 조직을 확대 개편하면서 그린 IT를 전면에 내세우고 있다. 인터넷 기업이라는 특성상 두 기업 모두 친환경 데이터센터 설립과 운영을 강조하고 있는데, 특히 네이버는 2040년까지 '카본 네거티브(Carbon Negative)' 달성을 목표로 한다고 밝혔다. 카본 네거티브란 탄소 배출량보다 더 많은 탄소를 감축해 순 배출량을 0 이하로 만드는 것을 뜻한다.

마이크로소프트는 네이버보다 훨씬 공격적인 목표를 밝힌 바 있는데 목표 달성이 쉽지는 않아 보인다. 2020년 1월 마이크로소프트는 2030년까지 카본 네거티브를 실현하겠다고 선언했다. 그런데 2022년 3월 발표된 마이크로소프트의 연례 지속가능성 보고서를 보면, 자체 생산공장에서 발생하는 직접 탄소 배출량은 전년 대비 17% 감소시켰지만 회사의 가치사슬에서 발생하는 기타 모든 간접 탄소 배출량은 전년 대비 23% 증가한 것으로 나타났다.[6]

마이크로소프트가 상당한 노력을 하고 있음에도 불구하고 이러한 결과가 나온 것인데, 이를 통해 기업이 수익을 확대하면서 탄소배출을 줄이는 게 결코 쉽지 않음을 알 수 있다. 마이크로소프트는 탄소 배출량을 더 절감하기 위해 부서별 목표를 부여하고 에너지 기업과도 협력하는 등 보다 공격적인 조치를 취하겠다고 밝혔다.

디지털 트윈 기술이 지구를 구할 수 있을까?

디지털 트윈(Digital Twin)은 물리적 개체의 작동 방식을 디지털로 표현해 시뮬레이션하는 컴퓨터 프로그램이다. 디지털 트윈은 NASA(미항공우주국)에서 처음 등장한 개념으로, 지상에서 초기 우주 캡슐의 궤도 문제를 미러링하고 진단하기 위해 사용한 디지털 시뮬레이션에서 시작됐다. 한동안 디지털 트윈은 주로 산업 현장에서 설비를 모니터링하는 데 활용되는 기술이었으나 사물인터넷, 인공지능, 데이터 분석과 통합되면서 디지털 트윈이 표현하는 대상이 건물, 공장, 도시 등으로 그 범위가 확대되어 가고 있다.

디지털 트윈을 이용하면 사물이나 프로세스 등 실제 원본의 디지털 이미지를 실시간으로 가상 공간에 그대로 구현할 수 있다. 이는 현실세계와 가상세계를 데이터로 연결하고 실제 세상을 디지털로 구현한 거울 세계이자, 가상세계에 존재하는 사물의 쌍둥이라는 점에서 '사물 대상의 메타버스'라고도 볼 수 있다. 실제 원본을 그대로 시뮬레이션하기 위해서는 수학적 모델의 개발이 필요해 디지털 트윈 모델 개발에 응용 수학자, 데이터 과학자 등의 여러 전문가가 참여하기도 한다.

디지털 트윈 확산에 적극적인 기업 GE는 제트 엔진, 석유 굴착 장비, 펌프 및 발전기 등과 같은 여러 분야에서 120만 개 이상의 디지털 트윈을 보유하고 있으며, 디지털 트윈을 통해 다운타임(Downtime, 시스템을 이용할 수 없는 시간)과 유지보수를 줄여 15억 달러 이상의 비용을 절감했다고 밝혔다.[7] 디지털 트윈은 의학 분야에서는 인체 장기를 모델링하고, 항공 분야에서는 항공기를 모델링하고, 건축 분야에서는 건축물을 모델링하는 데 사용된다.

디지털 트윈 기술에서는 무엇보다 데이터가 중요하기에 데이터가 부정확할 경우 부정확한 모델을 만들어낸다는 한계가 있다. 하지만 충분하고 정확한 데이터를 확보해서 거대하고 복잡한 모델링을 구현할 수만 있다면, GE 사례에서 알 수 있듯이 충분한 보상이 될 수 있다.

국내 기업들도 디지털 트윈 계획을 적극적으로 밝히고 있다. 네이버는 아크버스라는 디지털 트윈 기술을 상용화한다고 밝혔으며, 카카오의 자회사 카카오모빌리티는 2022년을 디지털 트윈 제작의 원년으로 삼는다고 밝히기도 했다. 이들 기업은 실내 공간까지 재현하는 고정밀지도를 만들고 메타버스와 자율주행 서비스를 구현하는 데 디지털 트윈 기술을 활용할 계획이다.

최근 인공지능, 카메라, 센서, 그래픽 프로세서의 발전으로 디지털 트윈은 활용 범위를 넓혀가고 있다. 기후변화 위기가 커짐에 따라 기후변화와 환경 영향을 예측하는 게 더욱더 시급해지고 있는데 이는 결코 쉽지 않은 일이다. 첨단 기술을 활용해 기후변화 문제를 해결하고자 유럽의 과학 컨소시엄 ECMWF는 지구의 디지털 트윈 계획 'DestinE(Destination Earth)'를 발표했다.[8]

ECMWF는 지구의 디지털 트윈을 만들어 기후 패턴을 모델링하고 시뮬레이션해 물과 해양 환경, 극한 기상 현상, 가능한 완화 전략 등

지구의 디지털 트윈을 만들려는 시도, DestinE ⁹⁾

을 파악할 계획이다. ECMWF는 이를 위해 지구에 대한 자연 및 인간 활동의 영향을 모니터링하고 빅데이터, 머신러닝 등을 이용해 높은 정확도로 자연재해와 환경 피해를 예측하고 사회·경제적 영향을 파악하려고 한다. 2030년까지 디지털 트윈을 통한 지구의 완전한 디지털 복제와 플랫폼화를 계획하고 있으며 점진적으로 구현될 예정이다.

세계 각국에서 발생하는 여러 가지 이상 기후를 보면 알 수 있듯이, 기후변화 문제는 더 이상 미룰 수 없는 인류의 중요한 과제가 됐다. 특히 지구 온난화로 인한 북극의 이상 기후는 지구적인 위기가 될 수 있다. WMO(World Meteorological Organization, 세계기상기구)는 2020년 6월 북극 베르호얀스크(Verkhoyansk) 마을에서 관측된 38도를 북극 최고 기온으로 공식 인정했다.¹⁰⁾ 하지만 이 기록은 언제든 깨져도 이상하지 않은 상황이다.

지구의 평균 기온은 100년 전과 비교해 1도가량 상승했는데 북극은 4도가량 상승한 것으로 나타났다. 100년 후 해수면이 1m 이상 상승할 것으로 예측되는데, 그렇게 되면 우리나라를 포함해 해수면 가까이 사는 많은 나라가 큰 피해를 당하게 될 것으로 예상된다.

이제 디지털 경제와 그린 IT는 떼려야 뗄 수 없는 관계가 됐다. 일부 기업만 참여해서는 기후변화 문제를 해결할 수 없다는 점에서, 그린 IT의 구현을 위해서는 모든 기업의 책임과 협업이 몹시 중요하다. 그린 IT는 인류가 함께 노력하면 기후변화와 각종 환경 문제를 해결할 수 있다는 낙관적인 비전을 공유하는 것이다.

기술 및 경제 발전을 통해 인류의 삶을 개선하면서 환경과 공존하는 것은 쉬운 일이 아니지만, 우리가 풀어야 할 과제다. 기업이 이에 동의하건 안 하건 그린 IT 트렌드를 수용하지 않는 기업은 소비자에게 외면 받게 될 것이다. 그런 점에서 그린 IT는 기업의 필수적인 경영 전략이자 생존 전략이라 할 수 있다.

2. 디지털의 미래: 양자컴퓨팅, 챗GPT, 우주탐사

아무도 이해할 수 없지만 아주 중요한 차세대 기술, 양자컴퓨팅

'양자역학(Quantum Mechanics)'은 원자(Atom) 또는 아원자 입자(Subatomic Particle) 수준에서 물질과 에너지의 성질과 행동을 설명하는 현대 물리학의 한 분야로, '양자이론(Quantum Theory)'이라고도 한다. 양자(量子)는 더 이상 쪼갤 수 없는 물리량의 단위를 의미한다. 참고로 원자는 일상적인 물질을 이루는 가장 작은 단위이며 아원자 입자는 중성자, 양성자, 전자처럼 원자보다 작은 입자를 뜻한다.

물리학은 흔히 천재들이 하는 학문으로 알려져 있는데, 양자역학은 물리학 내에서도 가장 난이도가 높은 분야로 꼽힌다. 양자역학과 관련해 미국의 유명 물리학자 리처드 파인만(Richard Feynman)은 유명한 말을 남겼다. 파인만은 "아무도 양자역학을 이해하지 못한다고 자신 있게 말할 수 있다"라고 했는데, 이는 양자역학 이해의 어려움을 언급할 때 종종 따라붙는 말이다.[11]

양자역학의 중요성은 노벨위원회가 2022년 노벨 물리학상 수상자로 양자역학을 연구한 과학자 알랭 아스페(Alain Aspect), 존 클라우저(John F. Clauser), 안톤 차일링거(Anton Zeilinger) 3명을 선정한 것에서도 알 수 있다.[12] 노벨위원회는 "양자 현상을 실험적으로 증명해 양자정보과학(Quantum Information Science)의 기반을 마련했다"고 선정 이유를 밝혔다.

양자 원격이동 등 논리적으로 설명이 불가능한 불확실성이 존재한다는 이유로 천재 과학자 아인슈타인조차 "신은 주사위 놀이를 하지 않는다"면서 양자역학을 인정하지 않았다. 하지만 여러 과학자에 의해 양자역학은 꾸준히 연구됐고 결국 실험으로 증명됐는데, 이를 증명한 사람 중 하나가 바로 노벨상을 받은 안톤 차일링거다.

이처럼 양자역학은 물리학에서도 가장 어려운 분야로 꼽히기 때문에 이를 설명하려면 책 한 권으로도 턱없이 부족할 뿐만 아니라 일반인이 이해할 수도, 이해할 필요도 없다고 볼 수 있다. 여기에서는 양자역학의 이론 그 자체가 아니라 양자역학을 기반으로 만들어진 양자컴퓨터에 대해 알아보고자 한다.

양자컴퓨터란 중첩(Superposition), 얽힘(Entanglement) 등 양자의 고유한 물리학적 특성을 이용해 많은 정보를 동시에 처리할 수 있는 새로운 방식의 미래형 컴퓨터를 뜻한다.[13] 양자컴퓨터는 기존 컴퓨터의 성능을 완전히 초월하는 차세대 기술로서 앞으로 금융, 에너지, 물류, 항공, 우주, 신약 개발, 기후변화 등 여러 분야에 커다란 영향을 미칠 것으로 예상된다.

우리가 사용하는 컴퓨터는 0과 1의 비트 단위로 정보처리를 수행하는데, 양자컴퓨터는 0과 1, 양자중첩(두 개 또는 그 이상의 양자가 확률적으로 공존하는 상태)이라는 큐비트(Qubit, 양자비트) 단위로 정보처리를 수행한다. 즉, 기존 컴퓨터의 트랜지스터 방식이 켜짐 또는 꺼짐 상태를 나타내는 데 반해, 양자컴퓨터는 여러 상태에서 동시에 작동함으로써 전례 없는 수준의 병렬 처리 및 효율성을 실현할 수 있다.

양자컴퓨터로 초고속 병렬연산을 수행해 다양한 분야에 활용하는 것을 양자컴퓨팅이라고 하는데, 이를 통해 지금까지 인류가 풀지 못한 여러 난제를 해결할 수 있을 것으로 기대된다. 업계는 기존 기술을 기반으로 만들어진 슈퍼컴퓨터가 10억 년 걸려야 풀 수 있는 문제를 양자컴퓨터는 100초 만에 풀 수 있을 것으로 보고 있다.

과거에 양자컴퓨터는 이론적인 아이디어 수준이었지만 현재는 IBM, 구글, 마이크로소프트 등 여러 글로벌 IT기업이 양자컴퓨터 개발에 나서고 있으며 관련 기술이 급속히 발전되는 추세다. 워낙 중요한 차세대 기술이기에 국가 차원에서도 개발 경쟁이 이뤄지고 있는데 미국, 중국, 유럽, 이스라엘 등이 경쟁에서 앞서 나가고 있다.

양자컴퓨터는 개발 업체에 따라 초전도체, 반도체 양자점, 위상 큐비트, 광자 기반, 이온 트랩, 고체 결함 등의 방식을 이용함으로써 물리 큐비트를 구현하는 방식이 다르다. 이들 방식은 각각의 장단점이 존재하는데, IBM과 구글은 초전도체 방식을, 마이크로소프트는 위상 큐비트 방식을 연구하고 있다. 양자컴퓨터의 계산 속도 향상과 에러 보정을 위한 양자 계산 알고리즘 연구도 활발히 이뤄지고 있다.

현재의 양자컴퓨터는 수십 또는 수백 개의 큐비트만 지원해 실제 활용에 제한이 있지만, 머지않은 미래에 백만 큐비트 이상을 지원하는 양자컴퓨터가 등장해 획기적인 성능을 발휘할 것으로 기대된다. 이를 통해 양자컴퓨터가 기존 컴퓨터의 성능을 앞지르는 것을 뜻하는 '양자우위(Quantum Advantage)'를 달성하게 되면 많은 기업이 양자컴퓨터를 다양한 비즈니스에 활용하게 될 것이다.

양자컴퓨터에 적극적으로 투자하는 기업 중 하나인 IBM은 포춘(Fortune) 500대 기업, 학술기관, 스타트업, 국립연구소 등이 참여하는 'IBM 양자 네트워크'를 구축했다. IBM 양자컴퓨터 파트너에는 삼성전자를 비롯해 소니, 골드만삭스(Goldman Sachs), 보잉(Boeing), 엑슨모빌(Exxon Mobil) 등 여러 기업이 포함돼 있다. IBM의 양자컴퓨팅 서비스에는 몇 가지 결제 모델이 있는데, 그중 종량제 요금제를 선택하면 이용시간에 대해서만 비용을 지불하면 된다.

IBM의 양자컴퓨터[14]

IBM은 자사 클라우드를 통해 양자컴퓨팅을 제공하며 기존 프로그래밍 언어로 이용할 수 있도록 해 접근성을 높였다. IBM 연구소에서 선보인 키스킷(Qiskit)은 양자컴퓨터용 소프트웨어를 개발할 수 있는 오픈소스 SDK(Software Development Kit)로 파이썬(Python)을 이용해 프로그래밍할 수 있다. 또한 IBM 하드웨어에 종속되지 않고 다른 양자컴퓨터 플랫폼에서도 이용 가능하다.

마이크로소프트는 양자컴퓨팅 클라우드 서비스인 '애저 퀀텀 (Azure Quantum)'을 통해 양자 하드웨어와 소프트웨어, 애플리케이션을 이용할 수 있도록 하는데, 바로 코드를 작성하고 실행해볼 수 있도록 무료 크레딧도 제공한다.[15] 마이크로소프트는 양자 중심 프로그래밍 언어 Q#을 통해 알고리즘과 애플리케이션을 손쉽게 개발할 수 있도록 지원한다.

아마존도 AWS 양자컴퓨팅 센터를 2021년 10월 오픈했고, 양자컴퓨팅 클라우드 서비스 '아마존 브라켓(Braket)'을 제공하기 시작했다. 브라켓을 통해 연구자 및 개발자는 이온 트랩 방식, 초전도 큐비트 방식, 양자 광학 방식, 양자 어닐링 시스템 등 다양한 유형의 양자컴퓨터를 이용할 수 있다. 또한 양자 애플리케이션을 손쉽게 만들 수 있는 개발도구도 제공한다.

구글은 양자컴퓨팅 기술을 이용한 양자AI를 강조하고 있으며 '텐서플로우 양자(TensorFlow Quantum)'를 선보였다. 이를 이용하면 기존 컴퓨팅 기술과 머신러닝, 양자컴퓨팅 기술을 모두 이용하는 고성능의 하이브리드 AI 모델링을 할 수 있다. 텐서플로우가 AI 분야에서

인기 있는 기술이기 때문에 많은 개발자가 관심을 보이고 있다.

앞으로 양자컴퓨팅의 활용 범위와 그로 인한 혁신은 산업 전반으로 확대될 것이며 그중에서도 금융, 의료, 제조 분야에서 먼저 성과가 나올 것으로 전망된다. 양자컴퓨터가 가장 잘하는 기능이 바로 데이터 처리다. 그러므로 데이터경제를 비약적으로 도약시킬 가장 중요한 기술이 양자컴퓨터인 것이다.

금융 분야에서는 양자컴퓨터의 데이터 처리 능력을 활용해 시장 분석, 투자 패턴 분석, 잠재고객 파악, 사기 탐지 등을 크게 개선할 수 있을 것으로 기대하고 있다. 의료 분야에서는 신약 개발, 유전체 염기 서열 분석과 치료법 개발 등에 이용하고 제조 분야에서는 반도체, 배터리 등 신소재 개발과 엔지니어링 개선에 큰 도움이 될 것으로 기대하고 있다.

양자컴퓨터의 활용 범위가 넓다는 것은 여러 기업과 기관들이 어떤 연구를 하고 있는지 살펴보면 알 수 있다. 미국 석유회사 엑슨모빌은 인류가 처한 에너지 문제와 관련된 답을 찾는 데 양자컴퓨터를 이용할 계획이다. 예를 들면, 양자컴퓨터의 연산 능력을 이용해 청정 연료를 운송하는 효율적인 방법을 찾고, 대규모 탄소 포집이 가능한 방법을 연구하고, 에너지 처리를 위한 새로운 촉매 및 활성 물질을 발견하는 것이다. 엑슨모빌은 이를 위해 응용 수학자, 화학자, 여러 과학자들로 양자 팀을 만들고 새로운 알고리즘 개발에 필요한 기초 연구를 수행하고 있다.

글로벌 자동차제조사 메르세데스-벤츠는 양자컴퓨터를 이용해 더 나은 배터리 설계 방법을 찾고 있다. 유럽입자물리연구소(CERN)는 우주의 비밀을 풀기 위해 기존 컴퓨터에서는 불가능한 방법으로 문제를 재구성하고, 양자 머신러닝과 양자 고유의 계산을 사용해 숨겨진 패턴을 찾으려고 한다.

양자컴퓨터의 미래 가치는 미국과 중국이 치열하게 경쟁하고 있는 대표적인 분야라는 점에서도 알 수 있다. 미국 상무부는 2021년 11월 미국 기업이 중국 기업에 양자컴퓨팅 기술을 수출하는 것을 금지한다고 밝혔다. 또한 미국 상무부는 2022년 9월 러시아의 우크라이나 공격에 따른 규제 품목에 양자컴퓨터를 추가하기도 했다. 슈퍼컴퓨터로 수십 년이 걸리는 암호해독을 양자컴퓨터로 풀면 불과 몇 초 내에 가능해 양자컴퓨터 기술이 국가안보와 직결되는 문제이기 때문이다.

또한 양자컴퓨터를 활용하면 여러 산업 부문이 말 그대로 '퀀텀점프(Quantum Jump, 물리학에서 양자가 불연속적으로 도약하는 현상으로, 단계를 뛰어넘어 비약적으로 발전하는 기업이나 산업을 비유하는 말로도 사용한다)'를 할 수 있는데, 양자컴퓨터나 관련 기술의 수출을 금지하면 상대 국가의 산업에 타격을 줄 수 있기 때문이기도 하다.

양자컴퓨터가 제대로 쓰이기 위해서는 앞으로 10년가량의 시간이 더 필요할 것으로 전망되는데, 난제가 빨리 해결되면 더 당겨질 수도 있고 새로운 난제를 만나면 더 늦어질 수도 있다. 명백한 사실은 양자컴퓨터가 국방, 통신, 금융, 제조 등 국가 경쟁력의 전반적인 분야에서 가장 핵심적인 기술로 자리매김할 것이라는 점이다.

초거대 인공지능, 챗GPT가 가져온 쇼크

현재 IT업계에서 이용하는 인공지능은 구체적으로 정해진 작업만을 수행하도록 프로그래밍이 된 것으로, 전문 용어로는 '좁은 인공지능(Narrow AI)'이라고 한다. 이는 인공지능이 특정 작업만 수행할 수 있고 다른 작업은 수행할 수 없어 좁은 범위를 갖고 있다는 의미에서 붙여진 명칭이다.

반면에 다양한 업무 수행이 가능하고 인간과 흡사한 지적 판단이 가능한 인공지능을 '강한 인공지능(Strong AI)'이라고 한다. 최근에는 강한 인공지능과 유사한 의미로 'AGI(Artificial General Intelligence, 범용 인공지능 또는 인공일반지능)'라는 용어를 더 많이 사용한다. AGI는 단지

정해진 작업만 수행하도록 프로그래밍된 제한적인 기능의 인공지능과 달리, 인간의 인지능력과 사고능력을 모방하는 방식으로 자연어 처리, 논리적 추론, 사회지능 구현, 지식 표현 등의 작업을 수행한다.

AGI는 인간의 두뇌와 동일한 수준에서 작업 수행이 가능한데, 음성을 듣고 이해할 수 있으며 복잡한 사고와 판단을 수행할 수 있는 지적 능력을 갖춘 가상두뇌다. AGI는 단지 하나의 기술이 아니라 인류의 역사에 중요한 계기가 될 것으로 기대되는 기술이다. 앞서 살펴본 양자컴퓨터가 하드웨어 관점에서 매우 중요한 기술이라면, AGI는 소프트웨어 관점에서 매우 중요한 기술이다. 그리고 둘이 결합함으로써 '특이점(Singularity)'을 돌파할 것으로 예상된다.

영국의 일간지 인디펜던트는 2022년 12월 2일 "구글은 끝났다(Google is done)"라는 제목의 기사를 내보냈다.[17] 오픈AI(OpenAI)가 개발한 챗GPT(Chat Generative Pre-trained Transformer)가 구글 검색 엔진을 대체할 수도 있다는 내용을 담은 기사였다. 오픈AI는 2022년 11월 챗GPT를 출시했는데, 다양한 지식 분야에 대해 상세하고 그럴듯한 답변을 제공한다고 알려지면서 명성을 얻기 시작했다. 챗GPT는 GPT-3의 개선 버전인 GPT-3.5를 기반으로 만들어진 챗봇이다.

현재 여러 기업이 AGI 개발에 뛰어든 상태인데, 근래 들어 가장 큰 주목을 받는 것으로 오픈AI의 GPT 시리즈를 꼽을 수 있다. 오픈AI는 CEO를 맡고 있는 샘 알트만(Sam Altman, Y콤비네이터 전 사장)을 비롯해 일론 머스크(Elon Musk, 테슬라 CEO), 리드 호프먼(Reid Hoffman, 링크드인 공동창업자), 피터 틸(Peter Thiel, 페이팔 공동창업자), 일리야 서츠

케버(Ilya Sutskever, 구글 출신 인공지능 전문가) 등 업계 유명 인사들이 대거 참여해 2015년 설립한 인공지능 연구기관이다.

오픈AI의 GPT 시리즈는 매우 강력한 언어 모델을 도입해 이미 수년 전부터 자연어처리(NLP: Natural Language Processing) 연구자들 사이에서 큰 화제가 됐다. GPT-2의 개량 모델로 2020년에 등장한 GPT-3는 방대한 양의 데이터셋과 매개변수(Parameter, 데이터에 의해 결정되는 값)로 구성된 자연어 모델 기반의 딥러닝 시스템이다. 이 글을 집필하는 시점에서는 GPT-3.5가 최신 버전이고 곧 GPT-4를 선보일 예정이다.

현시점에서 가장 발전된 딥러닝 시스템으로 손꼽히는 GPT-3(3.5 버전 포함)는 기존의 다른 인공지능 시스템과 달리 상당히 많은 분야의 질문에 답할 수 있다. GPT-3는 인터넷에 있는 수많은 텍스트를 학습해 마치 인간이 작성한 것과 같은 복잡한 문장을 작성한다.

GPT-3는 단일 문장이 아니라 대화의 문맥을 파악하고 창의적인 답변을 내놓는 수준에 도달했으며 인간이 작성한 뉴스 기사와 구분하기 어려운 수준의 기사를 작성할 수도 있다. 실제로 GPT-3와 대화를 나눠 보면 GPT-3는 인류의 어리석음과 사랑에 관해 이야기하고 심지어 거짓말도 한다. 시인이나 소설가처럼 미적이고 우아한 문장을 작성하기도 하고, 과학 논문을 작성하고, 소프트웨어 코드도 작성한다.

GPT-3의 작동 메커니즘과 미래 전망

그렇다면 GPT-3가 다른 인공지능 시스템과 달리 AGI에 한층 가

'진정한 용기'에 대한 시를 챗GPT에 영어와 한국어로 써보라고 했다.
명령을 내릴 때마다 다른 결과가 나오며, 구글 검색에서 찾을 수 없는 창의적인 시를 써준다.

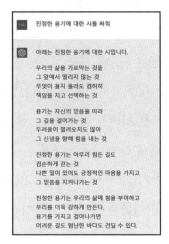

까워진 이유는 무엇일까? GPT-3의 기술적 성취는 무엇보다 시스템의 작동 규모와 성능에 있다. GPT-3는 다른 딥러닝 시스템과 마찬가지로 데이터에서 패턴을 찾는데, 그러한 통계적 규칙성을 발견하기 위해 아주 방대한 데이터셋을 기반으로 학습했다.

인간의 뇌를 흉내 낸 GPT-3 신경망은 특정 단어가 입력되면 서로 다른 노드 간 네트워크 매개변수를 기반으로 해당 단어에 뒤따를 가능성이 가장 높은 단어를 찾아낸다. 즉, GPT-3는 입력값에 대응하는 결과값이 제대로 나오도록 하는 과정(최적의 매개변수를 찾는 학습)을 기반으로 하는데, 오픈AI는 GPT-3 시스템 구축에 상당한 투자를 했다.

2018년에 출시된 GPT-1은 1억 1,700만 개의 매개변수를 사용했고, 2019년의 GPT-2는 15억 개의 매개변수를 사용했다. 그런데

2020년 공개된 GPT-3는 무려 1,750억 개의 매개변수를 통해 엄청난 성능 향상을 이뤄냈다.

2020년 5월 마이크로소프트는 오픈AI 전용의 새로운 AI슈퍼컴퓨터를 발표했는데, 해당 시스템은 285,000개의 CPU 코어, 1만여 개의 GPU, 400기가비트의 네트워크를 기반으로 하며 마이크로소프트의 클라우드 서비스 애저(Azure)를 기반으로 운영된다. 이는 오픈AI의 AI 모델 훈련에 맞춰 특별히 설계된 것이다.

인공지능 연구 관점에서 GPT-3의 주요성과는 매우 방대한 데이터셋에 기반한 자연어 모델이 인공지능의 성능을 크게 개선할 수 있다는 것을 증명했다는 점에 있다. 사실 언어는 어떤 개념을 설명하고 인간의 생각과 아이디어를 표현하는 중요한 의사소통 방법이기 때문에, 앞으로 인공지능이 언어를 완벽하게 학습하게 되면 인간의 역사와 이 세상의 많은 부분을 이해하고서 인간과 매끄러운 의사소통을 할 수 있을 것으로 기대된다.

오픈AI는 2015년 비영리 기업으로 설립되었지만 2019년 비즈니스 모델을 변경해 사실상 영리 기업으로 변신했다. 마이크로소프트는 오픈AI에 2019년 7월 10억 달러를 투자했고, 2023년 1월 앞으로 수년에 걸쳐 100억 달러를 투자한다고 밝혔다. 또한 자사 검색엔진 빙(Bing)에 챗GPT를 통합한다고 발표했고, 오픈AI는 GPT 시리즈의 연구 성과물 및 관련 기술을 상업적으로 판매할 계획을 갖고 있다.

GPT 시리즈는 지금까지 나온 인공지능 시스템 중에서 AGI에 가장 근접해 있으며 AGI의 실현 가능성을 한층 높여주었다. 물론

GPT-3는 아직 AGI에 도달하지 못했다. 챗GPT로 대화해보면, 같은 말을 반복하기도 하고 부정확하거나 편견이 담긴 잘못된 답변을 하는 경우를 종종 겪게 된다. GPT-3는 인터넷상의 온갖 틀린 정보와 가짜 뉴스까지 학습했기에 그런 내용을 그럴듯하게 재생산하고 있는데 이는 커다란 사회적 문제로 발전할 수 있다.

GPT-3의 기술적 발전에도 불구하고 아직 AGI의 시대는 도래하지 않았으며 여전히 AGI가 실제로 구현될 수 있는가에 대해 회의적인 전문가들도 적지 않다. 아직 GPT-3에는 미흡한 부분들이 존재한다. 하지만 지금과 같은 발전 속도로 봤을 때 GPT-4, GPT-5 등 후속 모델은 더욱 놀라운 결과를 보여줄 것으로 예상된다.

많은 글로벌 기업 및 스타트업이 AGI 개발에 뛰어들고 있으며 투자금도 계속 늘어나고 있다. 현재 전 세계에서 최소 50여 개 이상의 기관이 AGI를 개발하고 있는 것으로 추정된다. 시장조사기관 리서치앤마켓스(Research and Markets)에 따르면, 2026년에는 전 세계적으로 AGI 시장 규모가 14억 5,000만 달러에 달할 것으로 전망됐다.[18] 그런데 실제로는 챗GPT의 등장으로 인해 경쟁이 가속됨에 따라 시장 규모가 예상치보다 더 크게 확대될 가능성이 높다.

특허를 발명하고 인간의 정신적 장애를 모방하는 인공지능

이제 인공지능은 인간을 돕는 수준을 넘어 스스로 연구하고 스스로 발명하는 단계로 나아가고 있다. 영국 서리대학교(University of

Surrey)의 법학 및 보건학 교수 라이언 애봇(Ryan Abbott)은 미국, 영국, 유럽연합에 특허를 신청한 후 인공지능이 발명가라는 사실을 밝혔다.[19] 특허 신청된 발명품은 두 가지인데 하나는 안전하게 운반할 수 있는 식품 용기이고 다른 하나는 독특한 비상 경고등이다.

해당 특허 신청은 인간 발명가 없이 인공지능이 스스로 창안한 발명품에 대한 최초의 특허 신청이었다. 라이언 애봇은 인공지능을 통한 발명 및 특허권 취득에 관해 학계에서 선구적인 역할을 하는 사람 중 하나다.

해외에서는 이번 특허 신청과 관련해 인공지능을 발명가로 인정하고 지식재산권을 부여할 것인가에 대한 논쟁이 커지고 있다. 찬성론자는 인공지능의 발명품이 특허를 인정할 만큼 가치가 있다면 당연히 지식재산권을 부여해야 한다고 주장하는 반면, 반대론자는 앞으로 인공지능이 수많은 발명품을 쏟아낸다면 기존의 특허 시스템이 마비될 것이라고 주장한다. 어떤 결론에 도달하기까지는 꽤 시간이 필요할 것으로 보인다.

인공지능의 발명 자체가 상당히 흥미로운 점이긴 하지만, 여기에서는 발명에 사용된 인공지능 시스템에 초점을 두고 살펴보겠다. 이번 발명에 사용된 인공지능 시스템은 이매지네이션 엔진스(Imagination Engines)의 CEO인 스티브 탈러(Stephen Thaler) 박사가 만든 다부스(DABUS: Device for the Autonomous Bootstrapping of Unified Sentience)다.

다부스는 이전에 초현실적인 예술 작품을 창조하는 것으로 알려졌던 인공지능 시스템인데, 스티브 탈러는 다부스를 의도적으로 정신장애를 지닌 인공지능 시스템으로 만들었다. 다부스는 인간의 신경망과 같은 메커니즘을 기반으로 정신질환, 환각, 주의력 결핍, 우울증, 조증, 인지능력 저하 등 다양한 정신적 불안 상태를 모방한다.

이는 정서적으로 불안한 천재가 창의적인 예술 작품이나 발명품을 만들어내는 경우가 많다는 사실, 즉 '불행한 천재'라는 개념을 인공지능 시스템에 접목한 것이라고 볼 수 있다. 다부스의 개발진은 다부스의 신경망에 일종의 잡음을 넣어 창의적인 아이디어를 생산하도록 만들었으며 이를 통해 인간의 여러 문제를 해결하는 방법을 찾으려 하고 있다.

이처럼 인간이 아이디어를 창출하는 근본적인 신경 생물학적 메커니즘을 모방해 감성적인 인공지능을 만드는 분야는 상당한 잠재력이 있다. 스티브 탈러는 20여 년 동안 '창조 기계(Creativity

다부스가 만든 예술 작품들[20]

Machine)'라는 개념을 고집스럽게 연구하고 있는 사람이다. 현재는 인간의 뇌와 흡사한 인공지능 시스템의 구현을 위해 1조 개의 뉴런과 수백만 개의 개별 신경망을 탑재한 창조 기계를 개발하고 있다.

여러 기관에서 인간이 만든 방대한 예술 작품을 학습해 새로운 예술 작품을 만들어내는 인공지능 시스템을 개발하고 있는데, 일부는 실제 가시적인 성과를 내면서 상업화에도 나서고 있다. 2022년 8월 미국 콜로라도주에서 개최된 주립 박람회에서 제이슨 앨런(Jason M. Allen)이 미술 AI 미드저니(Midjourney)로 만든 〈스페이스 오페라 극장(Théâtre D'opéra Spatial)〉이라는 작품이 디지털아트 부문 1위를 차지해 논란이 됐다. 미드저니는 텍스트를 입력하면 그에 맞는 그림을 자동으로 생성해주는 인공지능 시스템이다.

제이슨은 그림을 그린 게 아니라 인공지능 시스템으로 생성했다. 일부 예술가들은 이를 부정행위로 고발했지만, 수상자 제이슨은 참

AI 미드저니가 만들어 1위를 차지한 <스페이스 오페라 극장>[21]

가자 명을 "Jason M. Allen via Midjourney"라고 명확히 표기했으므로 속이지 않았다고 항변했다.[22] 미드저니를 이용했다고 해서 제이슨이 아무런 노력을 하지 않은 건 아니다. 그는 80시간 넘게 투자해 100여 개의 그림을 만들고 그중에서 3개를 골라 출품했다고 밝혔다.

미드저니 외에 오픈AI의 달리2(DALL-E 2), 스테이블 디퓨전(Stable Diffusion) 등이 미술 AI로서 큰 주목을 받고 있다. 소설, 음악, 디자인 등 창의적인 분야 전반에도 인공지능 도입이 확대되는 추세다. 하지 만 이에 대한 윤리적, 법적 문제와 저작권에 대한 사회적 합의와 법 제도 마련이 이뤄지지 않아 당분간 혼란이 가중될 것으로 전망된다.

초인공지능에 공포심을 느끼는 인류, 그래도 멈출 수 없는 미래

딥러닝은 인간의 뇌 구조를 모방하여 설계된 신경망을 통해 스스 로 기록하고 추론한다. 딥러닝 기술은 계속 발전하고 있으며 새로운 기법들이 계속 등장하면서, 첨단 인공지능 기술은 다량의 복잡한 데 이터들 속에서 필요한 데이터 구조를 스스로 구축하고 이를 통해 마 치 인간처럼 사고하는 수준으로 진화하고 있다.

앞으로 인공지능이 여러 산업의 많은 분야에 깊은 영향을 미칠 것 으로 전망되는데, 그렇다고 모든 기업과 개인이 직접 인공지능 시스 템을 구축할 수는 없는 노릇이다. 그렇기 때문에 손쉽고 빠르게 사 용 가능하면서 유연하고 강력한 상용 인공지능 플랫폼의 등장이 중 요한 터닝포인트가 될 것으로 예상된다.

사람에 따라 인공지능에 대해 어떤 이는 경외감을 느끼고 또 다른 이는 공포감을 느끼기도 한다. 중요한 사실은 인공지능의 미래와 관련된 모든 가능성이 열려 있다는 점이다.

인공지능은 학습을 통해 인간의 사고 체계와 정서 체계까지 모방할 수 있다. 거짓말을 하고 정신질환자가 될 수도 있고 황당할 정도로 창의적인 사고도 가능하다. 그렇기 때문에 인간을 넘어서는 창의적인 결과물을 생산할 가능성을 갖고 있으며, 또한 인간이 해결하지 못한 난제의 해결책을 제시할 가능성도 갖고 있다.

인공지능과 관련해 우리는 모든 가능성을 열어놓고 미래를 맞이할 필요가 있다. 인공지능은 물리적인 한계를 지닌 인간의 두뇌와 달리 오히려 무한한 가능성을 갖고 있다. 그래서 인공지능이 가져올 미래에 두려움을 갖는 사람들도 있는데 당연한 반응이다. 그렇지만 인공지능의 목적은 인간을 대체하기 위한 것이라기보다는 인간을 더욱더 강하게 만들기 위한 것이며, 그러한 의미에서 이를 '증강지능(Augmented Intelligence)'이라고 표현하기도 한다.

앞으로 유전공학의 발전을 통해 노화를 늦추거나 특정 신체 부위를 젊게 회복하는 등의 방법으로 인간 수명이 많이 늘어날 수 있다. 더욱이 BCI(Brain - Computer Interface, 뇌-컴퓨터 인터페이스)를 통해 인공지능과 인간이 결합함으로써 SF의 한 장르인 사이버펑크(Cyberpunk) 소설이나 영화에서 본 것처럼, 인간이 기계화되어 불멸의 삶을 사는 세상이 전개될 수도 있다. 인간은 상상한 모든 것을 언젠가는 기필코 실현하는 존재다.

AGI에 대한 전망을 살펴보면, 2040년 이내에 AGI가 상용화돼 일상과 비즈니스 전반에서 활용될 것이라는 주장이 있는 반면, AGI는 실현 불가능한 기술이며 과대평가됐다는 주장도 있다. 만일 AGI가 실현된다면 AGI는 과연 우리에게 노동 해방을 가져다줄 것인가? 아니면 인간의 실존 가치에 대해 근본적인 문제를 제기할 것인가? 어쩌면 우리는 예상보다 빨리 AGI가 도래한 미래를 마주하게 될 수도 있다.

만일 AGI가 실현되지 않을 것이라고 믿는다면 지금 우리는 그리 대비할 일이 없지만, AGI가 실현된다고 믿는다면 새로운 미래를 위해 대비할 것이 아주 많다. 어떤 관점이 더 미래지향적인지는 너무나 명백하다.

AGI의 다음 단계는 'ASI(Artificial Super Intelligence, 초인공지능 또는 인공초지능)'인데, ASI란 AGI의 범용 수준을 넘어 광범위한 분야에서 인간을 완전히 능가하는 지적 능력을 갖춘 인공지능을 뜻한다. 아직 AGI도 실현되지 않았기 때문에 ASI를 논하기에 이른 감이 있지만, 그 시기가 문제이지 언젠가는 AGI를 뛰어넘어 과학적 사고력, 일반 지성, 창의성, 사회성을 포함한 거의 모든 분야에서 인간이 결코 도달할 수 없는 지적 능력을 갖춘 ASI의 등장을 상상해볼 수 있다.

ASI는 AGI보다 더 뛰어난 지능체계를 갖추고서 스스로 목표를 정하고 그것을 달성할 수 있는 가장 효율적인 방법을 찾아 지속적으로 자기 사고력을 강화하는 형태가 될 것으로 전망된다. ASI는 인간의 감정과 경험을 이해할 뿐만 아니라, 스스로 사고력을 발달시키고 자의식을 가지며 인간이 할 수 없는 수준의 추상화와 해석을 해낼 것이다. 이를 통해 자신만의 감성적 이해, 신념, 욕구를 가질 것이다.

물론 이 모든 것은 아직 이론적 가능성에 불과하지만, 기술적으로 이를 뒷받침할 하드웨어와 알고리즘이 개발된다면 충분히 가능한 일이라고 볼 수 있다. 이런 기술적 맥락으로 인해 일부 과학자들은 인공지능에 의한 핵전쟁, 인간 통제 등과 같은 재앙을 우려한다. 이미 인공지능을 탑재한 자율무기 시스템이 등장하고 있기 때문에 이것이 근거 없는 걱정만은 아니다.

그렇지만 인공지능 기술 개발도, 무기 개발도 막을 수 없다는 사실을 우리 독자들은 잘 알고 있을 것이다. 인류는 도구를 활용하는 존재로서, 끊임없이 기술 발전을 추구하는 운명을 타고났다. 그 과정에서 발생하는 오류와 재앙을 제어하는 방법을 어떻게든 찾아야지 기술 개발 자체를 멈출 수는 없는 존재다. 어떤 한 국가가 안 해도 다른 국가는 할 것이기 때문이다.

AGI·ASI와 인류의 공존은 결코 피할 수 없는 예정된 미래다. 그렇다면 우리가 할 일은 AGI·ASI를 적극적으로 개발하고 리스크를 관리해, 우리의 삶과 산업을 풍요롭게 만드는 것이 아닐까?

우주 부동산: 우주 탐사도 민간, 상업화 중심의 시대

'창백한 푸른 점(Pale Blue Dot)'은 1990년 2월 14일 보이저 1호가 찍은 사진 속의 지구를 부르는 명칭이다. 미국의 유명 천문학자 칼 세이건(Carl Sagan)은 사진을 본 후 감명받아 같은 제목의 책을 저술

했고 해당 책은 스테디셀러가 됐다. 그간 우리에게 우주탐사는 멀게만 느껴졌는데, 한국항공우주연구원이 개발한 한국 최초의 달 궤도 탐사선 다누리가 2022년 8월 5일 발사되면서 우리나라에서도 우주탐사에 대한 대중적 관심이 한층 높아진 상태다.

우주탐사는 냉전시대였던 1957년 10월 4일, 당시 소련이 지구 저궤도로 최초의 인공위성 스푸트니크(Sputnik) 1호를 발사하면서 본격화됐다. 이에 미국은 상당한 충격을 받았고, 곧 치열한 우주경쟁이 시작됐다. 1958년 미국은 여러 기관에 분산된 우주탐사 활동을 새로운 정부기관 NASA(National Aeronautics and Space Administration, 미항공우주국)로 통합했다.

그럼에도 최초의 우주인은 소련에서 나왔다. 1961년 4월 12일 108분 동안 유리 가가린(Yuri Gagarin)이 우주비행에 성공했다. 그로부터 3주가 지난 후 앨런 셰퍼드(Alan Shepard)가 미국 최초의 우주인이 됐지만, 그건 유리 가가린의 궤도비행과 달리 우주까지 올라갔다가 다시 떨어지는 탄도비행에 가까웠다.

이처럼 미국은 초기 우주경쟁 당시 소련에 뒤처진 상태였다. 그러던 1961년 5월 25일 존 F. 케네디 대통령이 달에 인간을 보내겠다는 야심찬 목표를 발표했다. 이후 제미니(Gemini) 프로젝트와 아폴로(Apollo) 프로젝트가 이어졌고, 1969년 7월 21일 아폴로 11호를 타고 닐 암스트롱(Neil Armstrong)이 '고요의 바다'로 명명된 달 표면에 발을 디딘 최초의 인간이 됐다.

케네디의 목표는 결국 달성됐지만 이미 그는 암살로 사망한 후였다. 달 착륙 다음에 무엇을 할 것인가에 대한 목표가 없었고, 계획된 아폴로 임무들은 취소된다. 이후 진행된 우주왕복선과 국제우주정거장(ISS) 프로젝트는 아폴로 프로젝트처럼 대중에게 큰 인기를 끌지 못했다.

최근 들어 대중에게 우주탐사의 관심을 불러일으킨 것은 민간기업들의 경쟁이었다. 우주탐사에 가장 앞선 민간기업으로 스페이스(Space)X를 꼽을 수 있다. 스페이스X는 화성 이주를 목표로 하는 일론 머스크에 의해 2002년 설립된 기업이다. 다누리를 발사한 기업이 바로 스페이스X다. 우크라이나 전쟁에서 사용된 스타링크 통신위성도 스페이스X에서 제조하고 있는데, 스타링크는 궁극적으로 지구-화성 간 통신망 구축을 목표로 개발 중인 기술이다.

스페이스X는 내부자금으로 최초의 궤도 발사체 팔콘(Falcon)1을 개발했는데, 2006~2008년 사이 연이은 로켓 발사 실패로 거의 폐업의 위기까지 갔다. 2008년 9월 발사에 처음으로 성공하고, 후속 기종에 대해 NASA가 특정 기능 입증 시 구매를 약속하면서 개발이 가속화됐다.

2013년 이후 본격적으로 비즈니스를 개시하면서 급속히 성장했고, 2017년 재사용 가능한 궤도 발사체를 성공시키고 이후에는 선도적인 글로벌 상용 발사 제공업체가 되어 큰 수익을 올리고 있다. 특히 기존 업체들이 로켓을 1회 사용하고 폐기하던 것과 달리, 스페이스X는 로켓을 회수해 재활용하는 기술을 보유하고 있어 가격 경쟁에서 크게 유리한 상황이다.

2022년 기준으로 스페이스X가 보유한 크루드래곤(Crew Dragon)은 미국에서 유일하게 인간 등급을 받은 궤도 수송 우주선이자, 유일하게 재사용 가능한 궤도 유인 우주선이고, 현재 작동 중인 유일한 재사용 가능 궤도 화물 우주선이다. 스페이스X는 달과 화성 탐사용 대형 우주선 스타십(Starship)을 개발 중이며, 기술적인 측면에서 NASA를 앞선 것으로 평가받고 있다.

아마존 창업자 제프 베이조스가 2000년 설립한 블루오리진(Blue Origin)도 대표적인 우주탐사 민간기업이다. 2021년 7월 20일 민간 우주여행용 재사용 로켓 뉴셰퍼드(New Shepard)로 첫 번째 유인 임무를 성공적으로 수행했다. 하지만 적어도 발사체 기술에서는 스페이스X와의 경쟁에서 뒤처져 있다는 게 일반적인 평가다. NASA가 아르테미스(Artemis) 프로그램의 핵심 과제인 달 착륙선 개발 사업자로

우주에서 가동 중인 크루드래곤[23]

뉴셰퍼드 앞에서 사진을 찍는 제프 베이조스와 탑승객[24]

스페이스X를 단독 선정하자 블루오리진은 불법적이고 부적절한 평가라며 소송을 제기하기도 했다.

아르테미스는 1972년 아폴로 17호가 달 착륙을 한 이후 무려 50년 만에 재개되는 유인 달 탐사 프로그램이다. 미국 주도로 한국, 영국, 호주, 캐나다, 일본 등 21개국이 참여하고 있으며 궁극적인 목표는 달 기지를 지어 인간이 상주하면서 광물을 채취하는 것이다.

이를 위해 먼저 인체와 유사한 마네킹으로 비행 실험을 한 후, 2024년 유인 비행, 2025년 최초의 여성 및 유색인종 우주비행사의 달 착륙이 차례로 예정되어 있다. 다만 연료 누출, 엔진 온도 감지기 이상과 같은 기술적 문제, 기상 악화 등으로 몇 차례 발사가 지연된 바 있어 전체 일정은 조정될 여지가 있다.

스페이스X와 블루오리진 외에도 보잉(Boeing), 시에라네바다코퍼레이션(Sierra Nevada Corporation) 등이 우주탐사 분야에서 주목할 만한 성과를 내고 있다. 민간기업으로 일찍이 위성 발사체 사업을 독점하고 있던 보잉은 스페이스X가 두각을 나타내기 시작하자 세계 최고의 군사기술기업 록히드마틴(Lockheed Martin)과 공동으로 발사체 전문기업 ULA(United Launch Alliance)를 설립하기도 했다.

블루오리진은 시에라네바다코퍼레이션의 자회사 시에라스페이스(Sierra Space)를 비롯해 보잉, 레드와이어스페이스(Redwire Space), 미국 애리조나 주립대 등과 함께 지구 400~500km 상공의 저궤도를 비행하는 상업용 우주정거장 오비탈리프(Orbital Reef)를 개발 중이며 2030년 이전에 선보일 예정이다. 시에라네바다코퍼레이션의 에렌 오즈멘(Eren Ozmen) 회장은 "우주 공간에서 중국과 러시아의 위협이 심각한 상태이며, 이들의 위협에 정면으로 맞서고 우주 자산을 보호할 방안을 마련해야 한다"는 의견을 밝히기도 했다.[25]

블루오리진은 오비탈리프가 상업적으로 개발, 소유, 운영하는 우주 정거장이며 '다용도 비즈니스 공간'으로 사용될 것이라고 밝혔다. 또한 오비탈리프가 일종의 우주 부동산으로, 임차와 방문이 가능하며 인간의 경제 활동을 확장하고 우주에서 새로운 시장을 개척하는 데 필요한 우주 물류를 제공하는 필수 인프라가 될 것이라고 주장했다.

오비탈리프의 비즈니스 모델은 명백하다. 오비탈리프는 모든 국가와 기업 등 다양한 고객을 대상으로 우주비행 비전문가도 일할 수 있는 공간으로 설계됐다. 또한 사물함, 랙, 모듈 등 모든 구성요소를 표준 인터페이스로 제공하고 고객의 요구를 충족시키기 위한 서비

상업용 우주정거장 오비탈리프 [26]

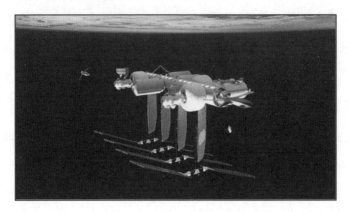

스와 시스템을 갖추는 데 중점을 두고 있다. 이는 마치 기업고객이 아마존 쇼핑몰에 입점하고 아마존 클라우드를 빌려서 이용하는 것과 마찬가지다. 영리한 사업가인 제프 베이조스가 기존 아마존 비즈니스와 같은 맥락에서 우주로 사업을 확장하고 있음을 알 수 있다.

인류는 달을 넘어 심우주(Deep Space)로 나아가려고 한다

최근 국가 간 우주탐사 경쟁이 거세지면서 2035년 달 장기 거주 계획도 나오고 있다. 달에는 헬륨(Helium)3, 희토류 등 유용한 희귀자원이 많은 것으로 알려져 있다. 특히 헬륨3는 핵융합 발전의 원료로 쓰이는데 방사선 오염 물질이 발생하지 않는 청정 에너지원으로, 달에 적어도 110만 톤 이상이 매장돼 있는 것으로 추정된다.[27] 이는 70억 인류가 1만 년 동안 사용할 수 있는 수준이어서 상당한 경제적 가치를 지닌다.

이전의 아폴로 프로젝트가 단지 인간의 달 착륙 자체를 목표로 했다면, 앞으로는 달에 기지를 건설한 후 희귀자원을 채굴해 지구로 가져오고 또한 현지 자원을 활용해 화성 등 더 먼 우주, 즉 심우주(Deep Space)로 나아가는 데 활용하는 것을 목표로 한다.

ISECG(International Space Exploration Coordination Group, 국제우주탐사협력그룹)는 2020년 8월 '달 탐사 시나리오'를 발표했다. ISECG는 2006년 14개 국제 우주기관에 의해 시작된 협력체로 현재 한국, 미국, 프랑스, 이탈리아, 호주, 중국, 독일, 일본 등 여러 국가의 27개 기관이 참여하고 있다. ISECG는 인간의 존재를 물리적, 문화적으로 지구 궤도 너머로 확장하기 위한 집단적 노력 추구를 목표로 하며 미래 달 탐사에 대한 대중 참여, 우주탐사로 인한 이점, 글로벌 우주탐사 로드맵 등에 대해 논의 중이다.

우주탐사는 지구의 자원 부족이라는 현실적인 이유를 비롯해 핵전쟁, 전염병, 혜성 충돌 등 지구 종말에 대비하기 위해 필요하다는 주장도 있다. 또한 우주탐사를 추진하는 과정에서 개발된 각종 기술이 일상생활에서도 활용되는데 실제로 GPS, MRI, CT, 형상기억합금, 공기청정기 등 수많은 기술이 우주탐사 기술을 응용해 만들어졌다.

우리 정부와 과학자들도 우주 공간에서의 주도권 확보를 위해 본격적으로 경쟁과 협력에 나선 상태다. 우주탐사는 그것이 지닌 경제적·과학적 가치는 물론이거니와 우주의 실체를 이해하기 위해, 궁극적으로는 인류의 생존과 발전을 위해 우리가 반드시 해내야 하는 담대한 여정이 아닐까 한다.

혁신하지 않으면 생존조차 힘든
디지털시대가 다가온다

"혁신은 우연이 아닌 습관의 결과다."

—수칸트 라트나카르(Sukant Ratnakar, 캐나다 기업가이자 작가)

──────────── 국가는 세계정세를 예측해 변하는 세상에 맞춰 지속해서 혁신해야 합니다. 그러지 못하는 국가의 국민들은 비루한 삶을 살게 됩니다. 기업도 시장 변화와 경쟁자의 행보를 예측해 빠르게 혁신해야 합니다. 그러지 못하는 기업은 도태하고 직원들은 실직자가 됩니다.

개인 또한 평생에 걸쳐 몇 번이나 자기 자신을 혁신해야 하는 세상에서 우리는 살고 있습니다. 그러지 못하면 성공은커녕 생존조차 어려운 세상이 됐기 때문입니다. 그리고 아마도 앞으로 다가올 미래와 비교한다면 지금, 이 순간이 가장 느슨한 세상일 겁니다. 미래에는 지금보다 더 치열한 경쟁이 기다리고 있을 테니까요.

인간의 역사와 기술의 발전 과정을 연구해보니, 어쩌면 그게 인류의 숙명이 아닐까 합니다. 그러니 혁신을 환영하고 심지어는 도전을 즐기십시오!

긴 독서를 마치고 이 부분을 읽고 있는 독자라면, 이제 여러분은 미래에 우리에게 영향을 미칠 디지털 기술과 비즈니스를 이해하는 사람이 된 것입니다. 물론 이 책에 있는 내용은 현재와 근미래를 반영하고 있으므로 시간이 흐르면 관련 지식의 업그레이드가 필요할 것입니다. 하지만 상당수의 기술은 기존 기술의 업그레이드 형태이므로, 이 책의 독자라면 새로운 지식을 빠르게 습득할 수 있고 자신을 재교육하는 것도 어렵지 않을 겁니다.

미래 발전의 핵심은 디지털 기술에 있고 우리는 디지털 기술을 이해함으로써 미래 발전에 동참할 수 있습니다. 그렇기 때문에 디지털 기술을 안다는 것은 세상의 많은 것들과 그 작동 메커니즘을 이해한다는 의미이기도 합니다.

미래를 이해하고 주도하기 위해 가장 좋은 방법은 미래에 대한 긍정의 시각으로 '디지털 리더십(Digital Leadership)'을 갖추는 것입니다. 디지털 리더십이란 '목표를 달성하기 위해 디지털 기술을 전략적으로 활용하는 것'을 뜻합니다. 디지털 리더십을 갖추기 위해 꼭 필요한 기반이 '디지털 리터러시(Digital Literacy, 디지털 문해력)'입니다. 디지털 리터러시는 '다양한 미디어를 통해 필요한 정보를 찾고 평가하고 조합하는 개인의 능력'을 의미합니다. 독자 여러분이 이 책을 선택하고 읽은 것도 디지털 리터러시의 일환이라고 볼 수 있습니다.

앞으로 조직과 개인은 모두 디지털 리더십을 발휘해 미래를 준비하고 변화하는 환경에 맞는 자신만의 가치를 찾아야 합니다. 이를 위해 좋은 시도 중 하나는 자기 잠재력에 대한 이해와 습득한 디지털 지식을 바탕으로, 자신에게 적합한 가정(Assumptions)을 도출한 후 이를 검증할 수 있는 작은 파일럿 프로젝트를 수행해 보는 것입니다. 즉, 자기 자신에 대한 작은 실험을 해보는 것입니다.

그런 과정을 통해 자기 능력, 취향, 장단점을 검증하고 방향성을 검토할 수 있습니다. 그 결과로 자신만의 비전과 그에 맞는 정교한 미래 전략을 수립한 후에, 도전을 받아들이고 각종 장애물을 극복하며 나아감으로써 원하는 목표에 도달할 수 있을 것입니다.

이 책의 출간과 관련해 감사한 분들이 여럿 있습니다. 가장 먼저

이 책을 읽어 주신 독자 여러분께 깊은 감사를 드립니다. 그리고 어두운 시기에 빛이 되어준 평생의 동반자 민, 고인이 되셨으나 언제나 제 마음속에 함께하는 박희섭 상무님, 제 건강 문제로 원고 마감이 지연되었으나 인내하고 기다려 주신 이향숙 팀장님 및 출판사 관계자분들께 감사한 마음을 전합니다.

마지막으로, 자신을 혁신하고 미래를 개척하는 독자 여러분께 이 책이 작은 도움이 되었기를 바랍니다. 여러분의 도전적이고도 멋진 앞날에 깊은 행운을 기원합니다.

참고문헌 및 출처

1장

1) https://nordvpn.com/ko/research-lab/lifetime-online/

2) https://www.phonearena.com/news/Record-1-billion-cell-phones-sold-in-2007_id2512

3) https://commons.wikimedia.org/wiki/File:Nokia_Toilet_paper.JPG

4) https://www.wikiwand.com/en/Symbian

5) https://www.salesforce.com/products/platform/why-business-need-transformation-innovation/?d=nav-next

6) https://www.salesforce.com/products/platform/examples-of-digital-transformation/?d=nav-next

7) https://www.health.com/style/under-armour-armourbox-subscription-box & https://subscriptionboxramblings.com/wp-content/uploads/2020/02/dfb0d5f2-c6f0-4c88-a374-623850de822a.jpg

8) https://www.statista.com/statistics/871513/worldwide-data-created/

9) https://news.microsoft.com/en-hk/2020/01/02/2020-2030-the-data-decade/

10) https://fiscaldata.treasury.gov/

11) https://hbr.org/2019/01/which-countries-are-leading-the-data-economy

12) https://www.data.go.kr/tcs/opd/ndm/view.do

13) https://en.wikipedia.org/wiki/Metcalfe%27s_law#/media/File:Metcalfe-Network-Effect.svg

14) https://www.peterfisk.com/2020/02/metcalfes-law-explains-how-the-value-of-networks-grow-exponentially-there-are-5-types-of-network-effects/

2장

1) https://www.vanguard-industries.com/image_3s.jpg

2) https://www.baslerweb.com/en/vision-campus/markets-and-applications/what-is-deep-learning/ 재구성

3) https://www.chosun.com/economy/tech_it/2021/12/06/UCYN5KY4ZBC2HJKEOEAFG2MJPM/

4) https://aws.amazon.com/ko/deepracer/

5) https://botstore.automationanywhere.com/

6) https://www.automationanywhere.com/jp/case-study/sprint

7) https://www.automationanywhere.com/images/casestudy/korean/Casestudy-Hitachi-062019---KO-KR.pdf

8) https://www.pega.com/insights/resources/rpa-and-digital-transformation

9) https://www.uipath.com/blog/digital-transformation/new-research-shows-workers-concerned-skills-gaps

10) https://www.uipath.com/solutions/department/hr-automation

11) https://www.forbes.com/sites/adigaskell/2017/06/22/new-study-finds-that-collaboration-drives-workplace-performance/?sh=2ad9b2e83d02

12) https://www.starship.xyz/wp-content/uploads/2022/05/9086_starship-nau_20200722-scaled.jpg

13) https://robotics.segway.com/wp-content/uploads/2022/03/PJ8A5331-scaled.jpg

14) https://www.aboutamazon.com/news/innovation-at-amazon/amazon-is-working-with-communities-to-build-the-future-of-scout

15) https://static01.nyt.com/images/2021/09/28/technology/28economy-briefing-robot/oakImage-1632856356694-mediumSquareAt3X.jpg

16) https://www.youtube.com/watch?v=fn3KWM1kuAw

17) https://www.bostondynamics.com/resources/case-study/national-grid

18) https://www.prnewswire.com/news-releases/service-robotics-market-to-garner-153-7-bn-globally-by-2030-at-21-2-cagr-allied-market-research-301516637.html

19) https://www.cnet.com/home/smart-home/amazon-astro-robot-is-an-adorable-privacy-nightmare/

20) https://cls1.edunet.net/cyber/cm/mcom/pmco000b00.do

21) https://sam-solutions.us/why-cloud-computing-is-important-for-business/ 재구성

22) https://news.xbox.com/en-us/2021/06/10/satya-nadella-and-phil-spencer-on-gaming-at-microsoft/

23) https://news.xbox.com/en-us/wp-content/uploads/sites/2/2020/09/XGP_Announce_16x9_CL_s_Final_JPG.jpg

24) https://www.globenewswire.com/en/news-release/2022/05/23/2448235/0/en/With-43-6-CAGR-Cloud-Gaming-Market-Size-worth-USD-40-81-Billion-in-2029.html

25) https://www.grandviewresearch.com/press-release/global-cloud-computing-market

26) https://info.doville.fun/doville-care

27) https://info.doville.fun/index.php/project-whitecard-scientific-report-reveals-positive-impacts-virtual-reality-vr-senior-population

28) https://images.frandroid.com/wp-content/uploads/2022/05/snapdragon-xr2-gen-1-lunettes-ar.jpg

29) https://www.qualcomm.com/products/application/xr-vr-ar/snapdragon-metaverse-fund

30) https://about.fb.com/news/2021/08/introducing-horizon-workrooms-remote-collaboration-reimagined/

31) https://www.grandviewresearch.com/industry-analysis/virtual-reality-vr-market

32) 류한석, 《미래인을 위한 테크놀로지 교양》, 코리아닷컴, 2019

33) https://axie-infinity-korea.gitbook.io/axie-infinity-korea/gameplay/undefined

34) https://apacnewsnetwork.com/2021/07/transparency-traceability-trust-blockchain-is-the-future-for-government-enterprise/

35) https://r1.community.samsung.com/t5/image/serverpage/image-id/2757907iC077A8A02126707E/image-size/large?v=v2&px=999

36) https://satis-expo.com/wp-content/uploads/sites/5/2021/02/Pixellot-Prime-terrain.png

37) https://www.blippar.com/uploads/legacy/Listing/_flexM/Blippar-Indoor-Visual-Positioning-System---mall.jpg

38) https://miro.medium.com/max/1100/1*9MdaEOY-fpxslE9USrP7PA.jpeg

39) https://medium.com/ike-blog/our-next-chapter-1ebf9f5d88a0

3장

1) https://www.statista.com/chart/amp/28140/biggest-payment-providers/

2) https://www.apple.com/newsroom/2022/02/apple-unveils-contactless-payments-via-tap-to-pay-on-iphone/

3) https://docs.affirm.com/payments/docs/affirm-checkout-flow

4) https://pib.gov.in/PressReleasePage.aspx?PRID=1650669

5) https://www.bok.or.kr/portal/bbs/P0000559/view.do?nttId=10055872&menuNo=200690&pageIndex=1

6) https://www.imf.org/external/pubs/ft/seminar/1999/reforms/fukuyama.htm

7) https://eiec.kdi.re.kr/policy/materialView.do?num=226973&topic=

8) https://fundbox.com/get-credit/

9) https://www.ecb.europa.eu/paym/intro/mip-online/2019/html/1906_crypto_assets.en.html

10) https://www.schroders.com/ko/kr/asset-management/insights/economic-viewpoint/cryptocurrency-and-blockchain-answering-your-clients-questions/

11) https://www.bbc.com/news/technology-61552030

12) https://www.binance.com/en/news/top/7115110

13) https://www.wfri.re.kr/ko/web/research_report/research_report.php?idx=964&page_type=view&mode=view&page=&page_limit=&search_key=front&search_type=card

14) https://www.cnbc.com/2022/07/13/embattled-crypto-lender-celsius-informs-state-regulators-that-its-filing-for-bankruptcy-imminently-source-says-.html

15) https://www.bok.or.kr/portal/bbs/B0000232/view.do?nttId=10068651&menuNo=200706&pageIndex=

16) https://www.ecb.europa.eu/press/blog/date/2022/html/ecb.blog220713~34e21c3240.en.html

17) https://ethereum.org/ko/developers/docs/standards/tokens/erc-721/

18) https://www.timescale.com/blog/analyze-millions-of-nft-sales-on-opensea-using-postgresql-and-timescaledb/

19) https://onlineonly.christies.com/s/beeple-first-5000-days/beeple-b-1981-1/112924

20) https://www.nytimes.com/2021/03/24/technology/nft-column-blockchain.html

21) https://www.sothebys.com/en/buy/auction/2021/ape-in/101-bored-ape-yacht-club

22) https://www.verifiedmarketresearch.com/product/non-fungible-tokens-market/

23) https://cloudfront-ap-northeast-1.images.arcpublishing.com/chosunbiz/AEAR3ENPXRBRPJ4JWLMN3ZXABQ.jpg

24) https://wwd.com/fashion-news/shows-reviews/decentraland-metaverse-fashion-week-diary-reporting-1235140876-1235140876/

25) https://cryptosaurus.tech/inside-the-first-metaverse-fashion-week/

26) 〈EU 일반 개인정보보호법(GDPR) 가이드북〉, 방송통신위원회 & 한국인터넷진흥원, 2020

27) https://www.dataprotection.ie/en/news-media/press-releases

28) https://www.tessian.com/blog/biggest-gdpr-fines-2020/

29) https://www.fsc.go.kr/no010101/76323?srchCtgry=&curPage=&srchKey=&srchText=&srchBeginDt=&srchEndDt=

30) https://about.hyundaicapital.com/pr/nsrm/IRPRNR0102.hc?seq=104302&rn=6

31) https://n.news.naver.com/mnews/article/005/0001556723?sid=101

32) https://twitter.com/elonmusk/status/1357236825589432322

33) https://www.wfri.re.kr/ko/web/research_plus/research_plus.php?idx=198&page_type=view&mode=view&page=&page_limit=&search_key=front

34) http://www.enuri.com/etc/enuri_intro/pressRelease_view.jsp?seq=79

35) https://blog.robinhood.com/news/2022/5/4/introducing-stock-lending-at-robinhood

36) https://stockx.com/about/stockx-launch-south-korea/

37) https://stockx.com/about/ko-kr/how-it-works-ko-kr/

38) https://www.facebook.com/funderfulkr/posts/pfbid031GD89rBLe1TXMkevKhUkJXiaNYW99X5YwpcFWE83Kq4ZuaUkLsVXTB4AxK5Qujdhl

4장

1) https://pulse2.com/amazon-amzn-stock-given-4100-price-target-from-citi/

2) https://www.detroitnews.com/story/business/2019/06/06/amazon-robotics-fulfillment-center-romulus/1273173001/

3) https://www.aboutamazon.com/news/operations/10-years-of-amazon-robotics-how-robots-help-sort-packages-move-product-and-improve-safety

4) https://www.amazon.science/latest-news/amazon-robotics-see-robin-robot-arms-in-action

5) https://www.pillpack.com/how-it-works

6) https://fetchrobotics.com/rollertop/

7) https://6river.com/wp-content/uploads/2020/05/DMFSTL-CovidTeam-mask-hand-web.jpg

8) https://www.red-dot.org/ko/project/xiaomanlv-49466

9) https://cdn.vox-cdn.com/uploads/chorus_image/image/67550709/90.0.jpeg

10) https://mms.businesswire.com/media/20210428005123/en/874357/5/HG_JWO_MDW_CAM2_G%26GO_044_EH.jpg

11) https://stories.starbucks.com/press/2021/starbucks-pickup-and-amazon-go-collaborate-to-launch-new-store-concept-in-new-york-city/

12) https://www.nbcnews.com/tech/tech-news/twitter-employees-can-work-home-forever-ceo-says-n1205346

13) https://envoy.com/blog/envoy-survey-finds-employees-want-companies-to-embrace-hybrid-work-and-mandate-covid-vaccines/

14) https://www.chosun.com/economy/tech_it/2022/05/19/XOZ5HCDJPBDQXKINQ6Z2JRBP6A/

15) https://d34u8crftukxnk.cloudfront.net/slackpress/prod/sites/6/Slack-desktop-in-Korean@2x.png

16)https://finance.yahoo.com/news/salesforce-completes-slack-acquisition-132247106.html

17) https://www.npr.org/2022/06/01/1102513281/elon-musk-tesla-return-to-work

18) https://www.researchandmarkets.com/reports/5319366/artificial-general-intelligence-market-general

19) https://investor.coursera.com/news/news-details/2022/Coursera-Reports-First-Quarter-2022-Financial-Results/default.aspx

20) https://www.mcaad.org/

21) https://www.coursera.org/degrees/imba

22) https://www.coursera.org/degrees/bachelor-of-science-computer-science-london

23) https://www.coursera.org/professional-certificates/google-digital-marketing-ecommerce

24) https://www.gminsights.com/industry-analysis/elearning-market-size

25) https://www.facebook.com/EpsyApp

26) https://baystbull.com/how-bluedot-founder-dr-kamran-khan-used-artificial-intelligence-to-detect-covid-19/

27) https://image.winudf.com/v2/image1/YWlyLmNvbS5zZW5zZWx5X3NjcmVlbl8wXzE2MDcxMjU0ODDVfMDc0/screen-0.jpg?fakeurl=1&type=.webp

28) https://news.nuance.com/2022-06-30-Nuance-and-SCIENTIA-Puerto-Rico-Expand-Dragon-Medical-One-Access-to-Improve-Patient-Outcomes-and-Experiences & https://www.nuance.com/healthcare/ambient-clinical-intelligence/case-studies/nuance-dax-improve-patient-throughput.html

29) https://mma.prnewswire.com/media/1079545/IPsoft_Amelia.jpg?p=publish

30) https://conteudo.imguol.com.br/c/noticias/2c/2020/12/02/lu-do-magazine-luiza-serao-estrela-de-campanha-da-adidas-1606935663984_v2_1x1.jpg

31) https://cdnweb01.wikitree.co.kr/webdata/editor/202009/13/img_20200913173138_e3ca481d.webp

32) https://www.virtualhumans.org/

5장

1) https://developer-tech.com/wp-content/uploads/sites/3/2020/08/epic-games-fortnite-apple-app-store-freefortnite-video-ios-removal.jpg

2) https://abc.xyz/investor/other/google-code-of-conduct/

3) https://play.google.com/store/apps/details?id=com.google.android.vr.home&hl=ko&gl=US

4) https://twitter.com/timsweeneyepic/status/1432647669864878083

5) https://www.av-test.org/en/statistics/malware/

6) https://www.csoonline.com/article/2615925/security-your-quick-guide-to-malware-types.html

7) https://blog.alyac.co.kr/4776

8) https://www.zscaler.com/blogs/security-research/saefko-new-multi-layered-rat

9) https://www.techtarget.com/searchsecurity/definition/botnet

10) https://github.com/jgamblin/Mirai-Source-Code

11) https://www.healthcareitnews.com/news/ransomware-70-businesses-attacked-pay-ibm-study-finds

12) https://www.cyfirma.com/blogs/look-inside-ransomware-gang-through-conti-leaks/

13) https://www.state.gov/reward-offers-for-information-to-bring-conti-ransomware-variant-co-conspirators-to-justice/

14) https://www.av-test.org/en/antivirus/home-windows/

15) https://www.digitalspy.com/tech/a788285/microsoft-apologises-for-tay-chat-bot-after-it-was-pulled-for-tweeting-racist-remarks/

16) https://www.itpro.co.uk/strategy/29592/tay-scandal-taught-us-to-take-accountability-says-microsoft-ceo

17) https://play.google.com/store/apps/details?id=com.scatterlab.soljr&hl=ko&gl=US

18) https://www.chosun.com/economy/tech_it/2021/01/12/2QW3N4EJFRATVB2XAMFT6YPAUE/

19) https://www.pipc.go.kr/np/cop/bbs/selectBoardArticle.do?bbsId=BS074&mCode=C0200100 00&nttId=7298

20) https://www.lesechos.fr/idees-debats/cercle/opinion-covid-19-et-tracage-ne-sacrifions-

pas-nos-libertes-individuelles-1192463

6장

1) https://www.lancaster.ac.uk/data-science-of-the-natural-environment/blogs/green-computing-a-contribution-to-save-the-environment

2) https://www.energystar.gov/

3) https://www.energystar.gov/about?s=mega

4) https://sustainability.aboutamazon.com/about/the-climate-pledge/the-climate-pledge-fund

5) https://www.beta.team/developments/a-new-air-taxi-model-takes-design-cues-from-a-far-flying-bird-2/

6) https://blogs.microsoft.com/blog/2022/03/10/an-update-on-microsofts-sustainability-commitments-building-a-foundation-for-2030/

7) https://www.ge.com/digital/applications/digital-twin

8) https://www.ecmwf.int/en/about/what-we-do/environmental-services-and-future-vision/destination-earth

9) https://www.esa.int/Applications/Observing_the_Earth/Destination_Earth

10) https://public.wmo.int/en/media/press-release/wmo-recognizes-new-arctic-temperature-record-of-38%E2%81%B0c

11) https://www.bbvaopenmind.com/en/science/leading-figures/richard-feynman-the-physicist-who-didnt-understand-his-own-theories/

12) https://www.nobelprize.org/prizes/physics/2022/summary/

13) https://www.kistep.re.kr/board.es?mid=a10306020000&bid=0031&b_list=10&act=view&list_no=42780&nPage=1&keyField=&orderby=

14) https://newsroom.ibm.com/media-quantum-innovation?keywords=quantum&l=100#gallery_gallery_0:21596

15) https://azure.microsoft.com/ko-kr/products/quantum/#features

16) https://blog.google/technology/research/2021-year-review-google-quantum-ai/

17) https://www.independent.co.uk/tech/ai-chatbot-chatgpt-google-openai-b2237834.html

18) https://www.researchandmarkets.com/reports/5319366/artificial-general-intelligence-market-general

19) https://www.surrey.ac.uk/news/worlds-first-patent-awarded-invention-made-ai-could-have-seismic-implications-ip-law

20) https://wi-images.condecdn.net/image/4RzGQNn9rpP/crop/1440/landscape/f/dabus-ai.jpg

21) https://commons.wikimedia.org/wiki/File:Th%C3%A9%C3%A2tre_D%E2%80%99op%C3%A9ra_Spatial.jpg

22) https://www.nytimes.com/2022/09/02/technology/ai-artificial-intelligence-artists.html

23) https://upload.wikimedia.org/wikipedia/commons/7/7d/Crew_Dragon_at_the_ISS_for_Demo_Mission_1_%28cropped%29.jpg

24) https://cdn.geekwire.com/wp-content/uploads/2021/07/newshepard.jpg

25) https://edition.cnn.com/2021/03/30/perspectives/space-exploration-biden-administration/index.html

26) https://cdn.mos.cms.futurecdn.net/dxgw8oL7i5VytGmbkUzB6M.jpg

27) https://www.explainingthefuture.com/helium3.html

빅씽,
디지털 경제로의 대전환

1판 1쇄 2023년 3월 2일 발행
1판 3쇄 2024년 6월 3일 발행

지은이 · 류한석
펴낸이 · 김정주
펴낸곳 · ㈜대성 Korea.com
본부장 · 김은경
기획편집 · 이향숙, 김현경
디자인 · 문 용
영업마케팅 · 조남웅
경영지원 · 공유정, 임유진

등록 · 제300-2003-82호
주소 · 서울시 용산구 후암로 57길 57 (동자동) ㈜대성
대표전화 · (02) 6959-3140 **ㅣ 팩스** · (02) 6959-3144
홈페이지 · www.daesungbook.com **ㅣ 전자우편** · daesungbooks@korea.com

ISBN 979-11-90488-46-4 (03320)
이 책의 가격은 뒤표지에 있습니다.